本丛书系国家社会科学基金"十三五"规划2020年度教育学一般课题"基于课程标准的学校问责模型构建与验证研究"（项目编号：BHA200124）成果

U0641302

看得见的课程丛书

综合实践活动类课程方案典型案例

因地制宜

总主编
张斌
朱伟强

主编◎张斌

副主编◎王炜辰

山东教育出版社
·济南·

图书在版编目（CIP）数据

因地制宜：综合实践活动类课程方案典型案例 / 张
斌主编． -- 济南 ：山东教育出版社，2024．8．--（看
得见的课程丛书 / 张斌，朱伟强总主编）．--ISBN 978-
7-5701-3211-9

Ⅰ．G632.3

中国国家版本馆 CIP 数据核字第 2024XN8024 号

KANDEJIAN DE KECHENG CONGSHU

YINDIZHIYI: ZONGHE SHIJIAN HUODONG LEI KECHENG FANG'AN DIANXING ANLI

看得见的课程丛书

因地制宜：综合实践活动类课程方案典型案例

张　斌　主编

主管单位：山东出版传媒股份有限公司

出版发行：山东教育出版社

　　　　　地址：济南市市中区二环南路 2066 号 4 区 1 号　邮编：250003

　　　　　电话：（0531）82092660　　网址：www.sjs.com.cn

印　　刷：济南百思特印业有限公司

版　　次：2024 年 8 月第 1 版

印　　次：2024 年 8 月第 1 次印刷

开　　本：710 mm×1000 mm　1/16

印　　张：21

字　　数：358 千

定　　价：65.00 元

（如印装质量有问题，请与印刷厂联系调换）印厂电话：0531-88931966

让课程可见

（代总序）

进入新世纪以来，我国的基础教育课程改革在持续推进。从国家层面来说，继2001年义务教育课程方案和相关课程的课程标准出台之后，2017年教育部颁布了《普通高中课程方案》和语文等学科课程标准，并在2020年完成了修订，2022年教育部又印发了《义务教育课程方案（2022年版）》以及语文等16个学科课程标准。国家层面课程文本的持续完善表明，国家的课程理想在持续升级，相应的正式课程也更趋近于理想，聚焦"立德树人"根本任务，围绕"培养什么人、怎样培养人和为谁培养人"的根本问题，优化了育人的课程蓝图。

然而，常识告诉我们，正如建筑蓝图的完成并不等同于建筑的建成，完美的课程理想以及完善的课程蓝图本身并不能确保课程自然地产生育人成效。课程要产生育人成效，唯一的路径就是与学生实现真实的互动，而且，当课程在到达学生层面时依然保持理想状态。这意味着，在国家的课程蓝图绘就之后，课程实施的各个层级（地方、学校、教师）对正式课程及其背后的课程理想的体认和领悟，对课程与学生互动的预见，以及推动课程与学生真实互动的实际行动，就成为课程取得育人成效的关键。

学校、教师是课程实施最关键的主体，因为课程与学生的高质量互动必然以学校和教师为中介——只有当学校、教师在实际运作课程时，学生与课程的互动才有可能发生。但是，这种互动的质量直接影响学生的课程学习体验，也决定了课程的实际育人成效。要确保课程-学生的高质量互动，学校、教师如何体认、领悟课程理想，如何预见并设计课程-学生的互动，就成了关键。

20余年课程改革的重要贡献之一是使课程进入学校、教师的视野。学校、教师不再像以前那样，只看到教材，只看到教学内容，只关注教学流程和方法，而是能看得见课程了，并且能够关注到课程方案、课程标准。然而，教师"眼中"的课程其实还是外在于教师的课程，更不能直接转化为学生体验到的课程。学生能够体验到的课程是教师"做出来"的课程，学生看得到、摸得着。而教师"做出来"的课程本应基于教师"心中"的课程，这种课程体现了教师基于对正式课程文本及其背后的课程理想的理解，基于所面对的特定学生的情况，对课程-学生的互动所作的预见和设想。正是这种预见和设想极大地影响了教师"做出来"的课程，进而极大地影响学生"体验到"的课程。遗憾的是，在很长一段时间中，教师"心中"的课程却好像是一个"黑箱"，不仅不能为外人可见，甚至自己也看不见。

在现实中，学校、教师层面的课程实施存在着一些明显的偏差：在学校层面，有些学校完全照搬国家、省一级的课程方案，没有基于本校教育哲学、学生特定需求等方面的思考，所搬还只是课程方案中的课程设置方案，缺少关于"课程"的整体设计；在教师层面，有些教师仅凭自己个人的经验或对他人实践的简单模仿来"实施课程"——其实质还是传统意义上的教学，"心中"的课程只有一个模糊的影子。教师的确会编制教案，但这依然不能算心中有课程——至多就像用激光笔在黑箱中照射，照到的那一部分倒是比较清晰，但其余部分仍然漆黑一片，见到了课时这棵树，但看不到课程这片森林。

尽管学生体验到的课程最终依赖于教师"做出来"的课程，但学校、教师在心中对课程的预想和设计则是课程实施中最具专业性的实践。如果缺失这种实践，教师的实践就丧失专业性，就会沦为一种熟能生巧的技艺；如果这种实践成为一种缄默的隐含的过程，教师的实践就会成为一种基于直觉的行动。正因如此，促使学校、教师将心中的课程变得可见——编制出学校课程规划、课程纲要、单元教学方案、课时教学方案，就成为课程实施推进中的关键抓手。

我们敏锐地意识到课程实施推进中的这一关键环节。早在2018年，笔者所在的山东省教育科学研究院项目组就尝试推进学校层面各类课程方案的编制工作，取得了良好的成效。从2020年起，我们启动了全省性的课程方案转化活动，引导广大一线校长、教师，把国家层面的课程方案、课程标准转化为学校层面的课程方案。为此，我们通过深入研究，创造性地把学校层面的课程方案划分为学校课程规划方案（A类）、基于课程标准的学科课程方案（B类）、综合实践活动类课程方案（C类）、校本课程方案（D类）四类，在参考华东师范大学崔允漷教授团队研究成果的基础上，针对每一类方案制定了编写框架、撰写要点和相应的评价标准，组织了一批课程改革专家面向全省中小学广泛开展课程方案编制的培训，并深入一线开展课程方案编制指导。经过几年的努力，不仅涌现出了一些有较高质量的成果，更在较大程度上提升了学校层面课程实施者的课程意识和课程设计的专业化水平。在省级层面上全面推进学校各类课程方案的编制，我们的尝试可以说走在全国的前列。

在近几年取得的课程设计优秀成果中，我们组织力量进行多轮遴选，最终选出一批比较典型的课程设计案例，结集成为本丛书。

本丛书分四册，按照项目组基于课程实施所设计的四个类别来组织：

第一册，学校课程规划方案。学校课程规划方案要求学校基于对国家课程政策和国家课程方案的理解，以及学校的教育哲学、学生需求、区域特色等，对三种课程类别以及各种课程要素进行系统的整体的思考。本册共收录了13所学校的学校课程规划方案。

第二册，基于课程标准的学科课程方案。聚焦国家课程中有国家课程标准的那些科目，要求超越传统意义上指向于课时的教案设计，按照"以终为始"的思路，系统一贯地呈现面向一个学期的课程纲要、面向一个单元的单元教学方案和指向具体课时的课时教学方案。本册共收录了10个团队所开发的学科课程方案。

第三册，综合实践活动类课程方案。聚焦国家课程中的综合实践活动，要求系统一贯地设计学期课程纲要、单元教学方案和课时教学方案。需要特别说明的是，由于本项目启动之时，劳动课程尚未出台国家课程标准，因此将劳动课程暂时纳入此类。本册共收录了16个团队所设计的综合实践活动类课程方案。

第四册，校本课程方案。聚焦于校本课程，要求系统一贯地设计学期课程纲要、单元教学方案和课时教学方案。本册共收录了21个团队所设计的校本课程方案。

借本丛书付梓之机，我们想对本项目启动、推进以及本丛书出版过程中做出重要贡献的众多领导、专家表示感谢！感谢山东省教育厅、山东省教育科学研究院领导对本项目的鼎力支持！感谢参与本项目培训、指导的各位专家，尤其要感谢我的导师崔允漷教授，他不仅是本项目创意的最初来源，还在本项目推进过程中提供了极为宝贵的专业指导和专业资料！感谢山东教育出版社领导和责任编辑的大力支持，没有他们的积极推进，本丛书不可能顺利面世！感谢积极参与课程方案编写的诸多学校和教师，他们的努力使得本项目成果有了品质保障！

尽管我们以及相关学校、教师做出了巨大的努力，但由于学校、教师先前的课程知识基础总体比较薄弱，可资参照的成熟范本相对欠缺——当然主要是我们自己的专业水平不足，所呈现的成果一定还存在着这样或那样的问题或不足。然而，可以确定地说，我们做这项工作的基本目标已经实现——学校、教师将心中的课程呈现出来了，为自己可见；我们将学校、教师的课程方案公开呈现了，也让他人可见。让课程为自己可见的过程实际上已经成为教师提升课程专业能力的过程，而让自己的课程为他人可见，则提供了可供分析批判的样例，能为课程改革共同体的知识发展提供一些素材。

是为序。

张　斌

2024年8月

目录

1

爱他人——做追梦美德少年

编者点评

本课程充分利用学校所处区域——孔子故里的文化传统，建构以"爱"为主题的社会服务活动，同时整合多种活动方式，有助于培养学生的综合素养。

课程设计总体比较规范，两个亮点尤其值得称道：一是在课程实施时为活动开展做了充足的准备，而具体的活动规划却很简单。作为综合实践活动，尤其是其中的社会服务活动，其具体过程和方法其实有很大的情境性，不易事先加以明确，而应事先明确目标与评价标准，让目标来引领活动，让活动过程保持一定的开放性，甚至允许学生创造性地发挥，这是一种好的做法。二是在课程评价上，引入了"述评"的方式，即对学生进行描述性评价。这种评价尤其适合包括这门课程在内的社会服务课程，因为这类课程中涉及的主要是过程性、体验性目标，很难评分，很难量化，更重要的是，即使强行做了量化，对于改进而言也没有意义。

壹 "爱他人——做追梦美德少年"课程纲要

设计单位：济宁学院附属小学

设计者：王文郁、耿乐、宋哲、范伟、张雪晴

适用年级：小学五年级

计划课时：18课时

一、课程简介

"爱他人——做追梦美德少年"课程属于社会实践类课程，是学生在教师的指导下，超越单一的教室空间，参与社区和社会实践活动，以获得直接经验，从而发展实践能力，培养社会服务意识，增强公民责任感的课程。本课程以孔子的"仁爱"思想为指导思想，以"我做环保宣传员""关爱空巢老人""爱心帮扶"三大项目为载体，结合学校"五爱"教育，强化课堂、学校与生活、社会的联系，增强学生对他人、对家乡乃至整个社会的使命感、责任感和奉献精神。

二、背景分析

教育部2017年颁布的《中小学综合实践活动课程指导纲要》指出，综合实践活动要全面贯彻党的教育方针，坚持教育与生产劳动、社会实践相结合，引导学生深入理解和践行社会主义核心价值观，充分发挥中小学综合实践活动课在立德树人中的重要作用。而社会实践活动正是立德树人的重要载体。

济宁学院附属小学坐落在孔子故里，秉承"办一所适合师生共同发展的精品学校"的办学理念。"爱他人——做追梦美德少年"课程正是以孔子"仁

爱"思想为指导思想，结合学校"五爱"教育，打造以"爱"为主题的附小特色社会实践活动课程。学校社会实践课程体系按照全员参与的原则，横向上与少先队实践活动相结合的方式呈现，纵向上采用年级递进的方式开展，旨在通过开展方向正确、内容完善、载体丰富、常态实施的系列社会实践活动，形成符合新课程理念的附小特色社会实践活动课程。

五年级学生经过之前的实践与学习，已经掌握了一些实践技能，也初步形成了团队合作意识和服务意识。本学期的社会实践活动，在增强学生服务意识和实践能力的同时，要求学生通过设计和参与各种实践项目与活动，培养创新精神，强化社会责任感，关注本课程与其他各学科的转化融合，从而能够主动运用各门学科知识分析解决实际问题，使学科知识在社会实践活动中得到延伸、综合、重组与提升。

三、课程目标

（1）通过学习与亲历活动，增强服务意识，形成热爱家乡和关爱他人的情感。

（2）通过参与社会实践活动，培养乐于帮助别人的品质，初步树立对他人、环境、社会负责的态度和意识。

（3）能初步掌握所学手工制作和设计等技能，能在实践中发现问题并寻求解决办法，从而提升合作能力，培养创新精神。

四、学习主题与活动安排

学习主题分三部分，有"我做环保宣传员""关爱空巢老人""爱心帮扶"，具体内容见表1-1。

表1-1　"爱他人——做追梦美德少年"课程实施方案

学习主题	周次	内容	实施要求
我做环保宣传员	1	调查身边的环境问题	1. 以实践为原则，项目为载体，通过调查身边的环境问题，分析可以采取的措施和解决办法，开展环保宣传活动，树立保护环境、热爱家乡、热爱他人的意识。
	2		
	3	我为环保想办法	2. 以小组为单位调查周围的环境污染问题，记录有关数据、存在的问题等；上网查找环保知识，收集并分类整理资料，找到污染环境的几个主要原因。
	4		
	5	开展环保宣传活动	3. 围绕研究主题，制作环保手抄报，设计环保口号。 4. 制作节能减排作品，初步掌握手工作品设计和制作等基本技能，学会运用信息技术手段制作环保创意宣传海报。 5. 关注过程性评价，设计活动评价表，建立学习档案，整理写实计划。 6. 关注跨学科融合，主动运用各门学科知识分析解决环境实际问题，同时将在实践中发现的问题在相关学科学习中分析解决。 7. 制订环保计划并实施行动，以自己的行动去带动周围的人；进行成果展示，交流自己在实践活动中的体会。
	6		
关爱空巢老人	7	空巢老人现状调查	1. 了解空巢老人现状，联系身边的空巢老人，根据研究结果以小组为单位制订走访计划，走访中关注老人需求，结束后进行汇报评价。
	8		
	9	为空巢老人送温暖	2. 通过调查空巢老人现状，开展研究性学习，并在观察、记录和思考中，主动获取知识，分析并解决问题。
	10		
	11	倡导关注空巢老人	3. 根据调查结果进行分析，梳理空巢老人的精神需求，并思考针对不同的需求我们需要做什么，从而确定活动主题，制订"让爱永远相伴"送温暖活动方案。 4. 走出课堂，根据制订的方案进行为空巢老人送温暖活动，促进跨学科相关知识和技能的学习，比如手工制作、艺术表现等，形成关爱他人的观念。 5. 总结并反思自己在送温暖实践活动中的收获与不足，思考如何让更多的人来关注空巢老人；通过制作倡议书、倡议标语、宣传海报等方式，倡导更多的人来关注空巢老人。 6. 教师要关注学生在实践过程中的表现，重点观察学生是否明确服务对象的需要，制订的送温暖活动计划是否可行，学生在送温暖服务活动中的表现，对活动的反思以及对活动经验的分享。在整个单元进行过程中，以"爱他人"为主题，将培养社会责任感贯穿始终。
	12		

续表

学习主题	周次	内容	实施要求
爱心帮扶	13	温暖山村	1. 本单元是在之前两个单元的基础上，要求学生能在教师的指导下，以小组为单位完成三个项目，在提升能力的同时，进一步强化"爱他人"的意识。
	14		2. 以"爱心奉献"为主题，开展"温暖山村"活动，走访周边山村，实地察看山村小学的校舍，深入留守儿童家中了解他们的生活状况。返校后，广泛发动、分工合作、精心组织，制订计划后前往山村进行送温暖活动。
	15	手拉手联谊	
	16		
	17	走进福利院	3. 到济宁市特殊学校开展助残"手拉手"联谊活动，两校学生用自己的方式将精心准备的小礼物与对方交换，来表达纯真的友情。在家长的帮助下现场包水饺，共进午餐。此活动旨在让学生在交流中体验生活的快乐与幸福，让残障学生感受到人与人之间的平等、尊重、信任、友善、理解、宽容与友爱。 4. 走进福利院，了解同龄学生的身世和生存境遇，献上自己的一份爱心，从而学会关爱他人，体会生活的美好，分享关爱的快乐。
	18		5. 项目中，教师要明确项目任务、要求、评价标准，让学生分组进行任务分解并制订计划与组织实施，提升自主规划和管理能力。 6. 通过分享与交流，不断学习新的学习方法，提高学习质量。 7. 通过小组合作、研究性学习等多种学习方式，培养自主参与意识与合作沟通能力，培养创新素养。

五、评价活动与成绩评定

（一）学生写实记录（30%）

表1-2 "爱他人——做追梦美德少年"实践活动写实记录单

班级：　　　小组：　　　姓名：

活动主题	持续时间	所承担的角色	任务分工	完成情况	事实材料

事实材料：现场照片、摄像、作品、研究报告等。

（二）制作个人档案袋（30%）

表1-3　档案袋制作要求

主要内容	要求
封皮	利用所学知识进行创意制作。
前言	结合自己在"爱他人——做追梦美德少年"实践活动中的感受，说明活动为什么开展，开展的意义等。
目录	列出自己在本次活动中亲身参与活动的内容并配页码。
内容	整理自评表、互评表、师评表、采访记录、调查实录、数据统计表、实践照片、手抄小报等过程性资料。
反思	总结本次实践活动的感受，反思自己在活动中的表现，说一说今后准备怎样去做。

（三）阶段性素养评价（自评、互评、师评）（40%）

表1-4　单元实践活动评价表

内容等级	☆	☆☆	☆☆☆	☆☆☆☆
实践能力	不能掌握所学手工制作和设计的技能，实践中不善于观察，不能发现问题或提出问题。	能初步掌握所学手工制作和设计的技能，实践中不善于观察，不能发现问题或提出问题。	能初步掌握所学手工制作和设计的技能，在教师帮助下能发现问题或提出问题，并寻求解决办法。	能初步掌握所学手工制作和设计的技能，在实践中善于观察，能发现问题或提出问题，并寻求解决办法。
服务意识	不愿参加社会服务活动，不愿为他人做力所能及的事情。	在教师引导下能参与社会服务活动，但不愿为他人做力所能及的事情。	在教师引导下，能参与社会服务活动，乐于为他人做一些力所能及的事情。	具有积极参加社会服务活动的意愿，关爱他人，乐于为他人做一些力所能及的事情。

续表

内容等级	☆	☆☆	☆☆☆	☆☆☆☆
责任担当	不喜欢帮助别人，不能形成对他人、社会负责的态度和意识。	能在教师指导下帮助别人，无法形成对他人、社会负责的态度和意识。	能在教师指导下帮助别人，能初步形成对他人、社会负责的态度和意识。	乐于帮助别人，能初步形成对他人、社会负责的态度和意识。
学习方式	不能完成各项任务单，在小组合作中不能尊重、包容同学，无法获得其他组员支持。	在教师帮助下能完成各项任务单，在小组合作中不能尊重、包容同学，无法获得其他组员支持。	在教师帮助下能完成各项任务单，在小组合作中能尊重、包容同学，能获得其他组员支持。	能完成各项任务单，在小组合作中能尊重、包容同学，能获得其他组员支持，保持谦虚。

贰 "关爱空巢老人"单元教学方案

本方案为"爱他人——做追梦美德少年"课程中的第二单元"关爱空巢老人"的教学方案，计划为6课时。

一、背景分析

（1）地位与作用：本单元是泰山出版社出版的《综合实践活动》五年级上册主题3的内容，本单元的主题是"社会服务——关爱空巢老人"，旨在让学生在关爱空巢老人的社会实践活动中增强为老人服务的意识和关爱他人的情感，培养实践能力，强化帮助弱势群体的社会责任感。

（2）学生基础：在我校"爱他人"主题实践活动中，学生曾在教师节、重阳节等节日给教师和爷爷奶奶送关爱，在同学、父母的生日时给他们送祝福，但是尚缺乏对社会中不熟识人群的了解和关爱。五年级学生已具备的生活基本技能和学科技能，能帮助他们完成多种志愿服务活动，给他人传达关爱；另外，五年级学生年龄在10～11岁之间，具备一定的与人交往的经验和沟通能力，让学生走进社区，接触空巢老人并尝试了解他们的生活，能进一步发展他们的共情能力。

（3）重难点：学生在实践活动的过程中能够切身感受空巢老人的无奈和辛酸，理解他们的精神需求，形成定期主动与空巢老人沟通的意识，因此发展关爱老人的能力是该单元的重点。如何有计划地准备并顺利落实对空巢老人的探访，在满足老人需求的同时，又能顺应老人的习惯和喜好，尊重老人的感受，让老人感到舒心，并对学生有启发和感悟是本单元的难点。

二、单元目标

（1）学生能在合作制订活动计划和方案的过程中，发展思维能力，提高解决问题的能力，培养团队合作意识，提高团队协作能力，获得情意能力的发展和丰富。

（2）学生能在走访调查、送温暖、外出宣传等实践活动中了解空巢老人及他们的需求，培养关爱空巢老人的情感，增强为老人服务的意识。

（3）学生能运用所学的多学科知识和技能开展送温暖和宣传活动，培养创新精神，提高实践能力，体验服务他人的充实与愉悦，获得社会经验，增强关爱和帮助社会弱势群体的责任心与使命感。

三、评价设计

表1-5　"关爱空巢老人"单元任务评价表

单元目标	评价任务	评价标准	评价证据	评价主体
单元目标1	1. 小组合作：制订空巢老人走访计划； 2. 小组合作：制订送温暖计划方案； 3. 小组合作：仿写倡议书和宣传标语。	1. 能依据调查结果，制订出合理的方案； 2. 方案内容要具体、明确、可操作性强，体现出明确的成员分工与合作； 3. 小组能够在计划中体现出定期送温暖的意识； 4. 能够用正确的格式仿写"关爱空巢老人"倡议书，并设计1~2条宣传标语； 5. 学生能够积极参与、合作完成活动并记录自己的反思与感受。	方案展示、倡议书及标语展示、PPT汇报等。	自评（40%）、互评（30%）、他评（30%）。

续表

单元目标	评价任务	评价标准	评价证据	评价主体
单元目标2	1. 空巢老人现状调查； 2. 开展送温暖活动； 3. 开展"倡导关爱空巢老人"宣传活动。	1. 能用自己的语言准确概括出空巢老人的特征，并能结合特征举例说出身边的空巢老人； 2. 能够明确活动的目的，并制订出可行的活动方案； 3. 能结合调查表和走访了解到的故事，汇报身边空巢老人的生活状况和精神需求； 4. 能够意识到帮助空巢老人时，要尊重对方的感受，让老人感到舒心。	调查实录、活动视频、照片、故事讲述、汇报等。	自评（40%）、互评（30%）、他评（30%）。
单元目标3	1. 开展送温暖活动； 2. 开展"倡导关爱空巢老人"宣传活动。	1. 能运用所学知识和技能为空巢老人做力所能及的事情； 2. 能用照片和文字记录下活动的温馨瞬间，体现自己的感悟和反思； 3. 能够积极参与宣传倡导活动，努力带动更多的人关注空巢老人。	活动视频、照片、文字记录、PPT展示等。	互评（50%）、他评（50%）。

表1-6　"关爱空巢老人"单元实践活动评价表

评价内容		评价等级		
		☆	☆☆☆	☆☆☆☆☆
最佳调查小组	准备工作	没有做任何准备。	提前了解与老人沟通的技巧、老年人感兴趣的话题等。	提前了解与老人沟通的技巧、老年人感兴趣的话题，向周围人了解老人的情况等。
	文明调查	没有使用礼貌用语，无话可说。	进门问好，离开道别，使用礼貌用语，如"您""谢谢"等。	使用礼貌用语，和老人愉快交流，收集自己需要的信息。

续表

评价内容		评价等级		
		☆	☆☆☆	☆☆☆☆☆
最佳调查小组	调查记录	调查记录粗略,没有记录自己的感受。	调查记录详细,但没有记录自己的感受。	调查记录细致,详细记录自己的感受。
	分享交流	只有调查内容,没有真实感受。	有调查内容和真实感受。	内容翔实,感受真实,有自己的想法和打算。
	小组合作	无分工合作,活动进展不够顺利。	有小组分工,但缺乏沟通与了解。	分工明确,成员之间了解各自分工,配合默契,顺利完成活动。
"送温暖"活动优秀小组	现场纪律	喧哗吵闹,有违反纪律现象。	安静有序,遵守纪律。	安静有序,提醒组内成员注意遵守纪律。
	小组合作	无分工合作,活动进展不够顺利。	有小组分工,但缺乏沟通与了解。	分工明确,成员之间了解各自分工,配合默契,顺利完成活动。
	活动效果	老人不欢迎、不喜欢。	活动内容丰富,质量高,有序开展,为老人送去了温暖和欢乐。	能尊重老人的感受,能根据老人的实际情况调整活动计划,让老人感到舒心和快乐。
	活动记录	无活动记录。	用文字和照片记录下活动的温馨瞬间。	有文字和图片记录,有小组成员的思考和定期活动的打算。
"关爱空巢老人"最佳宣传员	宣传表现	紧张怯场,声音小。	仪态自然、大方,声情并茂。	仪态自然、大方,声情并茂,积极主动,能运用多种方式(2种以上)进行宣传。
	宣传效果	没有引起周围人的关注。	引起少数人的关注。(10人以下)	有关注、有交流。(10人以上)

四、教与学活动设计

（一）空巢老人现状调查（第一、二课时）

1. 了解空巢老人

（1）各小组在展示课前通过多种方式获取关于空巢老人的信息，包括：文字、歌曲、短视频、图片等。

（2）小组根据展示内容讨论什么是空巢老人。

（3）简要概括空巢老人特征，包括：没有子女照顾、孤独、寂寞等。

2. 联系身边的空巢老人

（1）小组讨论：联系自己身边的空巢老人，描述他们的生活状况。

（2）思考交流：提取空巢老人面临的共同困难，推测他们需要得到的关爱和帮助。

（3）头脑风暴：列举了解空巢老人真实需求的渠道。

3. 小组合作制订走访计划，了解身边空巢老人的生活状况和精神需求

（1）讨论走访前的准备工作。

（2）确定走访内容。

（3）制订走访调查表。

4. 走访空巢老人

（1）活动前，通过多种方式了解走访对象的基本情况。学生可以选择询问自己父母、身边邻居或小区物业人员等方式了解要走访的空巢老人的基本情况。小组成员根据获取的信息明确走访分工和注意事项，如走访耳背老人，要注意提高音量；进入老人家中，要使用鞋套；思考如何和老人拉近距离；不要提起让老人伤心的敏感话题等。开展礼貌教育和安全教育，家校合作，教师和家委会家长分工跟随学生开展实践活动。

（2）开展走访活动，并完成调查表。如下表：

表1-7　走访空巢老人调查表

序号	姓名	年龄	身体状况	生活实际困难	精神需求

（3）活动后，根据调查表完成调查报告，记录活动中的感人故事和小组成员的闪光点。内容如下：

表1-8　走访空巢老人调查报告

调查对象：		调查人员：	
调查时间：		调查地点：	
调查对象基本信息：			
姓名：		年龄：	
现状（家庭情况、身体状况、困难、需求等）：			
访谈内容：			
我的思考：			

5. 汇报评价

（1）汇报调查报告。

（2）通过讲述走访中的故事，表达自己的感受。

（3）评选"最佳调查小组"。

（二）为空巢老人送温暖（第三、四课时）

1. 分析空巢老人的精神需求，思考我们能做什么

（1）呈现上一节课学生的调查表，梳理空巢老人的精神需求，学生在教师的引导下进行归类：健康需求、亲情需求、尊重需求……

（2）头脑风暴：思考针对不同的精神需求，我们能为空巢老人做什么。

针对健康需求：带老人到户外晒太阳；学习了解简单的老年人保健知识，为老人按摩；和社区医院建立联系，提醒老人定期体检……

针对亲情需求：与老人谈心、帮助老人打扫卫生、带老人结交朋友……

针对被尊重需求：请老人教我们做饭、做针线活等，让他们感受发挥余热的快乐。

2. 确定活动主题

（1）引导学生观察两幅图片中老人的表情并思考：怎样的送温暖活动才能让老人真正快乐？

交流：如何在满足老人需求的同时，又能顺应老人的习惯和喜好，让老人感到舒心和快乐。

（2）引导学生思考：我们仅通过一次活动，就能解决空巢老人的精神需求问题吗？提炼关键词：定期、长期、有计划等。

（3）确定主题："让爱永远陪伴"。小组讨论：围绕"让爱永远陪伴"的活动主题，我们能为空巢老人做什么？学生结合自己所学各学科知识和技能列举活动，教师到各组指导。

3. 小组合作制订"让爱永远陪伴"送温暖活动方案

（1）确定活动目的和时间。

（2）确定活动方式。

（3）明确分工和职责。

（4）规划活动过程。

4. 开展"让爱永远陪伴"送温暖活动

（1）由教师和家委会家长带领学生至活动地点。

（2）根据活动方案进行活动。

（3）各小组进行活动总结，完成社会实践活动写实记录单。

表1-9 "让爱永远陪伴"送温暖活动写实记录单

班级： 小组：

活动主题	活动时间和地点	活动方式	活动过程	负责人	完成情况	事实材料	活动总结

5. 汇报评价

（1）各小组汇报记录单，展示拍摄到的温馨照片，并交流分享自己在送温暖活动中的感受。

（2）评选"送温暖活动优秀小组"。

（三）倡导关爱空巢老人（第五、六课时）

1. 分享资料

学生分享查找的资料，了解国家为解决空巢老人问题出台的一系列政策。

2. 思考如何让更多的人关爱空巢老人

（1）专家预计，到2030年我国将有超过两亿的空巢老人。让学生思考，面对这个庞大的数据，为让更多的空巢老人感到温暖，我们还能做什么。引导学生意识到，要通过宣传，呼吁社会上更多的人参与"让爱永远陪伴"活动。

（2）引导学生思考开展主题宣传需要做哪些准备，如倡议书、宣传标语、宣传海报等。

3. 制订"关爱空巢老人"活动宣传方案

（1）小组合作，结合了解到的国家政策，仿写《"关爱空巢老人"倡议书》（参照课本）。

（2）小组合作，以"关爱空巢老人"为主题，设计宣传标语。

（3）小组合作制订"关爱空巢老人"宣传方案。方案应当包括：活动主题、活动目的、活动对象、活动时间和地点、活动准备、活动分工、活动注意事项等内容。

4. 开展"关爱空巢老人"主题宣传活动

（1）由教师和家委会家长带领学生至活动地点。

（2）根据活动方案进行活动。

（3）完成活动记录，写出自己的感受。

5. 汇报评价

（1）组内展示拍摄到的活动照片，并交流分享自己在宣传活动中的感受。

（2）评选组内"最佳宣传员"。

（3）各小组"最佳宣传员"在班级内做展示。

"为空巢老人送温暖"课时教学方案 叁

本方案为"关爱空巢老人"单元第3、4课时"为空巢老人送温暖"的教学方案。

一、课时目标

（1）能够在教师引导下意识到在"送温暖活动"中要尊重老人的感受，形成长期关爱老人的意识和定期主动为空巢老人送温暖的责任感。

（2）通过合作制订送温暖方案，提升沟通交流的能力与责任担当的素养。

（3）通过运用所学的多学科知识和技能开展送温暖活动，提高实践能力，体验服务他人的充实感与愉悦感。

二、评价设计

（一）"为空巢老人送温暖活动"量规评价

表1-10 "为空巢老人送温暖活动"评价表

评价项目	评价内容	评价等级		
		☆	☆☆☆	☆☆☆☆☆
"为空巢老人送温暖活动"优秀小组	现场纪律	喧哗吵闹，有违反纪律现象。	安静有序，遵守纪律。	安静有序，提醒组内成员注意遵守纪律。
	小组合作	无分工合作，活动进展不够顺利。	有小组分工，但缺乏沟通与了解。	分工明确，成员之间了解各自分工，配合默契，顺利完成活动。

续表

评价项目	评价内容	评价等级		
		☆	☆☆☆	☆☆☆☆☆
"为空巢老人送温暖活动"优秀小组	活动效果	老人不欢迎、不喜欢。	活动内容丰富，质量高，有序开展，为老人送去了温暖和欢乐。	能尊重老人的感受，能根据老人的实际情况调整活动计划，让老人感到舒心和快乐。
	活动记录	无活动记录。	用文字和照片记录下活动的温馨瞬间。	有文字和图片记录，有小组成员的思考和定期活动的打算。

（二）根据每个学生在制订方案及实践活动中的表现，进行述评（例）

A学生在小组合作制订"送温暖活动"方案的过程中，能够主动参与、积极倾听他人的想法，清晰有条理地提出自己的建议。在"送温暖活动"中，A学生安静有序，并能提醒组内其他成员注意遵守纪律；尊重老人的感受，并根据老人的实际情况调整活动计划，让老人感到舒心和快乐。活动中有图片和文字记录，但是缺少自己真实的感受和打算，希望在今后的实践活动中，能够详细记录自己的感受，老师相信你会做得更好。

B学生认真负责，有较强的关爱老人的意愿，并能在活动中照顾老人的情绪，尊重老人的感受，谈论老人感兴趣的话题，且能够使用礼貌用语和老人愉快交流；活动记录较为全面，图文并茂，自己的心得感受也较为真实，而且明确写出了下次拜访老人的时间，具备一定的责任担当意识。如果能在小组合作制订"送温暖活动"方案的过程中更专注一些，仔细倾听他人的发言，你将会有更出色的表现。

（三）"送温暖活动优秀小组"表现性任务评价

1. 表现性任务基本要素

真实任务：开展"送温暖活动"。

角色：学生。

观众：空巢老人、教师、学生。

激励环境：评选"送温暖活动优秀小组"。

2. 任务指导

小组合作制订"送温暖活动"方案，开展"送温暖活动"。指导原则如下：

（1）明确活动目的。

（2）设计具体、明确、可操作性强的方案。

（3）列出"送温暖活动"中各成员分工细则。

（4）在方案中体现定期送温暖的意识。

（5）运用所学知识和技能为空巢老人做力所能及的事情。

（6）记录活动的温馨瞬间，通过图片和文字体现自己的感悟和反思。

表1-11　"送温暖活动优秀小组"评价量规

超出评价标准	评价标准	基本符合评价标准	远未达到评价标准
符合所有评价标准，再加上： 1. 小组合作中能尊重、包容同学，能获得其他组员支持，保持谦虚。 2. 尊重老人的感受，能根据老人的实际情况调整活动计划，让老人感到舒心和快乐。	1. 明确活动目的。 2. 设计具体、明确、可操作性强的方案。 3. 列出"送温暖活动"中各成员分工细则。 4. 在方案中体现定期送温暖的意识。 5. 运用所学知识和技能为空巢老人做力所能及的事情。 6. 记录活动的温馨瞬间，通过图片和文字体现自己的感悟和反思。	至少达到评价标准6条中的4条。	达到评价标准的1~3条。

三、教与学活动设计

（一）交流分享

（1）小组合作：梳理身边空巢老人的调查资料，明确要走访空巢老人的实际需求，如健康需求、亲情需求、被尊重需求等。教师深入各组，了解情况，适时指导。

（2）头脑风暴：思考针对不同的精神需求，我们能为空巢老人做什么。教师指导学生结合空巢老人的实际情况采取有效的送温暖方式。如：针对健康需求，带老人到户外晒太阳，学习简单的老年人保健知识为老人按摩，和社区医院建立联系提醒老人定期体检；针对亲情需求，与老人谈心，帮助老人打扫卫生，带老人结交朋友；针对被尊重需求，请老人教我们做饭，做针线活等。

（二）确定活动主题

（1）引导学生观察以下两张图片中老人的表情并思考：怎样的送温暖活动才能让老人真正快乐？

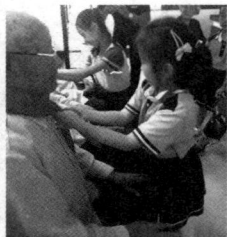

小组交流：如何在满足老人需求的同时，又能顺应老人的习惯和喜好，让老人感到舒心和快乐。教师观察并仔细倾听各小组的交流情况，进行适时启发。

（2）引导学生思考：我们仅通过一次活动，就能解决空巢老人的精神需求问题吗？学生头脑风暴：在教师引导性问题的帮助下，提炼关键词，如定期、长期、有计划等。教师将其一一写在黑板上，指导学生在制订"送温暖活动"方案时将此问题考虑进去，让小组能够在计划中体现出定期送温暖的意识。

（3）师生交流，确定活动主题："让爱永远陪伴"。小组讨论：围绕"让爱永远陪伴"的活动主题，我们能为空巢老人做什么？学生结合自己所学各学科知识和技能列举活动。教师到各组指导，观察学生能否列出具体事项，适当引导学生拓展思路。

（三）小组合作制订"让爱永远陪伴"送温暖方案

（1）小组讨论：围绕活动主题，确定活动目的和时间。教师深入各组，并给予积极的指导评价。

（2）小组交流：确定活动方式，如表演节目、整理家务、才艺表演（歌曲、舞蹈、乐器演奏、美术等）、为老人做健康保健等。教师观察各小组能否根据老人的情况，选择合适的活动方式，并适当引导学生拓展思路。

（3）明确小组成员分工，选择相应负责人。在送温暖活动进行过程中，会出现很多事宜，如统筹安排事宜、拍摄图片或视频事宜等，最终遵循学生自愿报名并投票选出具体负责人。

表1-12　小组负责人任务表

姓名	职务	任务
	组长	统筹安排
	表演节目监督员	负责协助各项表演节目的顺利展开
	"送温暖活动"记录员	拍摄"送温暖活动"过程中的照片或视频

（4）规划活动过程。小组讨论并请教教师后，最终制订"送温暖活动"方案及细则。教师提供相应的表格做参考，对相关问题进行提示，并观察各小组能否根据送温暖老人的实际需求进行服务内容的调整。如下表：

表1-13　规划活动过程参考表

活动中	1. 按时到达活动地点。 2. 检查人员是否到齐。 3. 到达老人家中后，主动进行自我介绍。 4. 主动寻找老人感兴趣的话题，并开展基本的保健活动。 5. 为老人表演节目。 6. 帮助老人整理家务，做一些力所能及的事情。 7. 拍摄纪念照片，依次告别。
活动后	1. 打印纪念照片，进行回访。 2. 反思活动中的优点与不足。 3. 完成《社会实践活动写实记录单》。

（5）分组介绍活动方案，听取其他同学和教师的意见。教师根据各小组的汇报，对应该注意的问题适时点拨，对学生忽略的问题进行提示，启发学生思考并完善方案。

（四）开展"让爱永远陪伴"送温暖活动

（1）由教师和家长代表带领学生至活动地点。

（2）各小组按照"送温暖活动"方案开展活动。

（3）各小组进行活动总结，完成《社会实践活动写实记录单》。

表1-14　社会实践活动写实记录单

班级：　　　　　　　　　　　　　小组：

活动主题	活动时间和地点	活动方式	活动过程	负责人	完成情况	事实材料	活动总结

（五）汇报评价

（1）各小组汇报记录单，展示拍摄的温馨照片，并交流分享自己在"送温暖活动"中的感受。

（2）学生分组进行汇报，教师在学生汇报展示和交流时，引导学生利用量规主动、客观地对自己和其他同学的活动表现进行评价，评选"送温暖活动优秀小组"。

（3）全体学生对"送温暖活动"过程进行总结、交流。教师针对每个学生在活动中的表现进行述评，提出合理化建议。

2 坊"华"印迹——坊子文化探秘

编者点评

"坊'华'印迹——坊子文化探秘"作为一门研学课程，采用"任务驱动"的实施形式，给予学生充分的时间进行实地考察、访谈探究等活动，以模拟真实情境的活动为评价任务，较好地体现了研学课程的特征。

一些细节上的做法值得肯定：结构化的研学任务单设计有助于为学生执行任务提供支架；时间的安排采用"课时+天数"的呈现方式，切合"研学课程"的特点；评价上考虑到"档案袋评价"的方法，很适合如综合实践活动这样的学生会产生较多过程作品的课程；在"互评""自评"设计上提供了如"星星+愿望"之类新颖的工具，同时也为学生的反思提供了支架。

一个值得讨论的问题（并不只针对本课程）：目标的陈述有规范，但如果考虑到课程纲要是需要与学生分享的，那么是否需要在陈述目标时考虑学生对目标的理解程度？

壹 "坊'华'印迹——坊子文化探秘"课程纲要

设计单位：潍坊市坊子区坊华小学

设计者：隋明兰、张洁、王萌萌、李燕

适用年级：小学中高年级

计划课时：21课时+6个半天

一、课程简介

"坊"指潍坊市坊子区。"华"，即繁荣、繁华的意思。坊"华"即坊子区在各个时期的政治、经济、文化、手工业、商业等方面的繁荣。本课程是基于潍坊市坊子区地域文化特色而开发的综合实践活动课程，是以坊子区德日式建筑文化、坊子煤炭文化、坊子白酒文化以及今日坊子新面貌等具有鲜明地方特色的文化元素为主要探究内容，通过考察探究、职业体验、社会服务、设计制作等活动，培养学生在价值体认、责任担当、问题解决、创意物化等方面的综合素养。

二、背景分析

教育部2017年发布的《中小学综合实践活动课程指导纲要》指出：综合实践活动课程的开发面向学生的个体生活和社会生活，课程面向学生完整的生活世界，引导学生从日常学习生活、社会生活或与大自然的接触中提出具有教育意义的活动主题，使学生获得关于自我、社会、自然的真实体验，建立学习与生活的有机联系。

潍坊市坊子区历史悠久、文化底蕴深厚，具备丰富的地方资源和鲜明的地方文化特色。古代坊子文化以杞国故都遗址为代表。坊子区的煤炭资源不仅催生了坊子煤炭文化，而且还记录着德国、日本占领与开采的侵略历史，是百年坊子文化中典型的文化元素。德国和日本的相继占领与开采，留下了一系列的殖民文化遗迹，其中以"坊茨小镇"为代表的德日式建筑群已经成为特有的文化符号，是历史教育、爱国主义教育和革命传统教育的良好素材。坊子酒厂，现为板桥酒业，在二十世纪七八十年代曾经名噪一时，曾对坊子区的地域经济发展做出巨大贡献。因而，煤炭、德日式建筑、白酒三个典型元素为百年坊子历史文化的典型代表。今日的坊子区，更是不断涌起改革发展新浪潮，取得了一个又一个新成就，如福田雷沃重工、王家庄子风筝、玉泉洼有机蔬菜基地等。这些都为综合实践课程的开发提供了丰富的资源。

"坊'华'印迹"综合实践活动课程正是基于课程指导纲要的要求，以坊子区的文化特色为开发内容，立足具有鲜明特色的文化元素，从学生日常生活的接触中提取活动主题，探究学生身边的历史文化印迹和当代新的文化符号，使学生获得关于家乡文化的真实体验，建立学习与生活的有机联系。

小学中高年级学生具有好奇心重、探究欲强的特点。同时，他们对自身生存的世界、生活的环境有了一定的认识与知识储备，对家乡历史有较高的探究兴趣。本课程设计综合考量学生的认知水平、学校课程特色与地域资源，选择坊子博物馆、杞国故城遗址、坊茨小镇、坊子炭矿遗址文化园、山东板桥白酒有限公司等地为探究实践基地，开展一系列的综合实践活动课程，以期达到良好的育人效果。

三、课程目标

（1）通过探究家乡各时期具有代表性的文化符号，理清家乡文化发展脉络，认识坊子区的地域文化特征。

（2）通过探究坊子区煤矿的历史变迁，了解德国、日本的掠夺性开采以及对煤炭劳工的压迫剥削，了解煤矿工人的对敌斗争，唤醒对坊子区历史的重新认知，接受爱国主义教育和革命传统教育。

（3）通过探究家乡文化资源的开发与再利用路径，体验白酒酿制的工艺，培养建设家乡的责任担当意识。

（4）根据探究学习需要，利用网络、信息技术，搜集资料、创意制作、解决问题，实现任务的达成。

（5）在探究活动中发现并提出自己感兴趣的问题，将其转化为研究小课题，历经探究循环的几个阶段，形成对问题的初步解释，提高发现问题、研究问题、解决问题的能力。

四、学习主题与活动安排

（一）课程框架

```
                        坊"华"印迹
   ┌──────────┬──────────┬──────────┬──────────┬──────────┐
第一单元      第二单元      第三单元      第四单元      第五单元
文明寻源古坊子  探秘坊子煤文化  寻访德日建筑群  六马路繁荣重现  今日坊子概览

参观坊子        炭矿博物        参观坊茨小镇    老照片里的      今日坊子
博物馆          馆研学                        故事            大调查

探寻古代文      图文创作        盘点德日        六马路繁        我为家乡
明遗址          话炭矿          建筑特点        荣重现          做名片

探访名人史迹    我为"炭矿"      畅想小镇未来    酿酒小实验      假如我是
                宣传出良策                                      坊子区区长
```

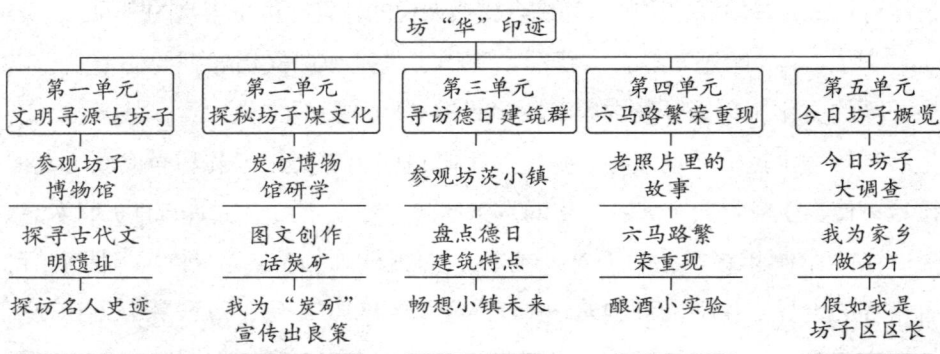

图2-1　"坊'华'印迹"课程结构图

（二）实施要求

第一单元：文明寻源古坊子。（5课时+0.5天）

活动一：参观坊子博物馆。（2课时+0.5天）

（1）参观指导课。课前布置学生通过网络搜索、调查采访等方式，了解博物馆里的陈列物品，课上进行交流，教师再补充相关的视频、图片等资料，激发学生的参观兴趣，指导学生提出想重点观察了解的区域、内容等，将同一兴趣的学生组成一个兴趣小组设计参观方案，出发前全班一起制订参观公约。

（2）参观博物馆。让学生带着任务参观，边参观边将所得写在任务单上。学生参观过程中文明守纪，以小组为单位统一行动。

（3）汇报交流课。交流参观博物馆获取的信息，交流想深入探究的问题并生成探究主题，即下一步的探究线索，如：文明寻源古坊子、探究坊子煤文化、寻访德日建筑群、六马路繁荣重现、今日坊子概览等。

活动二：探寻古代文明遗址。（课时：2课时+0.5天）

（1）活动准备课。阅读书籍《坊子学》，了解坊子古代文明遗迹，激发考察探寻的兴趣；组建探寻小组，制订探寻计划。

（2）古迹探寻。到现在的坊子区杞城村探寻杞国故城遗址，如古城墙；到杞文化展馆参观，了解当时杞国的兴衰，用图像、文字记录探寻结果。

（3）汇报交流课。小组商讨确定交流的方式，交流探寻收获，如讲述，写小论文，展示PPT、图片、小视频等，激发学生充分利用掌握的信息技术，全面展示收获、思考等。在总结时，引导学生生成对家乡古文化的理解：坊子有悠久的历史，家乡有深厚的文化，从而培养他们的家乡文化自豪感。

活动三：探访名人史迹。（1课时）

阅读《坊子学》，也可从网络、其他书籍中查阅相关知识，了解坊子区的历史名人事迹，并将其写成广播稿，在校园广播站开辟"家乡名人展播"栏目，每天早晨进行广播。

第二单元：探秘坊子煤文化。（4课时+0.5天）

活动一：炭矿博物馆研学。（1课时+0.5天）

到坊子炭矿遗址文化园研学，重点参观炭矿博物馆。实地考察煤炭的特点、形成过程以及利用价值；了解煤矿工人艰苦的工作环境以及德日侵略者对煤矿工人的剥削和压迫，激发爱国情怀和反抗压迫的意识。参观结束后，组织学生梳理参观所得，以"我是小小讲解员"为表现性任务，交流汇报研学收获。

活动二：图文创作话炭矿。（2课时）

根据不同的创作内容，分小组合作完成绘本创作，呈现坊子炭矿遗址文化园里看到的、想到的，可结合了解到的更多关于坊子炭矿的知识，丰富绘本内容。

活动三：我为"炭矿"宣传献良策。（1课时）

坊子百年巷道已经完成了它的使命，坊子煤矿已经无煤可采。今天，在坊子煤矿旧址上建立了"坊子炭矿遗址文化园"。启发学生从坊子区的经济、文化发展着眼，利用多种形式，加大坊子炭矿遗址文化园的宣传，让更多的人了解坊子炭矿的价值；带领学生前往并参观学习，获得旅游体验。

第三单元：寻访德日建筑群。（5课时+0.5天）

活动一：参观坊茨小镇。（1课时+0.5天）

（1）参观指导课。课前布置学生通过实地参观、网络搜索等途径了解坊子德日建筑群的相关信息。课上交流，并提出进一步想探究的问题，师生一起制订探究方案。可与学校研学活动结合，做好安全预案。

（2）参观"坊茨小镇"。参观"坊子德日建筑群"（领事馆、司令部、电报大楼、邮局、修女楼、水厂、电厂、银行、商店、酒吧、火车站、学校等），跟随讲解员了解德日建筑遗迹的建筑特点和功用；调查采访附近居民，了解德日建筑群当年的使用情况。

活动二：盘点德日建筑特点。（2课时）

学生将观察到的德日建筑特点，在小组内梳理汇总，用双泡图呈现，进行全班汇报，体会德日建筑不同的风格特点。教师再出示几组德国和日本的建筑，让学生辨识，加深理解。

活动三：畅想小镇未来。（2课时）

交流德日建筑群在殖民掠夺中的功用，认识到德日建筑群的本质是为殖民掠夺而服务，唤醒学生对坊子历史的重新认知；引导学生思考新时期德日建筑遗迹的再利用，为家乡发展出谋划策，畅想坊茨小镇的发展愿景，可画图，也可形成文字材料，在全班展示交流。

第四单元：六马路繁荣重现。（4课时+0.5天）

活动一：老照片里的故事。（2课时）

布置学生找一找家中取景于六马路的老照片，听爷爷奶奶讲讲照片里的故事；让学生将照片带到学校，在班级内举行"老照片里的六马路"图片展，向同学和老师讲讲照片里的故事，了解二十世纪七八十年代六马路的繁荣景象；再用双泡图比较六马路过去和现在的不同，并思考原因，找到影响城市发展的因素。

活动二：六马路繁荣重现。（1课时）

引导学生利用老照片，也可以进一步通过网络、书籍和采访老人等方式，丰富对六马路昔日繁荣景象的想象，以绘画或文字的方式，重现六马路的昔日繁荣景象。举行"六马路繁荣重现"现场会，可邀请爷爷奶奶参加，并评一评谁的"重现"更接近昔日的真实场景。活动结束后，引导学生反思：为什么昔日的繁荣没有了？是什么决定着区域的经济和文化发展？

活动三：酿酒小实验。（1课时+0.5天）

坊子酒厂（现更名为"板桥酒业"）曾对坊子区域经济发展做出过巨大的贡献。带领学生参观酒厂，重点了解坊子酒厂的兴衰、现在经营的产品；让学生学习制酒工艺，用流程图记录制酒的方法和步骤。返校后，让学生在餐厅师傅的帮助下，小组合作动手酿制白酒，记录酿造过程；总结成功的经验或失败的原因。

第五单元：今日坊子概览。（课时：3课时+1个周末）

活动一：今日坊子大调查。（1课时）

学生利用周末，调查了解今日坊子的文化符号（从手工业、现代农业、地标建筑、旅游业、工业等方面广泛了解），整合与筛选信息，将各行业最具代表性的文化符号作为探究对象，再根据探究意向分组，如福田雷沃重工组、王家庄子风筝组、玉泉洼有机蔬菜组、德乐堡水上乐园组等；制订活动方案，利用周末实地考察他们的发展历程与取得的成果，形成汇报材料在全班展示交流。教师引导学生充分利用掌握的信息技术，全面展示收获、思考等，培养家乡文化自豪感。

活动二：我为家乡做名片。（1课时）

借助网络搜索城市名片的相关图片，了解构成名片的各要素；课上交流如何制作城市名片并动手为家乡制作名片；在教室内外展示区观察（学生在教室内外展示区展示作品，并对其他作品进行观察、评价、学习），评选"优秀设计奖"。

活动三：假如我是坊子区区长。（1课时）

通过网络查找、调查采访等方式了解坊子区区长一天的工作轨迹，体验区长的角色职责，结合前期探究成果，选择自己喜欢的形式（文字、演讲、PPT等）为家乡发展绘制蓝图，唤起建设家乡的责任担当意识。

五、评价活动与成绩评定

（一）表现性评价：我做坊子文化大使

假如你是坊子文化大使，要向来宾介绍坊子，为给来宾留下深刻的印象，你需要与小组同学合作，从不同的方面、多个角度介绍坊子区具有代表性的文化符号、文化发展历程。为了增强表现效果，可以借助多种形式，如表演，演讲，展示图表、短视频、PPT、照片等。（见表2-1）

表2-1 "我做坊子文化大使"评价标准

评价内容		评价结果（画"★"）					
		已做到		努力中		未做到	
		自评	他评	自评	他评	自评	他评
前期准备	能在前期活动中积极参与考察探究、调查采访、设计制作等活动，积累丰富的展示材料。						
表现能力	能将坊子具有代表性的文化特点展现出来，表达流畅生动，态度自然大方，给来宾留下深刻印象。						
合作能力	能与小组成员有效沟通，团结协作，共同完成任务。						
老师的话：		综合评价等级（16～18颗★为A，12～15颗★为B，9～11颗★为C，9颗★以下为D）：					

（二）其他评价

（1）档案袋评定：每个学生建立自己的综合实践活动档案。档案中包括各主题活动的相关资料、任务单、小组活动方案、小组评价表、自我评价表、成果展示材料、创意物化材料、活动过程照片等过程性材料。教师根据档案袋中的材料，用文字说明令人满意或需要改进的地方。

（2）过程性评价：在活动过程中，及时发现学生在探究能力、创新能力、问题解决能力、动手能力、合作能力、组织能力、表达能力等方面的表现，给予及时评价，肯定优点，提出不足。

"探秘坊子煤文化"单元教学方案

本方案为第二单元"探秘坊子煤文化"的教学方案,计划4课时+0.5天。

一、背景分析

百年坊子历史,以"煤文化"为典型代表。清朝末期,坊子因煤炭资源而开埠,德国、日本相继占领坊子并掠夺性地开发地下煤炭资源,留下了大量的殖民遗迹。探究坊子煤文化,对于了解坊子近代以来的历史、文化发展都具有重要的意义;同时也是开展科普教育、历史教育和爱国主义教育的良好载体。

学校开展"煤文化"主题活动单元,具有良好的实地考察基地——坊子炭矿遗迹文化园。其中的炭矿博物馆、矿井体验馆等,为本单元的开展提供了良好的实地探究考察支持。

第一单元的实践活动为本单元的探究活动提供知识基础和兴趣推动。在第一单元的实践活动中,学生已经对坊子的历史,尤其是德日占领时期的历史有了初步的认识,他们想进一步探究关于煤炭的形成、坊子炭矿的发展、坊子煤矿工人的抗争史等。

二、单元目标

(1)通过到坊子炭矿博物馆研学,了解煤炭的种类以及煤炭的成分,知道煤炭是如何经过漫长的地质作用而形成的。

(2)通过参观矿井体验馆,体验矿工工作的辛苦;了解历史上德日的掠夺性开采以及对煤矿劳工的压迫剥削情况,牢记历史教训;了解历史上煤矿工人的对敌斗争，接受爱国主义和革命传统教育。

（3）通过为坊子炭矿遗址文化园做宣传，培养宣传家乡、建设家乡的责任担当意识。

（4）能在活动中发现并提出问题，确定有价值的探究问题；能围绕问题开展调查，搜集、筛选、整理资料信息，得出结论；能围绕探究问题设计方案、考察探究并尝试解决。在小组活动中，能尊重他人的视角和不同观点。

三、评价设计

假如你是坊子炭矿遗址文化园园长，为了向公众展示文化园内的景点，让更多的人前往参观，需加大对炭矿遗址文化园的宣传。请你与小组同学合作，选用海报、宣传彩页、小视频、文字介绍等一种或多种形式，借助宣传栏、微信、抖音等媒介对炭矿遗址文化园进行宣传。

四、教学活动

活动一：炭矿博物馆研学。

（1）研学活动指导课。让学生课前通过网络搜索、调查采访等方式，了解坊子炭矿遗址文化园的体验项目，课上教师再补充相关的视频、图片等资料，激发学生的参观兴趣，帮助学生组成小组，制订研学方案。

（2）炭矿研学我最棒。到坊子炭矿遗址文化园参观，重点参观里面的炭矿博物馆，实地观察煤炭特点；参与博物馆的体验活动，如3D电影、历史图展、下井等，了解煤炭的形成过程以及利用价值，了解煤矿工人艰苦的工作环境以及德日侵略者对煤矿工人的剥削和压迫情况。

（3）我是小小讲解员。以"我是小小讲解员"为表现性任务，借助表演、演讲、做图表、拍短视频、做PPT、拍照片等形式，小组合作，从多个角度介绍坊子炭矿的历史、文化、科普等方面的价值，了解德日的掠夺性开采以及对煤炭劳工的压迫剥削、煤矿工人的对敌斗争，从而受到爱国主义和革命传统教育。

研学结束后梳理参观所得，完成表现性任务"我是小小讲解员"，参与评选优秀小组。

活动二：图文创作话炭矿。

（1）根据阅读经验，交流绘本的结构，全班一起对绘本（封面、封底、环衬、书名页、书页等）进行"解构"。

（2）根据创作意向分组，合作完成绘本，如 "煤炭的形成"组、"坊子煤矿的变迁"组、"压迫与抗争"组、"炭矿遗址发展蓝图"组、"坊子炭矿游记"组等。

（3）举办绘本发布会。举行新书发布会，面向全班同学进行推荐。根据评价标准，评选优秀绘本，并由学校图书馆收藏，颁发收藏证书。

活动三：我为"炭矿"宣传出良策。

（1）出示表现性任务及评价标准（见表2-2）。假如你是坊子炭矿遗址文化园园长，为了向公众展示文化园内的景点，让更多的人前往参观，请你与小组同学合作，用海报、宣传彩页、小视频、文字介绍等形式，借助宣传栏、微信、抖音等媒介进行宣传。

表2-2　"我为'炭矿'宣传献良策"评价标准

| 评价内容 | 评价结果（画"★"） | | | | | |
| | 已做到 | | 努力中 | | 未做到 | |
	自评	他评	自评	他评	自评	他评
内容 能将坊子炭矿遗址文化园的具体位置及教育、旅游等价值展现出来。						
表现 能运用恰当的宣传形式和媒介，如海报、微信、抖音等进行宣传。						
老师的话：	综合评价等级（11～12颗★为A，8～10颗★为B，6～7颗★为C，6颗以下为D）：					

（2）小组讨论，梳理想法，全班交流。

（3）根据宣传方式，分成不同的小组，如海报组、微信组、抖音组、宣讲组等。

（4）现场模拟展示，点评交流。

（5）课后，与坊子炭矿博物馆对接，将相关作品在文化园宣传栏、公众号、抖音号等进行发表与展示。

"炭矿研学我最棒"教学方案

叁

本方案为第二单元"探秘坊子煤文化"活动二"炭矿博物馆研学"的第2课时教学方案。

一、课时目标

（1）了解煤炭的种类以及煤炭的成分，知道煤炭是如何经过漫长的地质作用而形成的。

（2）了解坊子煤矿的历史变迁，感受德日占领时期矿工的悲惨生活和共产党人的英勇斗争，培养热爱中国共产党、热爱祖国的思想感情。

（3）在小组合作探究中，提高团队合作能力、探究能力。

（4）通过践行研学公约，增强文明出行的意识，养成文明参观的习惯。

二、评价设计

1. 表现性评价：我是小小讲解员（见表2-3）

作为一名"坊子炭矿博物馆"的讲解员，你需要向参观者介绍煤的形成过程、坊子炭矿的发展历史、德日占领期间煤矿工人的劳苦生活与抗争情况。你需要与小组同学合作，从多个角度介绍坊子炭矿的历史、文化等方面的价值。为了增强表现效果，可以借助多种形式（表演、演讲、做图表、拍短视频、做PPT、拍照片等）。

表2-3 "我是小小讲解员"评价量规

评价标准	评价内容	评价结果（画"★"）					
		已做到		努力中		未做到	
		自评	他评	自评	他评	自评	他评
前期准备	能在前期的活动中积极参与参观访问、考察探究、资料采集等活动，并积累了丰富的展示材料。						
表现能力	能将坊子炭矿的历史、文化等价值展现出来，表达流畅生动，态度自然大方，给来宾留下深刻印象。						
合作能力	能与小组成员有效沟通，团结协作，共同完成任务。						
老师的话：		综合评价等级（16～18颗★为A，12～15颗★为B，9～11颗★为C，9颗★以下为D）：					

2. 其他评价

（1）根据小组汇报表现，评选研学优秀小组。

（2）根据个人活动表现，组内互评。

（3）研学旅行自我反思性评价。

三、教与学活动设计

（一）文明出行我能行

（1）集合前，下发《研学任务单》，小组讨论，明确任务。（见表2-4）

表2-4 坊子炭矿遗址文化园研学任务单

愉快的研学活动开始了，同学们一定要认真看、仔细听、深入想，做好记录噢！
1.观察炭矿博物馆前陈列的煤炭，发现煤炭与普通石头相比，其特点是：
2.观看3D电影《煤的形成》，用流程图梳理煤炭形成的过程。 原始森林→
3.参观画廊，听讲解员讲述，用流程图梳理坊子煤矿的历史变迁。 明末清初被发现→
4.下矿井体验，用Y形图梳理观察所得。 看到的 体验到的　　想到的
5.其他收获：

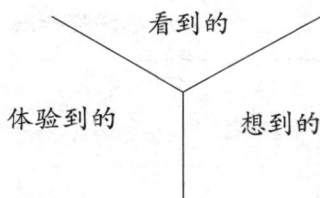

（2）集合队伍，召开研学动员会，宣讲《研学公约》。

（3）乘车出发。

（二）我是研学小标兵

（1）到炭矿博物馆入口处触摸馆前陈列的煤炭，感受其特点，完成研学任务单中的相关题目。

（2）参观炭矿博物馆，对照研学任务单，完成相应任务。

其一，观看3D电影，了解煤炭形成的过程，用流程图做简单记录。

其二，参观煤炭展厅，了解煤炭种类及特点，拍照或用文字记录。

其三，听博物馆解说员讲解，了解坊子煤炭一百多年的发展史，用流程图梳理。

（3）参观矿井体验馆，坐罐笼，下巷道，在175米深处的历史巷道中，近距离参观绞车提升、通风、排水、人行缆车、采煤等工作流程，了解坊子煤矿的历史变迁，用Y形图记录。

（4）整队返回学校。

（三）分享交流我最棒

（1）小组内整理研学成果，按照小组活动方案中制订的展示形式准备展示材料（任务单、海报、PPT、照片、视频等）。

（2）小组汇报交流，其他小组根据交流质量进行星级评价。

评价：我们给这个小组_____颗星，因为_____。评价标准见表2-5。

表2-5　小组评价标准

内容	内容丰富，全面并具体展现研学收获。
表现	小组成员相互配合，表达清楚，过程流畅。

（四）他评自评助前行

1. 组内互评

评价工具：我为小组成员_____点赞，因为_____。评价标准见表2-6。

表2-6　组内互评评价标准

积极参与	能积极参与整个活动，为小组任务的完成出谋划策等。
小组贡献	在小组活动中主动承担任务，能聚焦主题提出有价值的问题和困难，能和其他成员主动寻求解决方法等。
乐于合作	能遵守公约，能根据小组分工完成任务，乐于与他人合作，尊重他人等。

2. 个人自评

评价工具：三颗星星一个愿望。

在活动中，我_____、_____、_____
（三颗星星即优点），我希望在后面的活动中，能_____
（一个愿望即不足）。评价标准见表2-7。

表2-7　个人自评评价标准

积极参与	我对研学兴趣浓厚，主动准备参观物品，做好参观计划，完成参观任务。
探究能力	遇到自己不懂的问题，我能主动思考，通过观察、访问等方式独立或与小组同学合作，解决问题、得出结论。
合作能力	我能主动参与小组讨论，在小组中担任重要角色，承担并完成任务。
文明礼仪	我很有礼貌，在参观时都排队，我和周围的人讲话时，注意文明礼仪。

3

让厨余垃圾获得"新生"

　　本课程选择了一个与真实生活高度关联的主题——垃圾利用作为课程主题，为综合实践活动课程目标的实现确定了一个很好的主题载体。

　　尽管用了其中一个单元的名称来命名整门课程，但瑕不掩瑜，总体而言课程设计比较成功。特别值得肯定的是在"单元教学方案"设计上运用了"学历案"这样一种新教案形式，尝试从学生学习的视角来呈现活动过程，很好地体现了学生的主体性；且学历案的设计有模有样，总体上比较到位，尤其是几个评价任务的设计较好地体现了评价任务的要求。

　　需要讨论的还是评价问题：一是一门课程中的评价要不要面面俱到？涉及的相关指标是不是总要做精确的量化？一门课程一定要涉及有限目标，无论是课程实施还是评价，可能都需要抓大放小，聚焦于核心目标。二是综合实践活动的确很适合运用表现性评价，而量规也的确是表现性评价的核心工具，然而，一门课程自始至终运用单一的量规是否合适？也许在表现性评价中体现目标要求的量规是必要的，但如果能够跟其他一些评价技术结合，效果会更好。

壹 "让厨余垃圾获得'新生'"课程纲要

设计单位：青岛启元学校

设计者：周小兵、迟培培

适用年级：小学四年级

计划课时：18课时

一、课程简介

基于综合实践活动课程性质，本年级课程循序渐进培养学生的能力和综合素养，引导学生通过参加不同主题的活动，运用考察探究和社会服务的方式提升能力及素养。从生活中常见的垃圾切入，开展观测、调查、实验、制作等系列研究及探究实践，获取科学数据，尝试在研究中解决问题，对垃圾处理方式等问题展开研究并探究其再利用的可行性路径；参与社会服务活动，做环保宣传员，在亲历中掌握开展课题研究的方法，带动身边更多人投入对垃圾再利用的研究行动中，养成科学的生活方式，树立保护环境的意识。

二、背景分析

综合实践活动课程强调让学生亲身经历各项活动，在"动手做""实验""探究""设计""创作""反思"的过程中进行"体验""体悟""体认"，在全身心参与的活动中，发现、分析和解决问题，体验和感受生活，发展实践创新能力。

本课程选取《中小学综合实践活动课程指导纲要》里推荐的主题，基于学生成长需求，从不同层面及角度选择和安排具体内容，引导学生主动运用学科知识分析、解决实际问题，使不同学科知识在综合实践活动中得到延伸、综合、重组与提升。

四年级是学生小学阶段的第二学段，学生在参与课程中掌握了一些解决问题的方法，有了一定的探究能力，对于查阅资料解决问题的方式运用熟练，对于观察、研究、制作等活动兴趣浓厚，本课程旨在促进学生分析能力、调查采访能力、实践研究能力的发展和提升。

学校综合实践活动课程注重顶层研发与设计，学科教研组每学期制订总课程实施规划，各年级课程实施教师针对年级、班级学生特点制订年级和班级课程计划，课程实施场所为校内与校外，实施时间为课堂时间和节假日，实施形式多样态、弹性化。学校与周边研学基地、专业场馆、社区签署了课程共建协议，并聘请了中国海洋大学、青岛科技大学等高校教授、大学生为课程实施提供充分支持与指导，利于学生开展真实的数据采集、调查采访等系列探究活动，指导学生进行研究反思和改进，提出科学的解释或研究结论，让学生的研究方法在生活中得以实践，提出的假设在实践中得以验证。

三、课程目标

（1）从发现生活中各种垃圾不同的处理方式带来的影响及产生的问题出发，学习将提出的问题转化为研究课题的方法，制订具体可行的研究计划。

（2）通过发放调查问卷，走进社区了解垃圾处理等方式，开展研究，学习设计调查问卷并回收分析，学会对不同人员进行采访，掌握开展课题研究的一般方法。

（3）尝试提出假设、设计实验，在实验中寻找变量、控制变量，总结利用厨余垃圾制作酵素的一般规律并进行验证，掌握不同的解决问题的方法。

（4）到社区宣讲开展研究的收获，向大家推介不同的垃圾处理的科学方式，带动更多人关注环保，感悟作为社会公民的责任感。

四、学习主题及活动安排

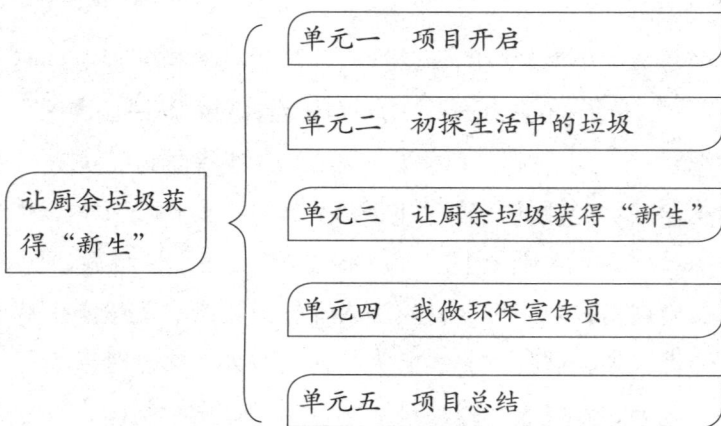

```
                    ┌─ 单元一  项目开启
                    │
                    ├─ 单元二  初探生活中的垃圾
                    │
让厨余垃圾获    ─┤   单元三  让厨余垃圾获得"新生"
得"新生"         │
                    ├─ 单元四  我做环保宣传员
                    │
                    └─ 单元五  项目总结
```

图3-1 "让厨余垃圾获得'新生'"课程框架

单元一：项目开启。（2课时）

课时1：项目开启。

实施建议：提前一周布置观察任务，引导学生运用观察记录表统计并记录家里每天生活垃圾产生的数量及种类，统计其中厨余垃圾所占的数量。学生分组交流，探讨想研究的问题，把不同的问题转化为研究的课题；确定研究课题及项目主题、研究方向及各阶段的研究任务。

课时2：制订研究计划。

实施建议：教师展示介绍本学期课程纲要内容、课程评价方案，基于项目主题及研究任务制订可行性研究计划。

单元二：初探生活中的垃圾。（2课时）

课时3：整理观察记录表。

实施建议：在初步分析人们处理生活垃圾方式的基础上，学习设计调查问卷，进一步了解人们日常对垃圾是否进行分类，对垃圾的处理习惯，对垃圾的认知与了解；做好发放调查问卷的时间、地点、方式的准备。

课时4：撰写调查问卷分析报告。

实施建议：回收整理问卷，统计分析数据，结合查阅的资料开展讨论，学习撰写调查问卷分析报告；基于调查发现的问题，选择确定项目推进的内容及研究方式。

单元三：让厨余垃圾获得"新生"。（7课时）

课时5～6：参观社区垃圾分类处理站。

实施建议：教师指导学生设计走进社区参观考察活动的具体方案，确定参观时采访工作人员要提问的问题，做好实地参观时对不同垃圾处理案例的了解与记录；整理参观活动的视频、照片及文字资料，结合分类整理的资料，进一步探究垃圾及厨余垃圾对生活的影响。

课时7～8：为厨余垃圾寻找朋友。

实施建议：教师利用学历案引导学生探究微生物分解的专题知识，在此基础上探寻了解微生物在厨余垃圾"再生"中的应用及科技进展；寻找有哪些动物可以帮助处理厨余垃圾，制作"厨余垃圾的好朋友"介绍卡。

课时9：制作环保酵素。

实施建议：探究环保酵素的起源以及作用，学习制作酵素的步骤，准备不同的厨余垃圾进行动手实践；制作完成后在课余时间进行观察与监测，运用观察量表做好酵素1个月发酵变化的记录。

课时10：制作厨余植物水培景观。

实施建议：首先探究了解水培植物的方法；选择不同的厨余植物，如红薯、马铃薯等开展水培实践。

课时11：制作花肥来护花。

实施建议：探究厨余垃圾制作花肥的方法并进行制作，运用制作好的花肥养护班级或家里的植物。

单元四：我做环保宣传员。（5课时）

课时12：我做定量小达人。

实施建议：探究从源头上减少厨余垃圾产生的方法，设计可行的家庭购物计划以及定量食谱。

课时13～14：策划准备宣传活动。

实施建议：探究了解整体设计活动原则及程序，运用设计活动的方法策划宣传活动方案；小组分工承担活动不同项目，做好宣传活动各项准备，保证活动如期开展。

课时15～16：宣传科学处理厨余垃圾方法。

实施建议：选取社区合适地点开展宣传活动，各小组从不同方面展示项目研究收获；经过充分练习后，宣讲科学处置厨余垃圾的益处，带动大家共同参与环保行动。

单元五：项目总结。（2课时）

课时17～18：展示研究收获并评价。

实施建议：各组把研究的过程性材料分阶段进行整理并归入档案夹，总结项目活动实施情况，反思改进。

研究成果评价：评价"厨余垃圾的好朋友"介绍卡，评价制作完成酵素的使用效果；举办"厨余垃圾巧变身"作品展，把不同的作品展示在教室里，学生以小组为单位依据"成果展示评价量规"做出评价。

研究过程评价：各组运用研究过程的评价量表对每一位学生参与项目的研究过程开展自评、组评、师评相结合的评价。

五、评价活动

课程评价以学生成长为导向，关注学生参与研究的过程与取得的收获，使学生的参与性与收获感相统一。

1. 研究过程评价

评价贯穿活动准备、活动过程、活动总结三个阶段，记录学生在活动过程中的状态，从学生的制订研究计划能力、实践制作能力、解决问题能力等方面多角度评价，见表3-1。

表3-1　过程评价标准

评价项目	评价要素	评价标准		评价等级
活动准备（20分）	研究计划制订	A（19~20分）	基于项目研究主题及任务制订研究计划，能分阶段实施研究，能选取不同的、切实可行的研究方式。	
		B（16~18分）	基于项目研究主题及任务制订研究计划，能分阶段实施研究，能选取不同的研究方式。	
		C（15分）	基于项目研究主题及任务制订研究计划，能分阶段实施研究。	
活动实施（60分）	调查活动	A（11~12分）	设计调查问卷，面向不同人群发放调查问卷并回收；整理分析调查问卷，能写简单的调查报告。	
		B（8~10分）	设计调查问卷，发放调查问卷并回收，整理分析调查问卷。	
		C（7分）	设计调查问卷，发放调查问卷并回收整理。	
	参观考察	A（11~12分）	运用观察、采访等方式了解身边各种生活垃圾的处理方法，做好参观记录并进行分析。	
		B（8~10分）	运用观察、采访等方式了解身边各种生活垃圾的处理方法，做好参观记录。	
		C（7分）	能通过观察、采访等方式了解身边各种生活垃圾的处理方法。	
	实践制作	A（11~12分）	选用厨余垃圾材料成功制作酵素，监控记录过程中的真实变化。	
		B（8~10分）	选用厨余垃圾材料制作酵素，发酵过程中出现问题后进行调整再次制作。	
		C（7分）	选用厨余垃圾材料制作酵素，发酵过程处置不当未得到酵素。	
	探究能力	A（11~12分）	项目实施过程中遇到问题能自主、有创造性地解决问题。	
		B（8~10分）	项目实施过程中遇到问题能积极采用不同方式解决问题。	
		C（7分）	在教师指导下解决项目实施过程中遇到的问题。	

评价项目	评价要素	评价标准		评价等级
活动实施（60分）	宣讲介绍	A（11～12分）	制订有效而可行的宣传活动方案并积极参与，大方、清楚地阐释科学处理垃圾的重要意义。	
		B（8～10分）	制订宣传活动方案并积极参与，能在活动中阐释科学处理垃圾的重要意义。	
		C（7分）	参与宣传活动方案制订，能承担一定的任务。	
活动总结（20分）	成果展示	A（7～8分）	研究过程的照片、调查报告、参观记录表等材料，内容完整并分类整理。	
		B（5～6分）	研究过程的照片、调查报告、参观记录表等材料，内容比较完整。	
		C（4分）	研究过程的照片、调查报告、参观记录表等材料，内容不够完整。	
	总结反思	A（6～7分）	能与他人交流自己亲历探究活动的感受和收获，分享真实的解决问题的方法及成效。	
		B（4～5分）	能与他人交流自己亲历探究活动的感受和收获。	
		C（3分）	能基本谈出自己亲历探究活动的感受和收获。	
	合作能力	A（4～5分）	能积极参与研究，为小组做贡献，积极完成小组安排承担的任务。	
		B（2～3分）	能够参与研究，完成小组安排的任务。	
		C（1分）	需要鼓励和小组成员协作才能完成小组安排的任务。	
总评				

2. 研究成果评价

（1）成果展示。研究结束后，学生在班级成果汇报中进行成果展示，评价量规见表3-2。

表3-2 成果展示评价量规

评价项目	评价等级			得分
	A（9～10分）	B（7～8分）	C（6分）	
"厨余垃圾的好朋友"介绍卡	清楚地介绍研究收获，可读性强，有科普性；介绍卡外形美观；书写工整。	能介绍研究收获，内容具体；介绍卡文字书写工整。	介绍研究收获，内容简单。	
环保酵素制作	环保酵素制作成功，真实记录一个月的发酵变化，在生活中使用酵素并发挥作用。	环保酵素制作成功，在生活中使用酵素并使其发挥作用。	环保酵素制作未成功，有相关的观察数据。	
厨余垃圾巧变身	选择不同的厨余垃圾进行创作，有美感，做到厨余废物再利用。	能用不同的厨余垃圾进行创作，厨余废物得到利用。	用厨余垃圾创作，作品不够美观。	
汇报展示	对本组研究过程及收获进行完整清楚的介绍，能制作幻灯片展示，语言自然流畅。	能对本组研究过程及收获进行介绍，语言清楚。	未能清楚地介绍本组研究过程。	
等级				

（2）建立研究档案。将每个阶段学生的过程性记录、作品成果照片等整理收入研究档案。

贰 "让厨余垃圾获得'新生'"单元教学方案

本方案为"让厨余垃圾获得'新生'"课程中的第二单元，计划6课时完成。

一、背景分析

学生亲历了第一单元"初探厨余垃圾"后，通过观察与调查，对生活中垃圾的种类、垃圾及厨余垃圾的一般分类与处理进行了调查、分析、讨论，了解垃圾对生活环境及未来的影响。学生发放调查问卷进一步了解了更多家庭对厨余垃圾的处理方式和态度，为后续任务推进做好了研究上的准备。基于此，第二单元从"参观社区垃圾分类处理站"开始，实地考察厨余垃圾处理的方式方法，逐层深入研究，探寻微生物在厨余垃圾再生中的应用技术，了解微生物分解等专题知识，再亲自动手实践制作环保酵素，因酵素的制作需要一个月的时间，所以在这期间组织丰富研究认知的"寻找厨余垃圾的动物朋友""让部分厨余通过水培'再生'""制作花肥来护花"系列活动。《中小学综合实践活动课程指导纲要》要求：综合实践活动课程要面向学生的整个生活世界，具体活动内容具有开放性。教师要基于学生已有经验和兴趣专长，打破学科界限，选择综合性活动内容，鼓励学生跨领域、跨学科学习，为学生自主活动留出余地；要引导学生把自己成长的环境作为学习场所，在与家庭、学校、社区的持续互动中，不断拓展活动时空和活动内容，使自己的个性特长、实践能力、服务精神和社会责任感不断获得发展。本单元活动内容安排关联性强，引导学生运用科学、语文、数学、劳动等学科知识、技能在不断解决问题中持续探究，同时需要学生提前涉猎有关的生物、化学学科知识来支持研究的开展。本单元内容需要引导学生走进社区、场馆去实地观察，需要学生在家开展不同的动手实操，因开展本单元活动需要的材料都来源于生活，所以要方便学生在家中自主实践并全程观察与监控。

二、单元目标

（1）通过实地参观、分析资料、实验验证等方式，探究了解微生物对厨余垃圾的作用及其应用技术，解决研究中不断生成的新问题。

（2）通过自主选择、动手实践、观测记录、实践验证的方式，制作不同的环保酵素，并在生活中运用环保酵素，感受研究科学处理和转化生活中的厨余垃圾的重要意义。

（3）通过培植水培植物、制作花肥等方式，拓展探究生活中有效的处理厨余垃圾的方式，提升动手实操能力，培养运用学科知识积极解决生活中的问题的习惯。

三、评价设计

（一）单元评价

立足学生参与研究的过程，关注学生研究与实践能力的培养，单元评价量表以记录参与过程及能力的提升为目的，引导学生关注在实践中掌握解决问题的一般方法，具体量规见表3-3。

表3-3　单元评价量规

		评价标准及等级			评价		
评价项目	评价要素	5星	4星	3星	自评	组评	师评
资料处理与分析	参加完本单元课程活动，能通过查找的资料解决问题、查找证据、丰富认知，并以此推进深入探究。	筛选并整理资料，为研究提供支持。	筛选并整理资料。	能查找相关资料。			
		对资料有自己的分析与思考。	能认真阅读资料并进行整理。	不能很好地运用查找的资料。			
实验设计与实施	为了解决问题，讨论实验方法，设计可操作性强的实验方案，选择不同的材料、工具进行动手制作。	设计的实验方案清楚。	能和小组同学合作设计实验方案。	在教师和他人的帮助下设计实验方案。			
		依据实验方案成功实施实验。	能依据实验方案实施实验。	依据实验方案实施实验未成功。			
		制作的环保酵素使用效果好。	制作的环保酵素有一定的实用性。	制作的环保酵素不能发挥作用。			
拓展学习与探究	展示制作的作品，对实验或制作过程进行反思，针对遇到的未能解决的问题开展持续研究。	认真观察环保酵素发酵过程，记录变化及问题。	能观察环保酵素发酵过程，但记录不太完整。	未观察环保酵素发酵的过程，没有记录。			
		针对问题选择研究方法，有持续开展研究的热情。	遇到问题能向其他人求助。	遇到问题不知该怎么解决。			
总　评							

"让厨余垃圾获得'新生'"单元评价

（二）任务评价

1. 评价任务A：我做资料管理员（见表3-4）

表3-4 "我做资料管理员"评价量规

评价项目	评价标准	分值	评价		
			自评	互评	师评
研究能力	1. 能基于要解决的问题搜集文字、视频等资料； 2. 能结合实地参观获取的资料、数据、信息，对资料进行筛选、分类并整理。	4颗星			
研究态度	1. 遇到问题能通过多种方式查找资料寻找解决的方法； 2. 对于没学过、不懂的其他学科知识也能保持积极探索的态度。	3颗星			
成果展示	1. 分类建立便于查找的资料卡或资料袋； 2. 能熟练介绍国外、国内对厨余垃圾处理方式及科学研究进程等资料。	3颗星			

评价目标：

（1）是否能对拟解决的问题搜集、筛选、分类有用的资料。

（2）是否能通过参与体验，增进对国内外现实生活中垃圾的处理方式及其科学研究的进程认识和了解。

（3）是否会对搜集的资料进行分析整理。

任务描述：

首先，小组成员共同整理搜集到的资料，并进行资料筛选。

其次，小组结合后续开展的研究活动对资料进行分类，如垃圾处理的典型案例、"微生物"专题材料、酵素制作及作用专题材料等。

最后，班级各组交流资料的整理及分析，进一步理清研究思路。

2. 评价任务B：我做小小实验员（见表3-5）

表3-5　"我做小小实验员"评价量规

评价项目	评价标准	分值	评价		
			自评	互评	师评
研究能力	1. 运用查找的资料和了解的案例，充分交流讨论生活中处理厨余垃圾的方式； 2. 讨论制订环保酵素制作方案。	4颗星			
研究态度	1. 认真选择实验材料、制作工具等； 2. 设计制作环保酵素，制作观察记录表。	3颗星			
成果展示	1. 展示环保酵素制作成功后的照片、视频； 2. 清楚地介绍环保酵素在生活中的使用及作用。	3颗星			

评价目标：

（1）是否掌握基于解决问题而设计环保酵素制作实验的方法。

（2）是否能通过制作环保酵素实践，探寻有效处理厨余垃圾的方法。

（3）是否对环保酵素制作的过程进行观察与记录。

（4）是否能针对酵素制作过程中的问题寻找解决的方法。

任务描述：

首先，小组共同运用前期研究的收获，探寻解决家庭厨余垃圾的有效方法，设计用厨余垃圾制作环保酵素的方案。

其次，各组同学准备不同的厨余垃圾材料，用器皿动手制作酵素。

最后，班级内交流制作酵素的感受和体验，制作观察记录表，开展持续的研究实践。

3. 评价任务C：我是小小研究员（见表3-6）

表3-6 "我是小小研究员"评价量规

评价项目	评价标准	分值	评价		
			自评	互评	师评
研究能力	1. 能对实验记录进行分析； 2. 针对发现的问题或失败的作品，探讨用厨余垃圾制作环保酵素的注意事项。	4颗星			
研究态度	积极探索用其他方法处理厨余垃圾。	3颗星			
成果展示	1. 展示用厨余垃圾种植的水培植物、制作的花肥等； 2. 清楚地介绍运用厨余垃圾进行制作的方法。	3颗星			

评价目标：

（1）是否掌握观察及记录实验制作过程的方法。

（2）是否能基于实验过程中观察到的现象或问题采取相应的解决方法。

（3）是否能围绕进一步拓展活动，掌握积累更多的厨余垃圾处理的方法。

任务描述：

首先，小组成员交流实验过程。

其次，针对制作失败的案例进行分析讨论，交流制作过程中有效解决问题的方法。

再次，对其他同学的实验过程记录表进行分析，总结酵素制作的一般方法和注意事项。

最后，交流探讨其他的有效处理厨余垃圾的方法。

四、学与教活动设计

1. 你愿意接受挑战吗

你见过垃圾分类处理的真实场景吗？你见过用厨余垃圾堆肥吗？你见过用厨余垃圾制作的酵素吗？

你想学会几招将家中的垃圾特别是厨余垃圾变废为宝吗？想要完成以

上任务，要做好哪些研究准备？我们一起浏览一下本单元研究任务的流程图吧。（见图3-2）

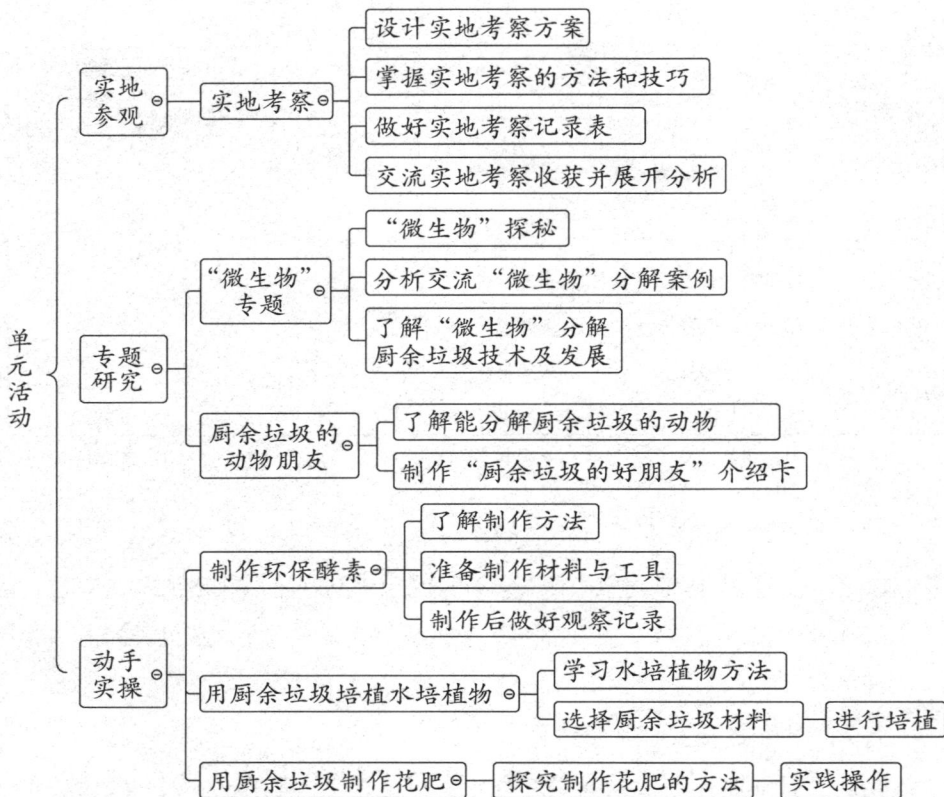

图3-2 "让厨余垃圾获得'新生'"流程图

2. 你需要学什么（见表3-7）

表3-7 "让厨余垃圾获得'新生'"学习规划

大任务	课时内容	指向学科核心素养	所用课时数
让厨余垃圾获得"新生"	单元导学	——	1
	实地参观考察	理性思维，社会责任感	2
	研究"微生物"	分析问题，持续探究	2
	动手实操制作	实践创新，问题解决	3
	单元小结与拓展	勤于反思，实践创新	1

3. 你将学会什么

（1）掌握开展研究的能力。学会如何到专业场馆参观及研学；学会在参观时结合自己的问题观察记录；学会向专业人员请教；学会从查找的资料、案例中提取关键信息，运用查找到的资料解决研究中的问题。

（2）学习设计参观方案、实验方案。从参与的活动中明晰不同规划方案的重要性，参观前要厘清参观的地点、时间、参观拟解决的问题、参观过程、参观收获等要素；做实验前要确定实验拟解决的问题、实验所需材料和工具、实验步骤、实验过程等，然后运用工具开展研究。

（3）学习具体的处理厨余垃圾的技能。通过用厨余垃圾制作环保酵素，用不同的厨余材料种植水培植物，用厨余垃圾堆肥等方式处理家中的厨余垃圾，并积极尝试、动手制作，把人们当作废物的厨余垃圾变为有用的物品、工艺品等，在实践中产生更多的创意。

4. 为你支招

（1）提前把搜集的资料进行整理与筛选，对厨余垃圾的分类、特点、影响做深入了解，思考应该从哪些方面解决其产生的影响，如何变垃圾为有用的"宝藏"。

（2）单元学习中可以带着自己的问题与老师、小组同学交流探讨，适时记录自己或组内同学新生成的问题，结合任务进程，选择合适的研究方式，通过实验验证、实践操作、调查采访等方式累积真实的研究素材。

（3）动手实操时带动家人共同参与，请家人一起用不同的厨余材料制作环保酵素，并利用家中更多的厨余材料开展创意制作，如利用蟹壳、鸡蛋托、冰糕棒制作手工作品；倡议在班级、社区中举办"垃圾创变"挑战赛活动，带动家人和同学一起投入把垃圾变废为宝的行动中。

叁 "我做小小调查员"课时教学方案

本方案为"初探'厨余垃圾'"单元第3课时"我做小小调查员"的教学方案，计划为1课时。

一、课时目标

（1）了解调查问卷的基本构成与设计流程，运用已掌握的资料设计厨余垃圾处理情况调查问卷。

（2）运用调查问卷收集了解身边人对厨余垃圾的认知及处理方式，持续研究、收集数据及信息。

（3）培养与人交流、合作的能力及分析问题的能力。

二、评价设计

（一）评价设计一：问题部分的设计（见表3-8）

观察学历案上调查问卷的问题部分，小组讨论：设计问卷时要注意些什么？你们组能给大家支支招吗？

要求：① 请把你们的小提示逐条写在"设计问卷小锦囊"上，并标上组名；② 组长进行分工，要有记录员、发言人和锦囊快递员；③ 用时5分钟；④ 评选"最给力小锦囊"3组。

表3-8　问题部分设计评价表

评价要素	评价星级
抓住关键点	☆☆☆
内容全面	☆☆☆

（二）评价设计二：设计调查问卷环节（见表3-9）

表3-9　调查问卷设计评价表

评价要素	评价星级
题目简洁明确	☆☆☆
导语指向性强	☆☆☆
问题贴切主题	☆☆☆
便于调查统计	☆☆☆

要求：① 根据评价要素利用平板电脑进行设计（问题设计可借鉴平板电脑中的资料库）；② 小组分工明确，各司其职；③ 用时15分钟；④ 根据小组问卷设计评价要素进行各组得星情况统计，评出"最佳设计奖"3组。

三、学与教活动设计

（一）课堂学习

1.学习活动一：了解调查问卷基本构成，达成课时目标（1）

谈话：同学们，咱们学校这个学期开设了许多丰富多彩的社团活动，你参加了哪些社团？

讨论：开设这些社团的依据是什么？（有益于特长发展的，有利于健康的……）

分析学历案上的问卷以及柱形图。学校是怎么知道你们喜欢参加什么社团的呢？这些数据来源于学校开设课程前对大家做的调查问卷，问卷调查就是收集数据的好方法。

明确学习任务1：这一段时间我们围绕生活中的垃圾处理开展研究，要想了解人们日常对垃圾的处理方式，需要通过调查问卷征集大家的看法，了解大家处理的方式，这节课让我们一起来做小小调查员，从设计一份调查问卷开始。

出示学历案：《有关小学生家庭作业家长调查问卷》《学校关于上学接送的调查问卷》《小学生近视眼防控调查问卷》。

合作探究：请各组同学读一读，分析学历案上的三份调查问卷，认真思考调查问卷由哪些部分组成，每一部分的作用是什么？小组合作填写表格。各小组展示交流，师生点评，梳理调查问卷的结构以及作用。

表3-10　调查问卷结构及作用表

序号	主要部分	作用
1	标题	直接交代问卷的主题
2	导语	说明调查者，问卷的目的、方式
3	问题	调查的具体内容
4	结束语	对被调查人的配合表示感谢，与导语呼应

厘清调查问卷设计的结构要素。

（1）调查问卷标题。

出示：《浪费粮食调查问卷》《小学生调查问卷》。

谈话：根据我们学历案上的三份调查问卷，同学们分析一下这两个标题完整吗？

小结：同学们真是火眼金睛，题目不仅要把调查的对象、内容、范围等交代清楚，同时还需简练、精确、醒目。

（2）设计调查问卷导语。

课件出示两条导语，现场采访：看到这两条导语，你想接受哪家的调查？为什么？

谈话：在做问卷调查的时候，交流沟通很重要。不仅要让被调查者明白你的调查目的，感受到你的诚意邀请，还要告诉他们答题方法，这样他们才会主动配合。

（3）设计问题部分。

课件出示一份调查问卷，观察问题部分，小组讨论：设计问卷时要注意些什么？你们组能给大家支支招吗？请把你们的小提示或小妙招逐条写在"设计问卷小锦囊"上并标上组名。

要求：① 提示要能抓住关键点，尽量全面周到；② 组长进行分工，要有记录员、发言人和锦囊快递员；③ 用时5分钟；④ 评出"最给力小锦囊"3组。

各小组的锦囊快递员将锦囊粘贴在黑板上，学生共同讨论归纳，评选"最给力小锦囊"。

表3-11 调查问卷问题部分评价标准

评价要素	评价星级
抓住关键点	☆☆☆
内容全面	☆☆☆

播放微课。

交流：看了微课，你发现调查问卷里关于问题的设计有哪几种类型？

学生讨论：问卷上有不同的问题设计，有的是封闭式问题，有的是开放式问题，还有介于二者之间的问题。

出示不同的问卷，请学生辨别、区分这些问卷上的问题，哪些是封闭式问题，哪些是开放式问题，哪些是半封闭半开放式问题。

总结：为方便调查者回答，也利于统计，我们一般多采用封闭式问题（选择题、判断题），少用开放式问题（填空题、问答题）。

（4）设计问卷结束语。

交流：请观察学历案上的问卷，同学们还有什么发现？

在问卷的最后有结束语，一般是用简短的话感谢被调查者的合作支持。

总结：调查问卷一般分为四个板块，其中标题、正文是每一份问卷必须要有的，而导语和结束语则可根据不同的需要来确定。

2. 学习活动二：设计"生活中垃圾及厨余垃圾分类处理方式"调查问卷，达成课时目标（2）与目标（3）

（1）出示学习任务：掌握了设计问卷的结构要素后，我们要围绕所开展的研究设计一份调查问卷，同学们在小组里讨论一下如何设计调查问卷。

（2）明确要求及评价标准。

表3-12　设计调查问卷评价标准

评价要素	评价星级
题目简洁明确	☆☆☆
导语指向性强	☆☆☆
问题贴切主题	☆☆☆
便于调查统计	☆☆☆

要求：① 根据评价要素利用平板电脑进行设计（问题设计可借鉴平板电脑中的资料库）；② 小组分工完成调查问卷的各部分内容；③ 用时15分钟；④ 根据小组问卷设计评价要素进行各组得星情况统计，评出"最佳设计奖"3组。

（3）各小组设计调查问卷。

3. 学习活动三：介绍展示调查问卷

（1）各小组展示设计的调查问卷。

（2）其他小组认真听，根据评价要素评价或者提出修改建议。

（3）评选3组"最佳设计奖"。

（4）总结：今天这节课我们学习了如何设计调查问卷，课后请各小组继续完善问卷，开展正式调查并做好统计，为后面关于垃圾分类的处理问卷分析及汇总做准备。

（二）实践作业

（1）回家后向家人、邻居发放调查问卷，请他们回答并提出建议。

（2）对回收的问卷进行汇总统计。

（三）学后反思

依据家人、邻居提的建议，让学生想一想如何改进调查问卷；对更多人发放问卷时，怎样做才能保证发放调查问卷活动更高效。

4 绳结艺术

编者点评

　　本课程定位于劳动教育，选择一种兼具实用性和艺术性的产品——绳结作为劳动教育的载体，体现了劳动教育本身的综合性，也有助于劳动教育发挥综合育人的价值。课程整体框架规范，各课程文本具有较强的内在一致性，且三个文本相互之间的关联比较紧密，体现了课程设计团队的连贯思考。这种连贯思考对于课程设计至关重要，在国家课程设计的框架中要求呈现"相关的课程标准"内容，其实质在于使教师连贯一致地思考课程标准、学期课程纲要、单元课程实施方案和课时教学方案。

　　本课程提供了一个非常详细的单元课程实施方案。这是一个好事，但也可能变成坏事——在单元课程实施方案中过度关注实施细节，很可能会导致整体把握的失调。如何让单元课程实施方案既能明确课程的具体实施，又能聚焦于单元实施的整体性，这是一个值得思考的问题。

壹

"绳结艺术"课程纲要

设计单位：枣庄市薛城区祁连山路小学

设计者：亢文金、焦慧敏、冯郭云、魏宁、刘素贞

适用年级：小学五年级

计划课时：13课时

一、课程简介

中国绳结艺术历史久远，绚丽多彩。它始于上古，兴于唐宋，盛于明清。经过几千年的时间，它从实用绳结技艺，演变成为今天精致华美的艺术品。一根红绳就这么三缠两绕，一种祝福就这样编结而成。

本学期学生将跟随课程，通过自己查阅资料、调查、亲手操作，了解绳结的文化、基本技法，学会编织精美的中国结，设计百变丝巾，以及利用绳结来解决我们生活中的问题；用绳结美化我们的生活，一起感受绳结的魅力，一起体会劳动的光荣、崇高、伟大和美丽！

二、背景分析

当今社会要求在倡导劳动、创造美好生活的基础上，必须加强学校教育与社会生活、生产实践直接联系，必须面向学生真实的生活世界，引导学生以动手实践为主要方式，在认识世界的基础上，获得有积极意义的价值体验，强化劳动观念，弘扬劳动精神；以丰富开放的劳动项目为载体，有目的、有计划地组织学生参加日常生活劳动、生产劳动和服务性劳动，让学生动手实践、出力流汗，接受锻炼、磨炼意志，培养学生正确的劳动价值观和良好的劳动品质。

近年来，人们对中国绳结艺术的关注越来越多，使得绳结艺术的创作更加丰富。绳结成了生活中一种解不开的情结，这种传统的工艺在现代社会中派生出更多的思想，它将我们民族悠远的文化积累与情感沉淀集于一体。

五年级学生对综合实践课程有了初步的了解，对综合实践这门课程有比较浓厚的兴趣，但是他们的研究能力还停留在网上查找资料的层面，缺乏动手实验探究的兴趣和方法。本学期将留给学生充足的自由实践锻炼的时间和空间，逐步教会学生探究问题的方法，增强学生的问题意识，让学生能够从生活和学习中挖掘自己感兴趣的活动主题，试着和同学展开小组合作学习，在有效的活动中不断发掘实践与创新的潜能。

三、课程目标

（1）通过参观、查阅等方式，了解绳结的起源、历史、寓意等，体会绳结编织的传统工艺价值，感受工匠精神，初步形成传承中华优秀传统文化的意识。

（2）通过亲历、查阅等方式，了解绳结在生活中的应用，学会根据不同的情形选择合适的编织材料，了解绳结编织的常用工具及使用方法。

（3）通过压、绕、穿等绳结编织操作，了解绳结各部分的名称，掌握基本的绳结编法，培养基本的劳动能力。

（4）通过完成不同的绳结编织活动，掌握编织的方法，养成细心编织的好习惯，培养灵活解决问题的能力和创新能力。

四、学习主题与活动安排（见图4-1）

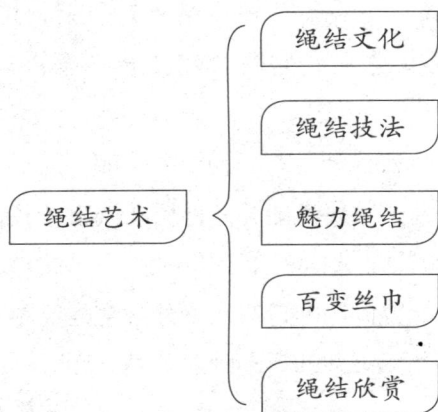

图4-1　绳结艺术课程主题框架

单元一：绳结文化。（2课时）

课时1：分享绳结艺术课程纲要。

实施建议：教师展示本学期课程纲要内容、课程评价方案，学生利用导学案了解课程的内容和意义。

课时2：绳结文化。

实施建议：教师讲解与绳结有关的案例，学生以小组为单位讨论、分享对中华绳结文化价值底蕴及匠心的感悟。

单元二：绳结技法。（2课时）

课时3～4：在压、绕、穿等绳结编织操作中，了解绳结各部分的名称，掌握基本的绳结编法。

实施建议：教师现场演示或提前录制好教学视频，在课堂内逐一讲解和演示绳结材料、技法及各种美丽的绳结饰品。课堂内预留时间让每位学生亲自实践，教师现场指导，进行课堂观察，分析目标达成情况。

单元三：魅力绳结。（4课时）

课时5：同心结。

实施建议：查阅分享同心结的寓意，学会编织单个同心结，小组合作编织创意同心结。

课时6：中国结。

实施建议：查阅、分享中国结的文化，欣赏不同的中国结，激发学生传承中华优秀传统文化的意识，学会编织中国结，小组合作编织创意中国结。

课时7：逃生结。

实施建议：编织出丁香结、渔人结、称人结3种逃生结，总结3种逃生结的使用功能；学习打八字结、连续八字结等实用的绳结技巧。

课时8：捆书结。

实施建议：编织单十字捆书结；编织双十字捆书结；根据不同材料，设计并编织不同的捆书结、礼品结。

单元四：百变丝巾。（3课时）

课时9：三角巾结。

实施建议：从系红领巾的技法引入，让学生体会打三角巾结的技法，为后续的学习打下坚实的基础。教师示范技法，学生分小组演练技法、展示技法。

课时10：蝴蝶结。

实施建议：蝴蝶结是在三角巾结的基础上进行的变化，让学生亲身体会技法的变化，培养他们运用知识的迁移学会新知的能力。

课时11：绅士领结。

实施建议：让学生欣赏不同领结的打法，体会男士帅气的一面，从而增强男生学会系领结的信心；学生在小组内进行打领结的训练，互相评价、互相学习，培养学生的团队合作意识。

单元五：绳结欣赏。（2课时）

课时12：绳结成果展示、评价。

实施建议：过程性评价和结果性评价相结合，注重培养学生传承传统文化的意识，培养学生的创新意识、合作意识，使他们能大胆创新，展示出自己的个性和传统文化的美，把绳结的文化发扬光大。

课时13：绳结"模特"秀。

实施建议：组织校园文化艺术节。在学校的艺术节中，将绳结编织项目作为一项主要的长线活动，组织优秀的绳结编织小能手参加"百变丝巾"模特走秀节目。

五、评价活动与成绩评定

从课程性质出发，我们注重对课程进行多元评价。评价主体除了教师，还包括学生自身、同伴、家长等多元主体；评价不仅关注学生的创作成果，还重视对学生的学习态度、学习方式、学习过程等综合素质的考查；评价方式上，则将过程性评价与成果性评价相结合，促进学生全面发展。

（一）评价主体

1. 自评与互评

学生在学习过程中，教师要引导学生通过发现问题、思考问题、解决问题，完成自评或互评。学生在完成学习活动之后，进行分组汇报与交流成果时，教师要引导学生不仅对作品进行分析，还要对自己的学习发展有深刻的认识，表述自己在活动过程中做了些什么，有哪些体会和启示，使自我评价起到自我反思、自我教育、自我提高的作用，从自我评价中培养学生的独立性、自主性和自我发展、自我成长的能力。

2. 教师评价

学生在活动过程中，包括收集资料、亲身经历、动手操作、小组讨论交流等，教师要自始至终注重语言和物质的激励性评价，实施赏识教育，学生的活动行为受到了关注，他们的活动兴趣会更浓，也更有信心。

3. 家长评价

有些绳结编织活动是需要和家长共同进行的，教师在活动开始前，发动家庭成员与学生共同参与，通过视频、图片的形式记录下来。学校设计家校联系卡，让家长对学生在课外、家中的表现给予评价，这样更利于教师对学生的全面了解，从而有的放矢地进行教育。

4. 绳结编织活动记录袋评价

绳结编织活动记录袋收集、记录学生在学习过程中的一连串表现，如所完成的作品、反思、同伴或教师做出评价的有关材料以及其他相关记录和资料的汇集。

（二）评价方式

1. 过程性评价

主要是学生以每周打卡的形式，图文并茂地记录下编织的过程，教师要持续跟踪，不断激励与表扬，同时还要采取个人自评、同伴互评、小组评价等形式，留下成长的痕迹，收集在绳结编织活动记录袋中。

编织中的穿编技法所需材料小巧方便，深受学生喜爱。学校设置"玩转课间十分钟"活动，在每个班级设置一个编织区，由教师提供不同难度系数的设计图，学生利用课间互相探讨、共同研究。编织成功后，学生可以找班主任兑换与难度系数相对应的贴纸，贴在记录表中，以激励自觉巩固课堂所学技巧。

2. 成果性评价

成果性评价以激励为主，根据学生作品的难度系数给予不同的奖励。每节课的优秀作品以照片的形式展示在班级文化墙上，保证学生的成果都能获得相应的奖励；另一方面，也鼓励学生不断挑战，获得更大的提升。

组织校园文化艺术节。在学校的艺术节中，将绳结编织项目作为一项主要的长线活动。艺术节期间，学校会设置一面编织墙，集中展示班级优秀作品，并组织优秀的绳结编织小能手参加"百变丝巾"模特走秀节目。艺术节闭幕式上还会开展"吉尼斯挑战赛"，设置编织最快、最大、最美等挑战内容，供学生参加。

组织"编织最美的家"亲子编织活动，发动家庭成员与学生共同参与，用编织作品装点自己的家，并拍摄编织过程。拍摄的小视频可以在学校微信公众号展播。

此外，学校还将过程性评价与成果性评价相结合，评选各年级"编织小能人""编织小标兵""编织代言人"等，并给予证书和奖品。

贰 "魅力绳结"单元教学方案

　　·

本方案为"绳结艺术"课程中的第三单元"魅力绳结"的教学方案，计划为4课时。

一、背景分析

1. 课程标准

选择传统工艺制作项目绳结编织，了解其特点及发展历史，初步掌握制作的技能和方法。根据劳动需要，设计方案并选择合适的材料和工具制作简单作品。学生能根据劳动需要，设计并制作简单的传统工艺作品，说明传统工艺的价值，感受传统工艺劳动的智慧与工匠精神，初步形成传承中华优秀传统文化的意识与追求创新的劳动精神。

2. 劳动素养要求

通过日常生活劳动，认识到劳动对家庭幸福、社会进步的意义；在基本的植物养护、动物饲养、工艺品制作等生产劳动过程中，初步形成劳动创造财富的观念，理解普通劳动者的光荣和伟大，在劳动过程中初步形成劳动效率意识和劳动质量意识。（劳动观念）

能发现日常生活劳动中存在的问题，综合运用生活基本技能解决问题，增强生活自理能力；能发现生产劳动中的需求与问题，运用基本生产知识与技能，选择合适的工具、材料，合作完成简易工艺产品的设计与制作，初步具备从事简单生产劳动的能力。（劳动能力）

在劳动过程中吃苦耐劳，主动承担力所能及的劳动，养成安全劳动、规范操作、坚持不懈的习惯以及诚实劳动、合法劳动的劳动品质。（劳动习惯

和品质）

初步形成不畏艰辛、积极探索、追求创新的精神。（劳动精神）

3. 学情分析

绳结这一主题内容简单实用，贴近学生的生活，深受学生们的喜爱，它能调动学生的学习兴趣，培养学生的实践能力。系红领巾、系鞋带等一些简单的绳结学生早已经接触过，也掌握了它们的系法，但对于绳结的种类、绳结在生活中的作用及其他的系法学生还没有完全了解过，大部分学生只是见其样子，但不知其名，不会其法。

五年级的学生已具备了一定的实践能力，但其综合能力相对来说还比较弱，因此在本单元主题活动中要逐步教会学生探究问题的基本方法，增强学生的问题意识，让他们能够从生活和学习中尝试挖掘自己感兴趣的活动主题，尝试和同学展开小组合作学习，力求在有效的活动中不断提高实践与创新的能力。

本单元由4课时组成，分别讲述了4种不同绳结的编织方法和在生活中的应用。"同心结"是一种典型的中国绳结，广泛应用于生活的装饰中，深受大众喜爱。本课主要让学生了解同心结的寓意，感受传统工艺的文化内涵，从学生真实生活出发，使学生认识制作中国结的方法与策略，从而学会制作中国结，提高学生的实践能力。"逃生结"，顾名思义，是帮助逃生用的绳结，学会三种不同的逃生结的制作方法，对增强安全意识，提升自救能力有着重要的意义。学习系"捆书结"可增强学生的动手操作能力以及灵活解决问题的能力，在实际生活中，有着非常重要的意义。

二、单元目标

（1）劳动观念：通过观察示意图、教师演示，分析各种绳结的编织方法，找出编织规律，自己动手操作，学会同心结、中国结、逃生结、捆书结等编织方法，形成基本的劳动意识，树立劳动观念。

（2）劳动能力：通过了解绳结种类，学会几种基本绳结的编织方法，感受各种绳结的不同作用，培养细心编织的好习惯，体会不同绳结在生活中的应用，掌握根据生活需要灵活选择绳结的方法，发展初步的筹划思维，形成必备的劳动能力。

（3）劳动习惯和品质：在劳动过程中能根据劳动目标确定劳动任务，制订劳动计划并适时调整优化，初步形成劳动效率意识和劳动质量意识。

（4）劳动精神：能通过动手操作实践，初步掌握手工设计与制作的基本技能，感受生产劳动的艰辛和愉悦，懂得珍惜劳动成果，能在劳动中主动克服困难，初步形成勤俭、奋斗、创新、奉献的劳动精神。

三、评价设计

本单元评价从学生的实际出发，突出教、学、评一致性，将指导学生操作、学生自主动手操作、评价学生行为三者合一，着重评价学生的参与度和收获感。与此同时，本单元评价还以展示最终作品、记录参与过程等方式呈现学生表现，通过成果展示、单元反思报告等方式对实际操作过程中的收获进行复盘，帮助学生体验绳结带来的乐趣，体会不同绳结在生活中的应用，同时储备个人所需生活技能，助力学生成长。（见表4-1、表4-2）

表4-1   "魅力绳结"评价量规

评价指标	评价等级			得分
	A（9~10分）	B（7~8分）	C（6分）	
单元目标（1）：劳动观念	能够形成良好的劳动意识，树立劳动观念。	基本能够形成劳动意识，树立劳动观念。	不能很好地树立劳动观念意识。	
单元目标（2）：劳动能力	能熟练地编织各种绳结，会根据需要灵活选择绳结。	基本能够学会编织绳结。	未能很熟练地编织各种绳结。	
单元目标（3）：劳动习惯和品质	能够形成高劳动效率意识和劳动质量意识。	基本能形成劳动效率意识。	未能形成劳动效率意识以及劳动质量意识。	
单元目标（4）：劳动精神	能形成勤俭、奋斗、创新、奉献的劳动精神。	基本形成勤俭奋斗的精神。	未能形成勤俭奋斗的精神。	

表4-2 单元反思报告

班级：	姓名：
1. 完成一种绳结的编织会成就感满满，最让你自豪的是哪一个环节？你认为还有改进的环节吗？请你结合绳结在生活中的用处谈谈你的认识。	
2. 经历了绳结制作的过程，你有什么收获？	

四、教与学活动设计

课时1：同心结。

学习目标：

（1）通过学习视频资料，了解中国绳结的历史和同心结的寓意，感受传统工艺的文化内涵，弘扬民族精神。

（2）通过观察、分析同心结的编织方法，找出编织规律，初步掌握制作的技能和方法，提高动手实践能力。

（3）在拓展实践活动过程中，知道根据劳动需要设计方案并选择合适的材料和工具制作简单作品，感受魅力绳结的艺术之美，从而对编织艺术有更直观的认识和更深刻的感受。

（4）通过"设计中国结美化我们的校园"活动，让中华优秀传统文化扎根校园，营造爱祖国、爱家乡、爱学校的浓厚氛围。

活动内容：

活动一：通过观看视频，了解中国绳结的历史和同心结的寓意。

活动二：学生自己阅读编织同心结的方法步骤后，自行操作编织同心结，不能自行编织的学生，先向小组内同学请教，再请教师指导。编织完成后，每组推选出一个代表进行展示，同学之间互评、自评。

活动三：灵活创作作品。学习了编织同心结的基本方法后，发挥想象，创作一件喜欢的绳结作品。

活动四：每个小组展示一个创作的作品，并说说作品的创意，其他小组从造型美观、色彩搭配协调、布局合理、编制完整、梳理有序等方面对展示的作品进行评价。

学习评价：

（1）完成活动一，并能简单说出同心结的历史和寓意。

（2）完成活动二，并能读懂编织示意图，说出编织规律，编织出一个简单的同心结；能积极参加编织，遇到编织困难自己努力解决。

（3）完成活动三，并认真完成设计方案，编织出色彩协调、梳理有序的同心结，作品美观。

（4）完成活动四，并能设计出简单的校园中国结；愉快地进行编织，主动积极地参与学校美化服务性活动。

指向核心素养：劳动观念、劳动创新、劳动勤俭、劳动奋斗。

课时2：中国结。

学习目标：

（1）学会使用常见的基本工具，掌握结、穿、绕、缠、编、抽等基本技能。

（2）通过教师的示范，学生从模仿到创新，教师为学生提供充足的动手实践时间和展示个人才华的机会与条件，使所有学生都有所发展。

（3）通过学习实践，"绳结"这种具有生命力的民间技艺拓宽了学生日常生活的领域，使学生形成良好的劳动习惯与意志品质，陶冶了学生的情操。

活动内容：

（1）明确项目任务。任务一，了解中国结的运用以及分类；任务二，吉祥结的编结。

（2）制订项目实施计划：根据现有的资源，将每4位学生分为一个小组，并选定小组长。由教师带领学生完成任务一，学生看图学编吉祥结，小组合作完成成品。学生独自完成任务二（培养学生团结协作的精神），独自完成吉祥结的编织，使学生在探究中获得知识，提高学生的观察能力、分析

能力、表达能力和归纳能力。

（3）项目实施。谜语激趣导入：一缕红丝线，交错结龙凤。心似双丝网，中有千千结。新误探究：中国结的运用、中国结的分类、吉祥结的制作及认识。第一阶段，教师示范，学生跟着做；第二阶段，教师布置任务，小组合作探究完成。教师纠正学生编织过程中的问题，并示范正确的编织方法（4分钟）。新知巩固：每人至少完成一个吉祥结的编织。作品展示与检查评估：组内评选出最美的吉祥结，并点评；小组间互评，重点评价缺点；教师与学生互动，以鼓励引导为主；个别点评；整体评价。

学习评价：

（1）了解中国结，学会中国结的编织方法。

（2）掌握中国结制作方法并动手尝试。

（3）通过对中国结的探究，体验动手装饰生活的乐趣。

指向核心素养：劳动观念、劳动创新、劳动勤俭、劳动奋斗。

课时3：逃生结。

学习目标：

（1）通过观察、同学交流、教师介绍、动手操作，学会三种不同的逃生结的制作方法。

（2）能够在遇到不同危险的情况下正确并熟练地运用不同的逃生结；增强安全意识，提升自救和帮助他人的能力。

学习评价：

（1）通过识读简单的示意图，自己动手操作，学会三种不同的逃生结的制作方法。

（2）能够在不同情况下正确、熟练地运用不同的逃生结。

指向核心素养：劳动知识、劳动技能、劳动态度、劳动责任。

课时4：捆书结。

学习目标：

（1）通过观察单十字捆书结的示意图，探究打单十字捆书结的关键点，规范操作，打出一个牢固的单十字捆书结，养成规范操作的习惯。

（2）通过观察、对比的方法，探索两种捆书结的异同，完成双十字捆书结。

（3）小组分工合作完成捆扎方案表，设计捆绑方法，完成创意捆扎。

学习评价：

（1）按照示意图，规范打出平整、牢固、美观的单十字捆书结并总结出操作过程中的注意点。

（2）总结单十字捆书结与双十字捆书结的异同，并打出一个平整、牢固、美观的双十字捆书结。

（3）完成捆扎方案表，设计捆扎方法，完成创意捆扎。

指向核心素养：劳动技能、劳动创新、劳动态度、劳动坚持。

"同心结"课时教学方案

本方案为"魅力绳结"单元第1课时"同心结"的教学方案，计划为1课时。

一、课时目标

（1）通过学习视频资料，了解中国绳结的历史和同心结的寓意，感受传统工艺的文化内涵，弘扬民族精神。

（2）通过观察、分析同心结编织方法，找出编织规律，学会同心结的编织方法，初步掌握制作的技能，提高动手实践能力。

（3）在拓展实践活动过程中，知道根据劳动需要设计方案并选择合适的材料和工具制作简单的作品，感受魅力绳结的艺术之美，对编织艺术有更直观的认识和更深刻的感受。

（4）通过"设计中国结美化我们的校园"活动，让中华优秀传统文化扎根校园，营造爱祖国、爱家乡、爱学校的浓厚氛围。

二、评价设计

（1）完成活动一，并能简单说出同心结的历史和寓意。

（2）完成活动二，并能读懂编织示意图，说出编织规律，编织出一个简单的同心结；能积极参加编织，遇到困难能自己努力解决。

（3）完成活动三，并认真完成设计方案，编织出色彩协调、梳理有序的同心结，作品美观。

（4）完成活动四，并能设计出简单的校园中国结，愉快地进行编织；主动积极地参与学校美化服务性活动。

三、教与学活动设计

（一）情境导入

师：瞧，统一的服装和鲜艳的红领巾，让同学们看起来个个朝气蓬勃、神采奕奕，哪位同学愿意上台展示红领巾的系法？（边操作，边讲解）

活动一：了解中国绳结的历史和同心结的寓意。

师：压、绕、穿是编织绳结的通用方法。我们先通过一段小视频共同了解一下有关绳结的知识。（播放视频）

师：绳结在我们的生活中很常见，同心结是较简单的绳结，它是一种古老而寓意深长的花结，也是一种典型的中国绳结。由于其两结相连的特点，被人们寄寓"永结同心"之意。同心结广泛用于生活的装饰中，深受大众喜爱，这节课让我们一起来学习同心结的编织吧！

（二）合作交流，探究新知

活动二：编织同心结。

1. 出示学习任务和评价标准

学习任务：

（1）看一看：让学生自行查阅编织同心结的方法步骤，想一想每一步该怎样操作。

（2）说一说：让学生说一说哪个步骤没看懂。

（3）编一编：让学生尝试按步骤编织一个同心结。

评价标准：

（1）看懂方法步骤。（两颗星）

（2）编织步骤正确。（两颗星）

（3）绳结美观。（两颗星）

编织步骤：① 根据所编同心结的大小选择粗细不同的编织绳。编小的同心结，用细绳；编大的同心结，用粗绳。② 如图所示，将选好的稍细的一根黄色编织绳和一根红色编织绳剪成一样长。③ 将红绳的下端按顺时针方向绕一个圈，并从圈中穿出。④ 将黄绳的下端从上方穿过红色绳圈后，按逆时针方向绕成一个圈，并从圈中穿出。⑤ 同时拉紧红绳和黄绳的两端，一个同心结就编好了。（见图4-2）

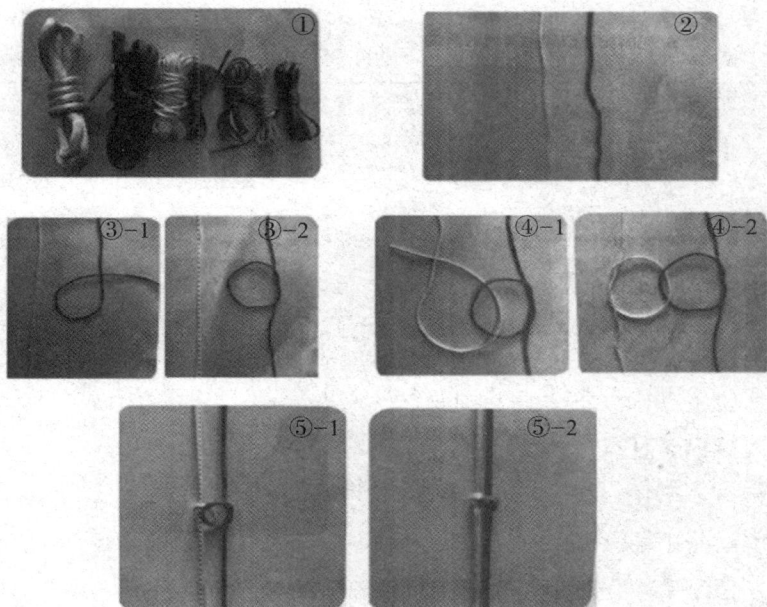

图4-2 同心结编织步骤

2. 活动指导

（1）针对学生没看懂的操作方法进行视频指导。

（2）在操作第四步时，两根绳子一定要同时拉紧。

（3）调整时，注意结形平整。

3. 展示评价

（1）每组推选出一个代表进行展示。

（2）说说对自己的作品满意的地方。

（3）其他小组根据评价标准进行星级奖励。

（三）实践创新，大展身手

活动三：灵活创作作品。

学习了编织同心结的基本方法后，请学生发挥想象力，创作一件喜欢的绳结作品。

1. 出示编织方案表（见表4-3）

表4-3 同心结编织方案设计

编织（　　　　） 活动方案 第（　　　　）组

所需编织绳颜色	
所需编织绳长度	
合作与分工	

2. 出示学习任务和评价标准

学习任务：

（1）小组合作，发挥想象，完成设计方案。

（2）根据设计方案需求，选择合适的材料和工具。

（3）合作创作一件喜欢的简单绳结作品。

评价标准：

（1）造型美观、色彩搭配协调、布局合理。（两颗星）

（2）编织完整、梳理有度。（两颗星）

（3）设计新颖、富有个性。（两颗星）

3. 准备的材料和工具

（1）粗细不同、五颜六色的编织绳。

（2）剪刀、打火机、工作板和各种小的装饰品等材料。

（四）汇报交流，展示评价

师：大家真是心灵手巧。同学们都已经掌握了编织同心结的技法，并制作出了精美的作品。下面请大家展示一下。

（1）请各小组选派代表，通过展示台展示本小组创作的作品，并说说作品的创意。

（2）其他小组从造型美观、色彩搭配协调、布局合理，编织完整、梳理有度，设计新颖、富有个性等方面对展示小组的作品进行评价。

（3）针对作品的优缺点，提出合理化建议。

（五）拓展提升

中国结是我国的传统工艺，有着悠久的历史。中国结大致分为基本结、变化结、组合结三种。基本结包括平结、双钱结、双联结、十字结、万字结、八字结、琵琶结、三环结、双扣结、纽扣结等。变化结有桂花结、绣球结、十全结、复翼盘长结等。组合结有如意吉祥结、寿字结、戟结等。

人们喜欢用中国绳结装饰乐器、挂件等，还经常把不同的结组合在一起做成漂亮的手链。让学生开动脑筋，设计中国结美化校园。

教师发设计图纸和工具，学生自行确定主题，进行设计。

（六）归纳总结

让学生谈谈本节课的收获，试着从下面几点来说。

（1）学到了什么？

（2）怎么学到的？

（3）你有怎样的体验？

5

四季国医

编者点评

　　课程纲要体现的是对课程各要素的整合、系统思考，通常定位于一个学期或学年的课程。"四季国医"却是一门小学5年整体设计的课程。这对设计团队而言是一个挑战。

　　我们选择这门课程来分享，是因为现实中的确有且需要延续多年的课程。如果一门课程要开设很多年，那么它一定要涉及学生发展非常重要的领域。"四季国医"的名称似乎给人一种印象：它关注"医"，但从课程的目标和内容看，其实它指向"医"所保障的"健康"，而"健康"恰恰就是学生发展中最重要的领域。

　　当一门课程开设很多年时，就需要特别关注目标要求、学习内容和活动方式上的进阶，在这一点上，本课程大概受限于"课程设计方案"这种产品性结果的呈现方式，未能清晰地呈现不同年级内容选择和实施方式选择的逻辑。如果能够呈现分年级的目标，或许能更容易在"见到"课程的同时也能"见到"开发者头脑中的课程思考。然而，诚如前面所言，设计延续多年的课程是一个大挑战，是值得我们努力去应对的挑战！

壹

"四季国医"课程纲要

设计单位：威海市北竹岛小学

设计者：岳明星、伯雪

适用年级：一至五年级

计划课时：每个年级每学期16～20课时

一、课程简介

"四季国医"课程是以中医药文化传承为核心的一门校本课程，是以春、夏、秋、冬四个季节的"养生"为载体，融中华传统文化、饮食起居运动等养生行动于一体，致力于让学生形成健康的生活理念，养成健康的行为和习惯，形成正确的价值观、人生观和世界观的一门课程。本课程旨在努力培养健康的"人"，为"健康中国行动"尽教育的应担之责、应当之义。

二、背景分析

（一）文化传承的呼唤

党的十八大以来，以习近平同志为核心的党中央高度重视中华优秀传统医药文化的传承发展，明确提出"着力推动中医药振兴发展"。《中医药发展战略规划纲要（2016—2030年）》也指出，要将中医药基础知识纳入中小学传统文化。这些都使中医药文化进校园成为必然。

（二）健康教育的走向

我校的特色是健康教育，就是要守护每个人一生中最宝贵的"1"——健康。2017年7月27日，我校作为"健康细胞工程"之一迎接"全国卫生城镇和健康城市工作经验交流会"与会人员的现场考察。通过交流学习，学校决定把传承中医药文化作为健康教育的延展。从此，中医药文化开始在我校落地、生根、发芽，苗壮成长，我校健康教育拥有了新的生发点和增长点。

（三）教育和生活的必需

一方面，学校与卫生部门交流较少，使中医药一直徘徊在健康教育之外；另一方面，学生只在中医院研学时接受过中医药文化熏陶，因此让中医药文化渗透日常生活，急需一个载体。更重要的是，虽然关注健康的呼声越来越高，但无论是成人还是孩子，都缺少健康的意识和习惯，不懂如何保健，更遑论在生活中运用。这一切，都使得课程研发成为必需。

（四）学生发展的内需

对于小学生来说，养成良好的习惯非常重要，不仅包括学习习惯，还有生活习惯、饮食习惯、运动习惯等。在学校生活中，学生往往比较重视学习习惯，忽略了饮食、运动等习惯。在本课程的开展过程中，学生通过实践活动，养成了健康的生活习惯，构建了健康家庭。

三、课程目标

（1）依托季节课程（季节与饮食、季节与起居、季节与运动、季节与疾病预防），抓住四季变化和人体变化的关系，经历学习与认知、研究与发现，了解饮食、起居、运动和疾病预防四个方面的季节养生之道，养成健康的生活习惯和方式。

（2）通过学习常用的穴位经络按摩，练习中医健身术法，掌握基本的技法，充分发挥穴位保健和中医保健的作用，保健身心，成为一个身体健康、人格健全的人。

（3）依托百草园、中医院、药食学院三大研学基地，开展系列研学活动，让学生掌握基本的养生常识，培养团队意识，提升合作能力，发展实践创新能力，在亲历的体验中，全面提升核心素养。

四、学习主题与活动安排

（一）整体课程结构及其说明

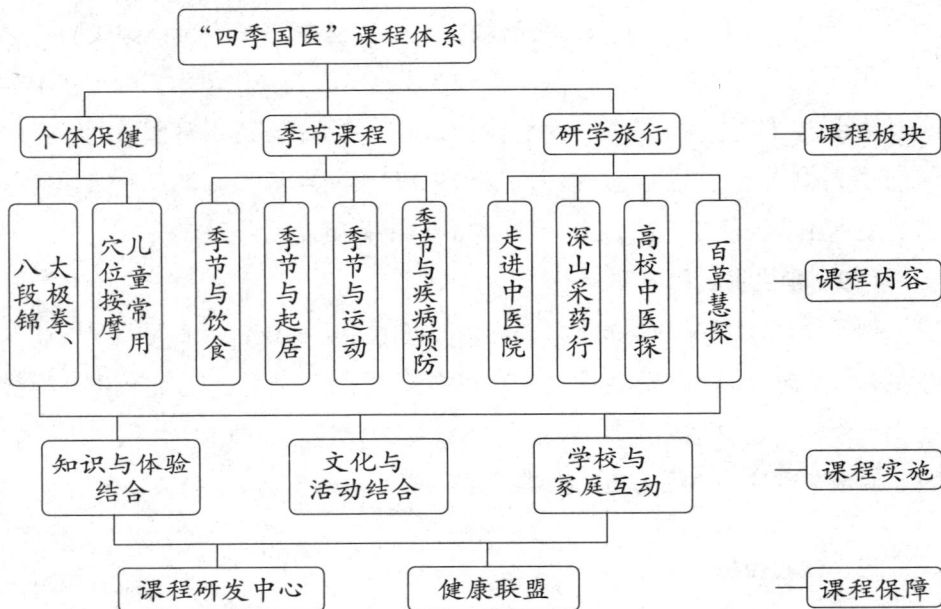

图5-1　四季国医课程体系

"四季国医"课程以季节课程（季节与饮食、季节与起居、季节与运动、季节与疾病预防）为主体，以个体保健和研学旅行为两翼，牢牢抓住中医的精华——养生。结合学生核心素养发展，根据季节、年级安排相应的学习内容，让学生学会运用中医药保健身心的同时，礼敬中医药文化，坚定世界观、人生观、价值观，形成文化自信、文化自觉和文化自强。同时，也在这个过程中懂得责任担当，学会实践创新，最终成就健康人生。（见图5-1）

（二）课程设置与课时分配及其说明

"四季国医"课程，着力让学生发现中医与日常生活息息相关，发现中医药的神奇，从而深入了解中医药传统文化，提升身心健康水平。每一个年级针对具体的模块，都有各自的课程内容安排，见表5-1。

表5-1 "四季国医"课程内容

课程板块	年级	课程纲要				课时安排
		春	夏	秋	冬	
季节与饮食	一年级	1.蒲公英平凡价值高 2.春季荠菜灵丹草 3.植物瑰宝金银花	4.小小薄荷真神奇 5.生姜妙用保健康 6.济世良谷小绿豆	7.小蜂蜜大作用 8.小小菊花学问多 9.山药常用真神奇	10.红红山楂功效大 11.桂圆虽小用处多 12.陈皮养生效果好 13.萝卜赛过小人参	1.每个章节都有中医基本常识、文化故事传说、药用功效案例、实践活动体验等内容，需要4～5课时。每周1个课时，每月至少完成1个章节 2.安排在综合实践课上进行授课，每周1节课
	二年级	1.中草药中的"抗菌素" 2.野菜宠儿小荠菜 3.神奇药材板蓝根	4.辛凉之最小薄荷 5.巧用生姜显奇效 6.薏苡明珠胜灵芝	7.小小蜂蜜能治病 8.菊花入药效果好 9.枸杞用处真不少	10.山楂好吃功效高 11.桂圆本领我知晓 12.冬虫夏草秘密多 13.羊肉鲜美更滋补	
	三年级	1.草药皇后蒲公英 2.菜中甘草数荠菜 3.长寿之菜马齿苋	4.清热明目话薄荷 5.妙吃生姜身体好 6.百草之王话艾叶	7.蜂蜜养生方法多 8.菊花也是中药材 9.核桃健脑效果好	10.酸甜山楂益健康 11.桂圆全身都是宝 12.后起之秀西洋参 13.乌鸡补益功效高	
	四年级	1.神奇野菜蒲公英 2.百蔬之冠野荠菜 3.一把莲子话养生	4.清凉一夏绿薄荷 5.生姜全身都是宝 6.减肥达人大冬瓜	7.蜂蜜药膳巧手做 8.菊花入食DIY 9.蔬菜南瓜能保健	10.山楂实用来养生 11.桂圆滋补功效强 12.百合美味营养高 13.杏仁食用保健康	
	五年级	1.单方一味蒲公英 2.天然之珍话荠菜 3.养阴高手数麦冬	4.清心明目数薄荷 5.呕家圣药话生姜 6.黄芪补气赛人参	7.蜂蜜体验DIY 8.菊花方剂小研究 9.大枣做药显奇效	10.山楂疗疾验方多 11.妙用桂圆来治病 12.当归补血功夫高 13.黑豆食补效果好	

续表

课程板块	年级	课程纲要				课时安排
		春	夏	秋	冬	
季节与起居运动	全年级	1. 春季养生歌 2. 节气养生小百科 3. 春季起居保健 4. 春季运动的学问	5. 夏季养生歌 6. 节气养生全攻略 7. 夏季起居保健 8. 夏季运动的学问	9. 秋季养生歌 10. 节气养生小课堂 11. 秋季起居保健 12. 秋季运动的学问	13. 冬季养生歌 14. 节气养生学问多 15. 冬季起居保健 16. 冬季运动的学问	3. 授课的地点根据实际需要进行选择。有时在研学旅行基地——中医院、山东药品食品职业学院，有时在国医教室，有时在百草园。授课教师也不仅仅为学校教师，中医院和市疾控中心的专家、山东省药品食品职业学院的专业人士均为授课教师
季节与疾病预防	一至六年级	由威海市疾控中心组织专家组，根据《中小学生健康教育纲要》，进行全面授课				
儿童常用穴位保健	全年级	1. 人体穴位真奇妙　2. 小小穴位本领高 3. 穴位护眼有妙招　4. 手部穴位巧保健 5. 足底穴位疗效高　6. 穴位针灸有奇效				
八段锦与太极拳	一至六年级	太极拳由威海市陈氏太极拳掌门陈相海师傅亲自传授，在每周三大课间授课；八段锦由威海市中医院康复科彭建东主任亲自传授，在每周一大课间时段授课				
研学实践	一至六年级	走进中医院，探"秘"中医健康行： 1. 国医堂寻"根"　2. 中药房识"宝" 3. 针灸楼认"穴"　4. 儿科室明"知"				每年4月～5月，10月～11月，每周1个班级
	四、五年级	深山采药行：跟随中医院老中医和药食学院的中草药专家走进塔山、里口山采摘中草药				每年4月、11月各一次
	四年级	高校中医探，走进山东药品食品职业学院，研学场所有三： 1. 百草园　2. 中医博物馆　3. 中医实践活动室				每年4月、10月，每周1个班级

续表

课程板块	年级	课程纲要				课时安排
		春	夏	秋	冬	
研学实践	一至六年级	百草慧探，顺应春生、夏长、秋收、冬藏的季节养生特点，安排三大劳动主题课程： 1.百草药田劳动课程——百草种植篇、百草养护篇、百草收获篇 2.养生药膳制作课程——春季清淡篇、夏季解暑篇、秋季润燥篇、冬季进补篇 3.保健物品制作过程——保健香包、养生艾灸				每周1节，班主任负责

以四年级"季节与起居"秋冬学期的课时安排为例，见表5-2。

表5-2　四年级"季节与起居"具体课时安排

周次/日期	课程内容	实施要求	课时
9月第1、2周	秋季养生歌	了解秋"收"的特点，懂得秋季养生的"三收"——收情、收气、收津，理解并背诵《秋季养生歌》。	2课时
9月第3、4周	节气养生小课堂	懂得秋季六大节气养生的重点，了解节气养生常识，开展系列宣传活动。	2课时
10月第1周	秋季养生秘诀	从衣、食、住、行四个方面掌握养生常识，做到三个坚持——坚持秋冻、坚持秋练、坚持秋养。	1课时
10月第2周	养生小妙招	掌握并运用秋季养生系列小妙招，让身体更健康。	1课时
10月第3、4周	了解粥文化	对粥文化有充分的了解，了解养生粥的种类和功效，学会做秋季养生粥，进行家庭养生保健。	2课时
11月第1、2周	冬季养生歌	了解冬"藏"的特点，懂得冬天"藏精纳气"的目的，理解并背诵《冬季养生歌》。	2课时
11月第3、4周	节气养生学问多	懂得冬季六大节气的养生原则、重点及饮食禁忌，通过诗歌了解节气养生常识，进行社会宣传。	2课时
12月第1周	冬季起居保健	从作息、通风、温补、泡脚、衣着等方面了解保健常识，并在生活中运用。	1课时

续表

周次 / 日期	课程内容	实施要求	课时
12月第2周	养生小妙招	学会治疗感冒咳嗽、嘴唇干裂、鼻炎等冬季常见疾病的小妙招，交流分享并在家庭、社区中倡导使用。	1课时
12月第3、4周	冬季煲汤	了解中国煲汤文化，了解各种滋补养生汤的功效作用，学会煲一锅养生靓汤，健康家人。	2课时

（三）课程实施

课程实施过程中，着力遵从以下几个方面：

1. 课程实施综合化

（1）统整活动内容，即与学校其他课程项目内容进行整合。如与黑白画特色课程整合，利用点、线、面绘制本草和名医故事；与特色体育整合，学会各季节的运动养生，掌握运动常识；与经典诗词互相整合，诵读中华名医诗歌故事；与科技创新整合，做标本、编程设计……同时，更要重视与各学科教学内容的整合，打破各学科之间的壁垒，让课程实施更具现实性、情境性、创造性，从而实现"大课程"。

（2）延展学习空间，即拓宽学习的时空。一是将课程的学习拓展至社区、家庭，如养生膳食的制作、《中医报》进社区等。二是将学习的方式增加，如影视阅读、自媒体平台宣讲等，学习有用的知识，学习能用得上、用得好的知识。三是充分运用课程实践基地，包括国医教室、百草园、威海市中医院和山东药品食品职业学院，让学生在实践中了解中医药文化，观察中医诊疗方法，感受中医的神奇。

通过这种课程项目间的融通整合，学生在综合性的大情境中，合作探究、自主推进，全面提升核心素养。

2. 课程实施项目化

本课程以项目化学习为基本手段，在课程研发中心的具体指导下，课程实施按如下流程进行：

学期初列出项目行事历和主题单元日历，分别由课程研发中心、分管主任和骨干教师负责。

学期中间，进行具体项目实施，进行课时学习设计和学习实践指导，由骨干教师带领所有参与项目的教师按照"组建小组—拟定计划—学习实践—制作作品—成果运用"的学习实践范式具体展开。

学期末，进行总结汇报，由课程研究中心负责。一方面，是对课程实施进程的回顾，总结经验。另一方面，是对课程设计进行反馈，对课程进一步修订。

3. 课程管理精细化

（1）以成果对接成效。每个项目主题单元结束，都进行评价展示活动；每学期最后一个月，固定为课程成果展示月，由课程研究中心组建专门的评审小组，邀请专家对校本课程成果进行指导考核。

（2）以过程对接管理。一是课程研究中心每周调查课程进行情况、学生研究情况、教师面临问题，将带有考核性的管理变为指导性管理，将目标落实在扎扎实实地促进学生发展上。二是每个项目的分管领导调查各级部的项目设计及实施情况，在下一个项目实施的前两周调查该项目实施的具体设计，在项目实施过程中采用问卷调查、查看过程资料、访谈学生等方式进行反馈，针对可能出现的问题进行具体指导，以期实现学生发展最大化。

五、课程评价

根据不同的课程内容，设计相应的评价卡、评价量规，以便在第一时间了解课程的实施情况，了解课程的参与者、实践者对课程的反馈，从而能够及时根据学生情况、教师情况进行课程内容、操作程序的调整，实现课程实施的最大化效益。

着重关注学习过程，致力于让学生及时获得关于学习过程的反馈，以改进后续的活动。

（1）日常评价。以写实记录为主，根据具体的课程内容，指导学生填写好活动记录单，并附上相关的照片、研究作品等，使其成为评价学生的重要载体。（见表5-3）

表5-3 "四季国医"活动记录单

"四季国医"＿＿＿＿＿活动记录单

班级：＿＿＿＿＿＿＿ 姓名：＿＿＿＿＿＿＿

活动主题		活动时间	
承担任务			
完成情况			
附录作品			

（2）质性评价。针对某一个具体的知识、技能，设计相应的评价量规，组织由学生、小组、家长、教师等参与的多元评价。（见表5-4）

表5-4 "四季国医"质性评价表

内容	优秀	良好	合格	继续努力
……	（评价量规）	（评价量规）	（评价量规）	（评价量规）
……				

学生通过评价量规，可以准确地发现自己和他人的优势与不足，对于接下来的持续发展具有非常大的推进作用。

（3）综合性评价。在每一个项目主题结束后和一个学期结束后，采用综合性评价方式来呈现学生的发展状况。（见表5-5）

表5-5 "四季国医"综合性评价

维度	内容	评价要点	评价建议	建议权重
知识与技能		（评价量规）		
学习行为和能力表现				
……				

"四季国医"课程走进校园，并不是要培养小医生，而是让学生从小就

了解、相信、运用中医药，实现"体格和人格同步成长，小我大我融为一体"的人生境界。也许，这样一门课程装不下厚重厚实的中医药文化，但它装进了优秀传统文化传承的行动中，也装进了守护每个人最为宝贵的"1"的愿景中。我们期望，随着这门课程的推进，能将中医药的影响拓展至家庭、社区，进而至整个环翠区、威海市，为"健康中国"尽教育应尽之力、应担之责。

贰

"山楂实用来养生"单元教学方案

本方案为"四季国医"课程中的四年级第四单元"山楂实用来养生"的教学方案，计划为3课时。

一、背景分析

（一）本单元的地位和作用

我校健康教育特色校本课程以"体之健·心之润·人之和"为目标，以健体、健美、健心、健智四大课程板块为抓手。"季节与饮食"是健体模块中的"四季国医"里的内容，按照季节划分，每个季节介绍三四种药材。为深入了解季节与饮食养生的关系，我们开展以项目式学习为载体的膳食文化研究。本主题在研究山楂保健作用的同时，还渗透了一些季节养生文化，让学生感悟中国传统文化的神奇与奥妙，提升他们热爱并传承优秀文化的思想觉悟，增强民族自豪感、责任感和使命感。

另外，本单元采用项目式学习的方法，每节课以任务为驱动，让学生自己进行探索、研究；还设计了开题课、调查汇报课、药膳制作准备课，旨在让学生在活动中感受研究的乐趣。

（二）学生已有基础

之前，有秋季项目式学习活动的基础，师生对于整个活动的探究过程并不陌生。本次主题，学生对山楂充满研究激情。基于生活经验，学生对山楂健胃消食的基本特征与药用价值有一定了解，但认识不够系统，尤其是对山楂类的药膳种类研究涉猎较少，对它们各自的制作过程及功效了解甚微。

（三）学习重点和难点

基于项目式情境与生活经验，提出与山楂药膳相关的问题，并对项目式单元主题进行细化及分解。

二、单元目标

（1）借助"过年大吃大喝容易积食"的具体情境，提出单元项目式主题，对比整理制作山楂药膳的相关问题，发展问题意识。

（2）通过小组分工合作，制订每个项目式学习的内容，提高团队的合作能力。

（3）通过课上组间的交流补充，对原有的研究结果进行完善，提升原有的认知水平，养成自我反思和调整的思维习惯。

（4）通过学习与研究，增加对药膳以及中医药文化的了解，增强民族自豪感。

三、评价设计

本单元主要采用项目式学习的形式展开，评价也主要以小组为单位，按照教学评一致性的原则，对整个活动的过程和结果进行持续性评价。评价主要从合作态度、合作过程、研究展示、作品呈现四个方面开展，分为优、良、合格、不合格四个标准，引导学生积极开展实践活动，增强学习成就感，养成良好的生活习惯，发展团队合作能力。具体评价细则见表5-6。

表5-6 "山楂实用来养生"评价设计表

评价内容	优	良	合格	不合格	评价结果及理由阐述
合作态度	小组内分工明确，组长带领每个人都积极参与。	小组内分工明确，组长带领优秀生参与活动。	小组内有分工，但组长的号召力不强，参与人数比较少。	小组内有分工，只有组长参与，其他人基本没有参与。	
合作过程	组长确定讨论主题，其他人积极参与，组长汇总小组意见。	组长组织组员围绕一次活动进行讨论，组长能够汇总小组意见。	小组进行讨论，但主题不明确，小组内没有达成一致。	小组讨论时，学生发言不积极，基本是组长的个人想法。	
研究展示	广泛搜集山楂的相关资料，全面展示山楂药膳的研究过程，形式新颖。	能够展示山楂药膳研究的全过程，但内容较单一，形式陈旧。	基本展现山楂研究的过程，内容单一，研究不够深入。	只展示了山楂药膳功能的部分，比较片面。	
作品呈现	山楂药膳色香味俱全，并且通过药膳绘本的形式呈现制作过程。	通过合作，能够呈现一道比较完整的药膳，并且进行详细介绍。	能呈现一道比较完整的药膳，但对于制作过程没有详细展现。	药膳制作得比较简单，而且是个人完成的，不是小组合作的成果。	

四、教与学活动设计

（一）课时设计思路

课时1："山楂实用来养生"药膳制作开题课。

创设情境：过年期间，亲人朋友相聚，难免乘兴多吃多喝，吃多后常常会出现腹部胀痛的情况。引发系列问题：什么原因导致的腹部胀痛？怎样解决？由此确立项目式学习的核心问题——怎样利用山楂，为家人熬制一份药膳。

在开题课中，关于制作山楂药膳可以研究哪些问题，让学生开展小组讨论。教师基于学生的交流，梳理主要问题，在过程中，每个学生的自我反思能力得到进一步的锻炼。

课时2："山楂实用来养生"药膳调查汇报课。

前一节课，教师和学生一起梳理了很多问题，得出大家最想研究"多少个家庭食用山楂，由此发现了什么"。通过小组汇报交流，发现人们食用山楂的具体情况。通过现象发现背后的原因，培养学生调查研究的能力。

有了前期的调查，学生对山楂的营养价值和药用功效进行研究，并制作了宣传手册到社区发放，达到宣传山楂药膳的目的。

课时3："山楂实用来养生"药膳制作准备课。

药膳制作之前要做好充分的准备。在准备课上，先以小组为单位交流制作药膳的分工，完成计划表。教师针对大多数小组出现的问题，引导学生进行探讨和交流，比如食材的挑选、食材的用量、如何合作等。学生已有的认知水平没法深入思考，在教师的引导下，他们一步步分析真实情境中可能出现的问题，不断进行自我反思和调整，高阶思维得到真正的锻炼。

（二）单元活动策略

（1）以项目式学习方式开展。项目式学习就是要通过问题引领研究，本单元的主题是制作山楂药膳，课程分别从"过年过节吃得过多，肠胃难受怎么办""多少个家庭食用山楂""山楂药膳怎样制作"等问题着手，引导学生主动探究，提升研究意识。

（2）以小组合作形式为主。在项目式学习过程中，学生主要发挥团队的力量，自由组成4人小组，课上、课后都以小组合作的形式进行活动，每个小组都采用异质分组，共同协作，提升团队合作能力。

（3）教师进行研究方法指导。在研究过程中，教师对研究方法进行指导，如要想知道"现在多少家庭食用山楂？食用方法有哪些"，教师指导学生采用问卷调查法，调查自己所在的小区、身边朋友等，完成采集数据，分析数据。

<table>
<tr><td>叁</td><td>"药膳制作开题课"课时教学方案</td></tr>
</table>

本方案为"山楂实用来养生"单元第1课时药膳制作开题课的教学方案。

一、课时目标

一是借助情境，提出项目式单元主题，提出制作山楂药膳的相关问题，发展问题意识。

二是通过小组合作，细化项目式单元主题，增强小组合作的能力。

三是通过完善计划，提升原有的认知水平，养成自我反思和调整的思维习惯。

四是通过学习与研究，增加对药膳以及中医文化的了解，增强民族自豪感。

二、评价设计

（1）利用项目式情境，生生交流、师生评价，提出制作山楂药膳的相关问题，达成课时目标一与课时目标四。

（2）通过师生合作、生生交流及评价，细化项目式单元主题，达成课时目标二。

（3）以小组为单位，借助小组合作单，进行小组交流及评价，完善问题体系，达成课时目标一。

（4）以小组为单位，组间交流，生生评价，初步完成研究计划表，达成课时目标三与课时目标四。

三、学与教活动设计

（一）课前组成项目小组

教师将班级学生根据能力和特长组成差异互补型合作小组，并进行个别协调。

小组成员讨论分工，明确自己的职责及任务。（见表5-7）

表5-7　小组合作分工单

小组合作单		
成员	姓名	主要分工和职责
组长		
记录员		
整理员		
调查员		
宣传员		
汇报员		

设计意图：对课前小组进行分工以及明确各人承担的职责，让学生参与的目标性更强。

（二）创设情境，确定主题

师：过年期间，亲人朋友相聚，难免乘兴多吃多喝，吃多后常常会出现腹部胀痛的问题。大家想一下是什么原因导致的腹部胀痛？

学生预设从以下两方面交流：

（1）进食过多导致不消化，因此消耗阳气，违背冬藏的养生原则。

（2）虽然消化了，但脾胃产生的水谷之精微未能运化，成为痰，阻滞在脏腑经络之间。

师：我们可以通过哪味药食同源药材解决这个问题？

引出山楂主题。

师：怎样利用山楂，为家人熬制一份药膳呢？

设计意图：创设项目化情境，让学生感受冬藏和进补的认知冲突，提出为家人制作一份山楂药膳的项目化学习活动。

（三）小组讨论，提出问题

师：要完成山楂药膳，你们有什么问题吗？

小组合作温馨提示：

（1）小组成员依次发言，小组长汇总在小组合作单上。

（2）每个小组的汇报员，负责介绍本组的问题。

（3）其他小组认真倾听，查找问题，补充交流，完成评价记录单。

各组汇报员交流问题，其他小组认真倾听，补充小组合作单；另外组长组织成员对各组提出的问题进行梳理。

设计意图：由于学生受年龄的限制，提出的问题是零星的，教师要帮助学生逐步确立较成熟的、有研究价值的问题，但切忌将教师的个人主观想法强加给学生，而要以讨论、建议等方式进行。

（四）梳理问题，细化项目驱动性问题

上述关于制作山楂药膳的各种问题，根据之前项目化学习的经验，小组已经完成了初步的梳理，下面和教师一起再次梳理细化。

驱动性问题一：多少个家庭食用山楂？你发现了什么？

驱动性问题二：山楂药膳有哪些种类？各有什么功效？

驱动性问题三：制作山楂药膳的配方是什么？如何采购？

驱动性问题四：冬季养生，你能用山楂为家人做点什么？

驱动性问题五：活动结束，你都有哪些收获？怎样展示？

驱动性问题六：你表现得怎么样？你能迁移运用到哪些方面的知识？

小组根据项目驱动性问题，制订小组研究计划表。（见表5-8）

（1）小组先各自制订研究计划表。

（2）每个小组的汇报员汇报，其他小组评价、补充并完善。

（3）教师指导每个小组进行完善。

表5-8　"四季国医"药膳制作研究表

小组研究计划表					
小组名称			参加人员		
	驱动任务	时间安排	活动途经	预设活动汇报方式	人员分工及职责
研究的预期进展					
可能遇到哪些困难？怎么解决？					

　　设计意图：有了前面的交流，每个小组都能发现自己小组存在的不足，在完善中，每个学生的自我反思能力得到进一步的锻炼。

6

探究绿色湿地，践行生态文明

编者点评

　　新的义务教育课程方案规定，专题教育应以渗透为主，融入相关科目中。本课程是充分利用了地方资源，开展的以生态文明教育为主体的实践活动，在综合实践活动与专题教育融合上做了很好的探索。课程建构了一个适合小学生学习需求且体现了"认知—实践"序列的内容框架，整合了多种实践活动，能够较好地支撑综合实践活动课程目标的达成。在具体设计上也有一些明显的亮点，比如在评价中引入了"协商式评价"（尽管没有充分体现），在课程实施中强调了学生的"反思报告"等。

　　一个值得探讨的问题是，综合实践活动有课时的限制，但从实际操作来看，其很难局限在课时之中。在本课程中，"阳光下，与落叶共舞"规定为1课时，但在周末实施，实际上已经解决综合实践活动的课时限制与实际操作的矛盾。只是，如何在方案上呈现还需要思考，所有涉及实践活动的课程都需要思考。

壹 "探究绿色湿地，践行生态文明"课程纲要

设计单位：莱州市第二实验小学

设计者：池春萍

适用年级：五年级

计划课时：14课时

一、课程简介

"探究绿色湿地，践行生态文明"课程是基于莱州市河套湿地公园地域特色而开发的综合实践活动课程。该课程旨在通过了解湿地生态系统特点和现状，走进莱州河套湿地公园，欣赏优美的自然风光，调研、了解其中多样的生物种类，学习、感受特色的莱州地域文化。此生态文化创意体验和实践活动，让学生感受到莱州生态文明建设的成果，萌发对家乡的热爱之情。通过考察探究、研学实践、社会服务、设计制作等活动的实施，有效提高学生生态保护意识和能力，引导学生用实际行动践行生态保护理念，实现知行合一。

二、背景分析

（1）社会背景：党的十八大以后，建设美丽中国已经成为社会共识和民众所向的奋斗目标。十九大报告提出了十四个"坚持"，其中"坚持人与自然和谐共生""坚持推动构建人类命运共同体"，都直接体现了习近平生态文明思想。生态文明教育也是重要的德育内容。2017年8月教育部印发的《中小学德育工作指南》中明确要求将理想信念教育、社会主义核心价值观教育、中华优秀传统文化教育、生态文明教育、心理健康教育作为德育工作的五大内容。国家要走绿色发展之路，建设生态文明社会，因此我们基础教育

工作者必须将这种可持续发展的思想一以贯之地融入立德树人的工作中。

（2）资源背景：莱州市河套湿地公园是一座以"水"为主题的综合性公园，是一座集地域特色展示、科普教育传播、生态休闲旅游和文化创意体验于一体的湿地公园，也是莱州市文化旅游的靓丽名片，具有较高的研学实践价值。莱州市第二实验小学作为烟台市"首届小学十佳德育品牌学校""烟台市综合实践示范基地"，积极鼓励开展多样的综合实践活动，以"实践创新"为主线的"行知"课程，是学校多年的品牌。

（3）学情背景：随着现在经济社会的快速发展，学生对于生态保护的意识和关注相对较少，并且缺乏一定知识的支撑了解，我们应加强对学生生态文明教育的引领。五年级的学生具有较强的自主探究意识和能力，对于研学实践课程更是情有独钟，因此可以有效发挥学生学习探究的自主性，有效将课内与课外研学实践相结合。

三、课程目标

（1）通过课前搜集与课上研究相结合的方式，学生能够初步感知湿地特点，了解我国湿地发展现状，并进一步学习了解河套湿地建设的基本情况，欣赏河套湿地优美的自然风光，激发对家乡的自豪感。

（2）通过实地考察探究的方式，学生学会探寻湿地生物多样性，了解、记录植物种类及生长特点，探究湿地鸟类多样性，感受自然的奇妙和生命的美好，并进一步认识了解河套湿地的污水净水系统，认识到可持续发展的重要性。

（3）通过参观访问、参加体验活动的方式，学生能够初步了解湿地公园内莱州特色地域文化的建设理念和魅力，感受生态休闲的趣味，提高团体合作意识和能力。通过拓展学习古诗文中对湿地的描述，学生增强了文化自信和归属感。

（4）通过多样的实践活动体验，结合之前带领学生探究学习的相关常识，有效地将情境教育、知识教育与实践教育有机融合，学生用实际行动感受湿地生态的美好，落实保护生态的行动理念。

四、学习主题与活动安排

课程统筹规划共设置了"基础性单元——走进生态湿地""探究性单元——探究湿地生态""拓展性单元——感受生态文明"和"实践性单元——践行生态文明"四个单元，第一单元4课时、第二单元3课时、第三单元3课时、第四单元4课时，每周开设1课时，每学期开设14课时。（见图6-1）

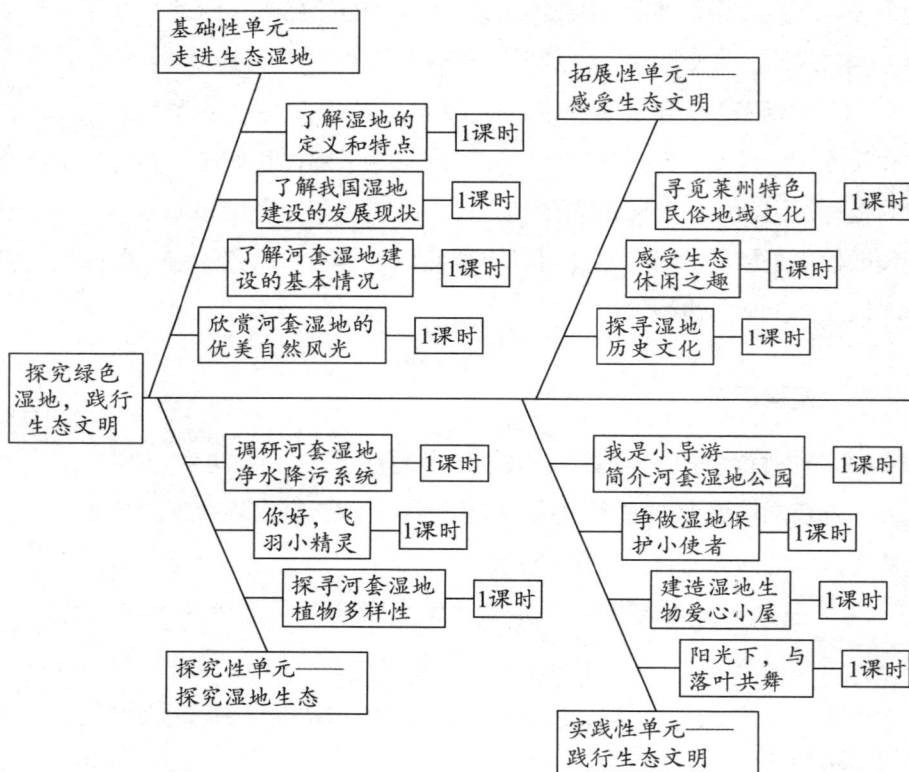

图6-1　课程内容总框架

1. 基础性单元——走进生态湿地（4课时）

（1）了解湿地的定义和特点：课前带领学生去图书馆查阅资料，课上借助互联网和智慧平台App引导学生自主查阅相关资料，带领学生共同学习认识什么是湿地，帮助学生走进湿地，初步感知湿地的特点。

（2）了解我国湿地建设的发展现状：通过组织学习知识胶囊微课程，帮助学生了解我国湿地的发展现状，激发学生内心的求知探索欲望。

（3）了解河套湿地建设的基本情况：课前学生自主查阅相关资料，课堂上教师讲解河套湿地建设前后的变化以及其内部的建设构造和设计区域，帮助学生对河套湿地有更深入的了解，让学生感受城市生态文化的发展。

（4）欣赏河套湿地的优美自然风光：采用课上图片、视频欣赏与实地考察、欣赏相结合的方式，带领学生去领略河套湿地的优美自然风光，感受大自然的魅力，激发学生的向往之情。

2. 探究性单元——探究湿地生态（3课时）

（1）探寻河套湿地植物多样性：通过课前学生自主搜集资料，课上带领学生亲身到河套湿地参观并采访园林阿姨叔叔以及利用现代信息技术"识花辨植物"等方式，帮助学生快速拓展了解并记录植物种类和特点，探究湿地生态植物的多样性，感受自然的奇妙。

（2）你好，飞羽小精灵：通过课前学生自主搜集资料，课上带领学生亲身到河套湿地参观观察并采访家长与园林工作人员等方式，了解鸟类的种类和生活习性，观察记录湿地内栖息鸟类的种类及特征，发现为鸟类搭建的爱心鸟巢，探究湿地鸟类多样性，感受生命的美好。

（3）调研河套湿地净水降污系统：通过网上搜集资料，课上小组合作探究与实地考察相结合的方式，认识了解河套湿地的污水净化系统，以及水资源的循环利用在降解环境污染等方面的作用，引导学生认识可持续发展的重要性。

3. 拓展性单元——感受生态文明（3课时）

（1）寻觅莱州特色民俗地域文化：学生通过上网搜集资料，实地考察探究的方式，了解湿地公园内莱州福寿文化、长寿文化元素的建设理念，同时感受海草房、石磨、生蚝壳废物利用等地域民俗文化的魅力，激发学生的家乡归属感。

（2）感受生态休闲之趣：通过组织学生与家长开展团体实践游戏活动，感受生态休闲的趣味，建立良好的家校、师生关系，提高学生团体合作意识和能力。

（3）探寻湿地历史文化：通过拓展学习古诗文中对湿地的描述，引导学生感悟我国悠久的文化历史，增强学生的文化自信和归属感。

4.实践性单元——践行生态文明（4课时）

（1）阳光下，与落叶共舞：学生利用周末时间，采取小组合作和个人行动相结合的方式，在树林中放飞自我，与落叶随风共舞，记录美好的瞬间。通过捡拾落叶并精心制作树叶画进行展示评价，从而提高动手实践能力，感受生态自然的美好。

（2）建造湿地生物爱心小屋：本课时引导学生仿照湿地生态建设原理，自主发挥想象与创意为昆虫建造"爱心小屋"，为鸟类搭建鸟巢，并将其放置于湿地公园中，定期进行观察记录。学生不仅增强了动手能力，还参与了生态环境建设。

（3）争做湿地保护小使者：本课时重点引导学生树立生态保护理念。通过让学生自己制作宣传保护提示语和标牌，在湿地公园内捡拾垃圾，开展劳动教育，学生用实际行动为生态保护贡献一份力量。

（4）我是小导游——简介河套湿地公园：通过开展河套湿地集体活动，引导学生将自己对河套湿地的了解和情感用语言表达出来。通过角色扮演式体验、争当家乡生态文明旅游小导游等活动，激发学生的自豪之情。

五、评价活动与成绩评定

（一）课程评价

课程评价尊重学生的认知水平和学生差异，既关注学习结果，又关注学生在学习过程中的态度、情感变化和发展；既关注学生学习能力水平，又关注他们学习活动中的进步与创新表现。活动中采用多维度的协商式评价方式，注重过程性、成果性相结合，以形成性评价与终结性评价相结合的方式呈现。（见图6-2）

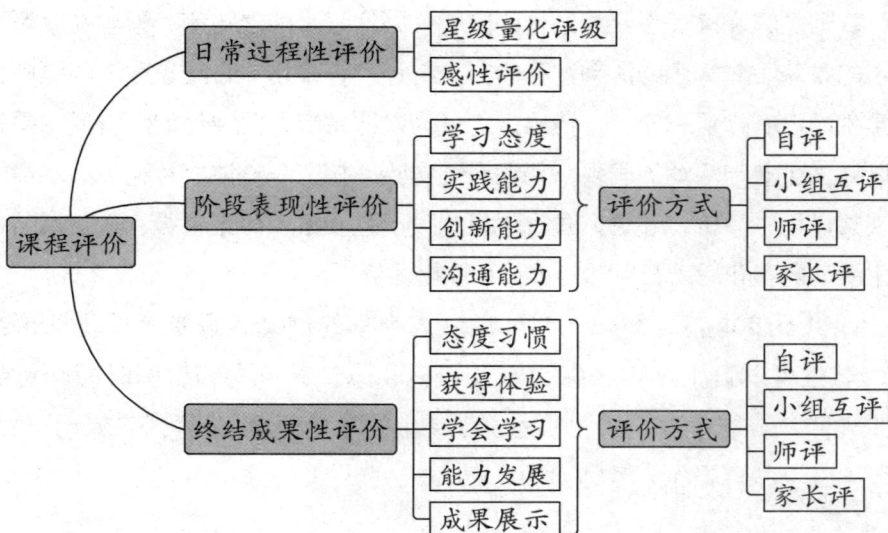

图6-2　课程评价框架

1. 日常过程性评价

课堂上根据学生参与度、回答问题精彩程度，由任课教师进行星级量化评价和感性评价，如对积极参与课程学习、主动发表自己的见解、合作分享、尊重他人等进行评价，每节课最高获取10颗星。（见表6-1）

表6-1　基础性单元课堂参与度量化评价表

星级评价	课程参与
☆☆☆	积极参与课内外湿地课程的学习，了解河套湿地相关知识，努力完成学习任务。
☆☆☆	主动参与湿地的调查学习，敢于发表自己的见解，勇于提出创新的设想。
☆☆☆☆	乐于合作，乐于分享，助人为乐，尊重他人。
教师寄语	

2. 阶段表现性评价

根据学生日常表现，每一单元课程结束后，进行一次阶段协商式评价，评价内容分态度习惯、获得体验、发展能力三个方面，其中特别重视学生的非智力因素，如兴趣、情感、态度等。协商式评价坚持学生自评、小组互评、教师总评和家长参评相结合的方式，关注学生的参与度和学生在学习过程中的收获，对学生的活动过程的分析与评价，采用"自我参照"的原则，以学生的已有知识和能力、情感、态度为参照系数，关注他们的发展水平，可以对学生参与活动的表现，如调查、实验、探究、交流、讨论等活动中的表现加以逐一评价，评价方式也不只局限于在表格上评定星级，还包括结合学生活动内容和活动表现对其进行个性化评价。

　　评价不要求整齐划一，要体现以人为本的理念，设定个性化评价指标，学生可以自主结合实际，重新调整和修订评价内容，同时教师可结合少先队"雏鹰争章"活动，为表现突出的学生颁发"学习""劳动""爱心"等奖章和喜报作为激励。（见表6-2、表6-3）

表6-2　探究性单元与拓展性单元阶段评价表

评价项目	评价要素	自评	互评	师评
态度习惯	1. 积极参加每一次走进湿地学习探究活动。	☆☆☆	☆☆☆	☆☆☆
	2. 努力完成自己承担的小组合作任务。	☆☆☆	☆☆☆	☆☆☆
	3. 尊重他人，合作分享，寻觅莱州特色民俗地域文化，感受生态休闲之趣。	☆☆☆	☆☆☆	☆☆☆
获得体验	4. 善于提问、乐于研究、勤于动手，主动探究了解湿地的生物多样性。	☆☆☆	☆☆☆	☆☆☆
	5. 实事求是、勇于担当。	☆☆☆	☆☆☆	☆☆☆
	6. 能对自己的参与情况进行反思。	☆☆☆	☆☆☆	☆☆☆
发展能力	7. 能运用已有知识解决遇到的问题，学习调研河套湿地的净水降污系统。	☆☆☆	☆☆☆	☆☆☆
	8. 独立思考、自主学习、提出问题、解决问题。	☆☆☆	☆☆☆	☆☆☆
	9. 有求知心、探索欲望，主动探索湿地生物的多样性，了解湿地文化特色。	☆☆☆	☆☆☆	☆☆☆
	10. 积极实践、发挥特长、施展才能，参与小组合作学习。	☆☆☆	☆☆☆	☆☆☆

续表

评价项目	评价要素	自评	互评	师评
个性化评价内容				
家长评价				

表6-3　实践性单元综合评价表

评价内容	评价要点	自评	互评	师评
实践能力	能积极参与课外实践环保活动，用行动为保护湿地贡献一份力量。			
学习态度	在践行生态文明活动中乐于探究，勤于动手。			
创新能力	在践行生态文明活动中想法独特，具有创新性。			
沟通能力	能与同学和谐交流，沟通得当，学会合作。			
个性化评价内容				

填表说明：☆表示加油，☆☆表示良好，☆☆☆表示优秀。

3. 成果性评价

　　学期末，组织学生进行学习成果展示，学生结合湿地探究学习内容自主选择展示项目，评价采用学生自评、小组互评相结合的方式，同时还邀请家长和教师进行感性评价，最后结合平日量化积分和阶段综合评价，进行终结成果性评价并颁发证书和奖品。

学习成果包括：展示植物多样性记录与发现笔记、树叶手工创意画、建造的昆虫小旅馆、制作的湿地保护宣传标牌，开展"我是小导游"演讲比赛、调研报告展示评价、实践探究感悟评比等。通过实践操作、劳动教育、评比活动、手工创意设计与制作等形式展示，从学生的参与态度、获得体验、学会学习、能力发展四个方面对学生的学习进行评价。（见表6-4）

表6-4　成果性评价表

评价指标	评价等级			得分
	A	B	C	
参与态度	能够认真参与每一次湿地学习与探究活动，完成各项任务。	基本能完成每一次的湿地探究实践活动。	不能及时参与湿地探究活动。	
学会学习	能够用多种途径获取信息，巧妙运用知识自主解决遇到的问题。	基本能学会主动搜集信息并利用知识解决问题。	不能准确搜集整理信息，缺乏自主解决问题的能力。	
获得体验	有主动探究的能力和兴趣，在活动中认识到保护生态文明与湿地建设的重要性。	基本能在活动中体会到湿地生态保护的意义和价值。	缺乏主动研究的能力和兴趣，无法在活动中获得体会。	
能力发展	能够进行小组合作探究与独立自主学习，勤于动手，敢于实践。	基本能积极参与小组合作学习，乐于研究实践。	不能与小组成员进行合作探究，缺乏动手实践能力。	

（二）成绩评定

在综合实践活动中成绩的评定采取协商式、小组成绩评定与个人成绩评定同步推进的方式进行，学生以小组为单位自主依据评价内容进行协商，教师围绕学习能力品质、身心健康品质、社会适应品质和智慧情趣品质"四大领域"，从学生的情感态度、水平成绩和进步创新成果"三个维度"进行协商式评价，激发学生考察探究的积极性。

活动中每月评选出10名"考察探究小能手"，每学期评选出10名"综合实践小明星"颁发奖状和奖品，学期末分小组进行集中评价展示交流活动，小组采用自主协商和寻求教师、家长的帮助等方式自主确定展示内容和方式，鼓励制订个性化评价内容和指标，最终评选出5个"最佳实践小组"，剩余小组根据不同表现情况给予不同的个性化称号，如"快乐小组""希望小组""有爱小组"等，进行正面激励与个性化评价引导，激发学生参与活动的内驱力，促使学生在协商中达成共识，在共识中不断前进。

贰　"践行生态文明"单元教学方案

本方案为"探究绿色湿地，践行生态文明"课程中的第四单元"践行生态文明"的教学方案，计划为4课时。（见图6-3）

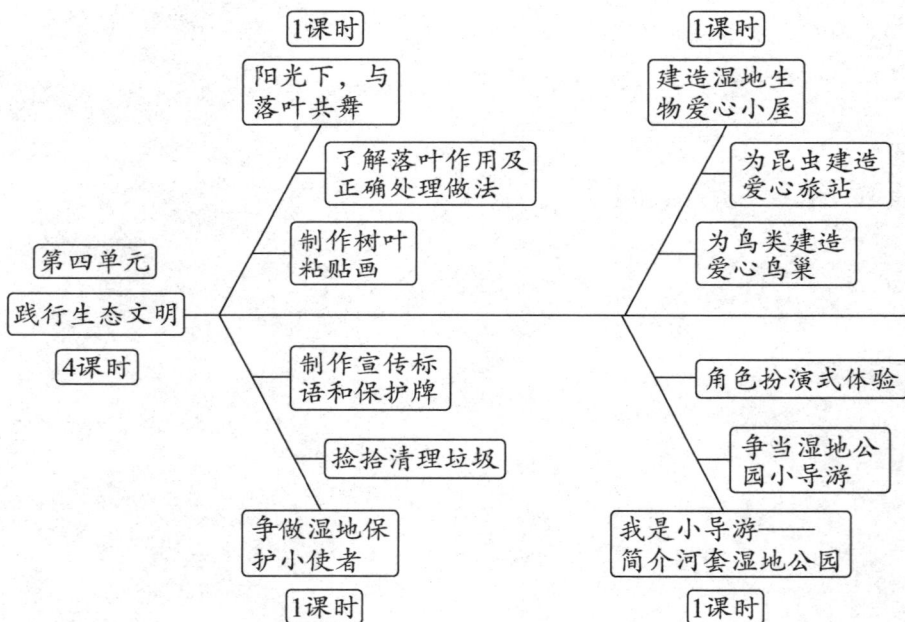

图6-3　单元课程内容框架

一、背景分析

本单元"践行生态文明"是课程体系中最后一个单元——实践性单元的内容，重在引导学生利用之前基础性单元、拓展性单元、探究性单元相关内容的学习，学以致用，知行合一。之前学生已经通过前三个单元相关内容的学习，初步了解了湿地的特点和现状，通过湿地生态课堂，认识了湿地的动植物多样性，感受了湿地的生态美好和重要性，为本单元的学习奠定了情感和知识基础。因此本单元既是对前面单元内容的巩固复习，又进一步帮助学生了解湿地生态系统，学生通过自主发挥想象与创意，获得多样的实践活动体验，学校从而落实了保护生态的行动理念，使学生用实践参与生态环境保护建设。

二、单元目标

（1）通过实地考察的方式，小组合作和个人行动相结合。学生与落叶随风共舞，记录美好的瞬间；捡拾落叶精心制作树叶画并进行展示评价，提高动手实践能力，感受生态自然的美好。

（2）通过研学实践方式，学生学会仿照湿地生态建设原理，自主发挥想象与创意，为昆虫建造"爱心小屋"，为鸟类搭建鸟巢，并将其放置于湿地公园中，定期进行观察记录，增强动手能力，体验生态环境建设。

（3）通过多种方式的"争做生态保护小使者"活动，学生能够树立生态保护理念；通过制作宣传保护提示语和标牌、在湿地公园内捡拾垃圾活动，开展劳动教育，让学生用实际行动为生态保护贡献一份力量。

（4）通过河套湿地集体活动形式，学生将自己对河套湿地的了解和情感用语言表达出来；通过角色扮演式体验——争当家乡生态文明旅游小导游，激发学生的自豪之情。

三、评价设计

评价要求：

课程评价尊重学生的认知水平和学生差异，采取协商式评价的方式，既关注学习结果，又关注学生在学习过程中的变化和发展，注重过程性、表现性和成果性相结合的评价方式，对学生定期进行协商评价反馈，评选出优秀的学生颁发喜报、奖章和奖状进行激励。

1. 参与过程性评价

通过实地考察、研学实践等方式，根据单元学习中学生的过程参与度和表现情况，由教师和学生进行协商评价，家长参与评价，进一步激发学生的动力。（见表6-5）

表6-5　单元课程评价表

评价内容	评价要点	自评	小组互评	师评
阳光下，与落叶共舞	能积极参与实践活动，学会主动调查了解落叶的作用和价值；分析落叶焚烧的危害，学会正确处理落叶的方法；捡拾落叶通过制作创意树叶画、粘贴画进行展示评价。			
建造湿地爱心小屋	能仿照湿地生态建设原理，自主发挥想象与创意，为昆虫建造"爱心小屋"，为鸟类搭建鸟巢，并将其放置于湿地公园中，定期进行观察记录，体验生态环境建设。			
争做湿地保护小使者	能用心制作宣传保护提示语和标牌，积极参与湿地公园内捡拾垃圾的活动，用实际行动为湿地生态保护贡献一份力量。			
我是小导游	能用语言表达出对河套湿地的了解和喜爱之情，积极参与角色扮演式体验——争当家乡生态文明旅游小导游。			
家长述评				

2. 阶段表现性评价

根据学生参与实践性单元的综合表现，每一课时课程结束后，进行一次阶段协商式评价，坚持学生自评、小组互评与教师参评相结合的方式，引导学生树立生态保护理念，为每阶段活动中表现突出的学生颁发"生态环保小卫士"奖章作为激励。

3. 单元成果性评价

活动后，组织学生进行单元学习成果展示，采用学生自评和小组互评相结合的方式，进行成果展示量化评价，并邀请家长和教师共同参与描述性评价。学生根据每单元的成果性评价结果再次进行协商改进，填写单元反思报告，促进学习效果的达成。

单元学习成果展示包括：展示树叶手工创意画、建造昆虫小旅馆、制作湿地保护宣传标牌，开展"我是小导游"演讲比赛、实践探究感悟评比等多种活动。

表6-6　单元反思报告

小组：　　　　　　　　　　　　　　　　组员：
1.在参与湿地探究实践的活动中，最让你印象深刻的是哪一个环节？或者你认为还有哪些你需要改进的地方？请你谈谈自己的感受和认识。
2.通过湿地实践单元的学习体验，你对生态保护有什么新的理解和感受？

四、教与学活动设计

（1）"阳光下，与落叶共舞"（1课时）：学生利用周末时间，采取小组合作和个人行动相结合的方式，在树林中放飞自我，与落叶随风共舞，记录美好的瞬间；通过捡拾落叶精心制作树叶画进行展示评价，提高动手实践能力，感受生态自然的美好；结合《环境教育》中学到的相关知识，学会正确处理秋天落叶，避免因焚烧落叶造成环境污染。

引导学生巧妙发挥创意和想象，利用形状各异的树叶绘制各种各样的图画，并学会边做边构思设计理念，让学生通过劳动体会生态的美好。

（2）"建造湿地生物爱心小屋"（1课时）：本课时引导学生仿照湿地生态建设的原理，自主发挥想象与创意，为昆虫建造"爱心小屋"，为鸟类搭建鸟巢，并将其放置于湿地公园中，定期进行观察记录，增强动手能力，体验生态环境建设。

在建造湿地生物爱心小屋活动课程中，引导学生仿照湿地生态建设，利用废旧枯枝树叶，自主发挥想象与创意，动手为湿地生物建造湿地小屋；结合《环境教育》中学过的知识，引导学生树立科学合理地对待昆虫的意识。家长和学生合作完成，并将小屋放置在湿地公园中，进行欣赏介绍。大家做好约定，定期进行观察记录，增强动手能力，体验生态环境建设。

（3）"争做湿地保护小使者"（1课时）：本课时重点引导学生树立生态保护理念。通过制作宣传保护提示语标牌及在湿地公园捡拾垃圾的活动，开展劳动教育，让学生用实际行动为生态保护贡献一份力量。

在"争做湿地保护小使者"活动课程中，学生积极参与，群策群力，采取小组合作与个人行动相结合的方式，发挥创意，用实际行动践行生态环保理念。学生有的将自己制作的宣传保护提示语标牌进行粘贴宣传；有的小组自发组织制作宣传心愿卡在学校周围社区发放，并讲解、宣传生态环保理念；还有的学生相约周末，定期去河套湿地公园开展志愿活动，捡拾垃圾、开展劳动教育等，用实际行动为生态保护贡献一份力量。

（4）"我是小导游——介绍河套湿地公园"（1课时）：利用河套湿地集体活动，引导学生将自己对河套湿地的了解和情感用语言表达出来。角色扮演式体验——争当家乡生态文明旅游小导游，可激发学生的自豪之情。

本课时重点引导学生利用之前所学所感，采取扮演导游讲解的方式，践行生态保护理念，为保护湿地尽一份力量。本课时教学采取课上与实地演练相结合的方式，引导学生利用周末时间分小组到湿地公园争当家乡生态文明旅游小导游，介绍湿地公园，讲述湿地的重要性和现状，对游玩人员进行生态文明解说，增强社会公众的保护意识。同时课上开展"我是小导游"竞赛活动，对于表现优异的学生颁发奖状和礼品，有效激发学生的积极参与性。

"阳光下，与落叶共舞"课时教学方案 叁

本方案为"践行生态文明"单元第1课时"阳光下，与落叶共舞"的教学方案。

一、课时目标

（1）通过创设情境，学生欣赏莱州河套湿地公园的生态美景，结合课前搜集的关于湿地树木的相关资料，探究湿地多样的树木种类和特点。

（2）通过调查探究的方式，学生了解了落叶的作用和价值，探究了落叶焚烧的危害和影响。以数说理，由理启智，学生学会了正确处理落叶的方法，积累了有关落叶的传统文化，激发了生态环保意识。

（3）用知导行，融会贯通。采取小组合作和个人行动相结合的方式，学生学会自主发挥创意，动手实践将废物利用，提高合作探究意识和动手实践能力。

（4）学生在学习与实践中形成正确的生态价值观，养成保护环境、爱劳动等良好的个性品质，增强保护生态文明的责任感。

二、评价设计

课程评价尊重学生的认知水平和学生差异，既关注学习结果，又关注学生在学习过程中的变化和发展；既关注学生学习水平，又关注他们在学习活动中表现出来的情感态度。采用多维度协商式评价，注重将过程性、成果性相结合，量化评价与感性评价相结合的评价方式。

1. 教师过程性评价

活动中根据学生在"阳光下，与落叶共舞"课时活动的参与度、回答问题精彩程度，教师分小组进行星级量化评价和描述性评价，每节课每小组最高获取10颗星。

2. 小组合作互评

本课时采用小组合作的方式开展，小组内会根据所有成员参与本次活动的表现进行量化评价，小组成员互相评价打星，最高者可以获得满星8颗星。

3. 学生参与自评

活动后学生结合评价指标与教师进行协商评价，进一步修正评价目标指标，并邀请参与的家长志愿者进行描述性评价，提出好的建议和想法，进一步提高学生参与积极性。

4. 阶段成果展评

组织学生进行树叶粘贴画成果展示，学生分享设计理念和活动收获，采用学生自评和小组互评相结合的方式进行量化评价，并邀请家长和教师进行描述性评价。

三、教与学活动设计

（一）情境导入，激情设趣

出示河套湿地公园图片，引导学生认真观看，猜测画面中展示的地方，激情设趣：是啊，这正是我们家乡的河套湿地公园！你们从画面中都发现了什么？又有什么感受想分享一下呢？（学生自主交流）

教师引导学生交流现在是什么季节。（秋天）教师继续引导：秋天到了，到处是翠锦斑斓的红、黄树叶，现在就请跟我一起欣赏吧。（视频展示）

（二）合作探究，交流分享

引导学生交流是否喜欢画面中美好的环境，并引出疑问，引导学生结合之前的实地调查记录，思考湿地生态系统中都有哪些树木种类，（复习巩固，生交流）又有哪些树木种类是有落叶的，哪些又是没有落叶的。学生结合课前搜集的关于湿地树木的相关资料，以小组为单位，合作探究，交流填写完成表格。（见表6-7）

表6-7　植物调查记录表

植物调查记录表			
调查人：	调查地点：		调查时间：
编号	植物名称	生活环境	主要特征描述

学生以小组为单位交流分享自己的合作成果。

师：集体是力量的源泉，众人是智慧的结晶。学习的过程不光要学会独立探究，更要学会合作分工，这样才会有更多的发现。（德育渗透）

（三）拓展延伸，探究发现

通过合作探究，学生对于湿地多样的树木种类有了深入了解，进一步引导学生联系生活自主交流探索树木落叶的处理方法。

教师询问落叶是否可以直接进行焚烧，引导学生自主回答并交流原因，从而探究落叶焚烧的危害和不良影响，学生在质疑探究中自主发现落叶正确的处理方法。

教师引导学生进行跨学科学习，结合《环境教育》中学过的知识，引导学生了解落叶具有重要的作用，学生结合课前搜集整理的资料自主交流落叶的作用，教师适时进行指导。

教师引导学生学会用多种方式进行探究学习，获得知识不仅可以在课堂，还可以在生活中的方方面面，引导学生争做学习的有心人。

落叶不光具有重要的作用，有了它的装扮秋天的美景别具韵味，使不少

文人墨客吟诗作赋，课堂上可引导学生拓展、积累、背诵关于秋天落叶的古诗词。（出示课件，拓展积累关于秋叶的古诗词）

师：从古至今，秋叶为我们绘制了一幅幅优美的画卷。这么美的景色我们除了用诗词将它们留下，还可以用什么材料将它留住？

教师引导学生联系生活进行思考，比如做风铃、做标本、做粘贴画、做书签……

（四）动手创作，实践感知

正所谓：纸上得来终觉浅，绝知此事要躬行。学生采用小组分工合作的方式，自主发挥创意，动手实践，将落叶进行再利用。

凡事预则立，动手操作之前，学生要先做好活动方案，以小组为单位讨论、确定好落叶再利用所需的材料、创作主题和方式等，还要确定好小组人员的具体分工，家长志愿者可以和学生一起参与其中，共同为制作的作品起个好听的名字。（小组代表交流讨论成果）

学生采用小组探究讨论的方法，通过动手操作完成创作，教师需进行安全温馨小提示。活动中学生采取小组合作和个人行动相结合的方式，与落叶随风共舞，记录美好的瞬间。学生捡拾落叶精心制作树叶画，并进行展示评价。教师引导学生巧妙利用捡拾的落叶形状，充分发挥创意与想象，边做边构思自己的设计理念，在完成作品后邀请小组代表进行解说。教师在评选出优秀作品后进行表扬鼓励，让学生通过劳动体验生态的美好与乐趣。

（五）分享感受，总结提升

活动结束后，家长和学生共同分享交流自己的实践成果，填写活动评价表，学生之间互相进行展示介绍，对对方的作品提出中肯的建议，做到互相学习与提高。

（六）课后实践，学以致用

课堂有时限，实践无止境。课后请学生继续制作宣传保护提示语和标牌，争做湿地生态保护小使者，让他们用实际行动为生态保护贡献一份力量。

7

探秘深蓝

编者点评

　　利用学校所在区域的资源来开发的课程通常能够很好地激发学生的学习热情，有助于学生看到所学课程与现实世界之间的关联，从而助力学生素养的提升。但很多学校在利用地方资源开发课程时通常缺少整体架构，未能在课程与学校文化、教育哲学之间建立起关联。在这一方面，寻山完小的"探秘深蓝"课程给我们提供了正面的案例：基于海洋资源的课程与学校"寻"文化紧密关联，使得"探秘深蓝"课程真正成了学校课程体系的有机组成部分。

　　三个课程文本具有较强的内在一致性，相互之间存在着较为紧密的关联性，层级关系比较清晰。各课程要素齐备，总体上比较规范，特别值得称道的是在课程实施上采用了项目化学习的思路，整合了探究、调查、制作等多种活动来推进，充分体现了"综合实践活动"的特征；在课程内容上，建构了"寻根、寻美、寻梦"三大板块，且每个板块都呈现了清晰的内容结构，很好地体现了新课标倡导的内容结构化。

壹

"探秘深蓝"课程纲要

设计单位：荣成市寻山街道寻山完小

设计者：刘丽娟、杨福松、李永玲、樊景丽、陈春霞

适用年级：小学四年级

计划课时：14课时

一、课程简介

"探秘深蓝"课程是我校紧密结合校情、学情以及地域特色，围绕学校"寻根""寻美""寻梦"三大课程群开发与实施，以"海洋生物探秘"为主线的特色课程。它涵盖了"渔家习俗""渔家体验""贝壳DIY""彩绘鹅卵石"等丰富课程内容，通过项目化的形式推进课程实施，旨在促进学生对海洋文化的深入认知，将学科知识与道德修养、情感体验、人生观价值观巧妙融合，持续增进学生的家国情怀，更有力地保障学生的全面发展。

二、背景分析

《中小学综合实践活动课程指导纲要》强调，要密切联系学生的自身生活和社会生活，让学生从个体生活、社会生活及与大自然的接触中，获得丰富的实践经验，体现学生对知识技能的综合运用与实践，形成并逐步提升对自然、社会和自我之间内在联系的整体认识，使学生具备价值体认、责任担当、问题解决、创意物化等方面的意识和能力。

我校地处荣成市寻山街道寻山所村，毗邻大海，拥有丰富的海洋资源。通过问卷调查发现，学生对家乡资源的了解较为浅薄，对于海洋文化的认知更是严重不足，我们认为，家乡海洋资源的开发会一定程度地增强

学生对家乡的认知感、自豪感和责任感，从而激发他们热爱家乡、厚植爱家乡的情怀。

我校秉持"寻"文化理念，包含寻根溯源，追寻本土文化的深厚底蕴；寻美求善，探寻生活中的美好与善良；寻梦逐光，追寻心中的梦想与希望。综合实践活动课程的整体设计，充分考虑了本校办学理念、办学特色、培养目标、教育内容等因素，统筹制订课程方案计划。基于"寻"文化理念，学校开发了《研学寻梦，成长"美"天》课程读本，作为综合实践活动课程的补充。"探秘深蓝"课程出自四年级活动内容，学校凭借紧邻山东省学生实践基地"爱伦湾海洋牧场"和北方最大的鲍鱼港码头的优越地理位置，开发了"渔家味道""渔家体验""渔家习俗"等子课程，旨在让学生在调查、实践、动手、体悟的过程中，提高动手能力、创新能力，培养逻辑思维、合作意识等综合素养，同时也与学校的寻根、寻美、寻梦的"三寻"特色办学理念紧密结合。

三、课程目标

（一）价值体认

通过走进海洋牧场等系列研学活动，了解海参、鲍鱼、虾贻贝、大菱鲆、海鞘等海洋生物的习性、养殖技巧和畅销范围，理解并能遵守公共空间的基本行为规范，获得知家乡、爱家乡的情感体认。

（二）责任担当

在参观、介绍、体验等系列的海洋文化活动中，树立正确的价值观，强化保护海洋生物的责任感及为家乡海洋文化代言的主人翁意识。

（三）问题解决

在实践探究过程中，能对所观察的海洋生物提出诸如生物的产生、分布、数量、生态关系等问题，并将问题转化为研究小课题，通过项目化研究、小组合作等模式探究、明晰。

（四）创意物化

通过课题研究，团队合作形成一份思路明晰的课题报告；在充分利用贝壳、鹅卵石等资源进行创作的过程中，掌握设计与制作的基本技能和方法，提升对美的鉴赏力、表现力和创造力，激发创新意识的形成。

四、学习主题与活动安排

（一）课程内容

在课程内容的开发和设计层面，学校注重内容的层次化、系列化，依据学校的顶层设计以及学段学生的学习需求，以"寻"文化为依托，围绕"寻根""寻美""寻梦"展开。通过"渔家小屋""渔家特产""渔家习俗"主题活动，学生寻成长根、育家国情，铸牢成长根基；在"渔家味道""渔家体验"等主题项目中寻和谐美、育健康行，激发对美好的追求；通过对鹅卵石和贝壳的再创作，寻未来梦、育青云志，让个性得以充分绽放。"探秘深蓝"课程分两个学期完成。（具体内容见图7-1）

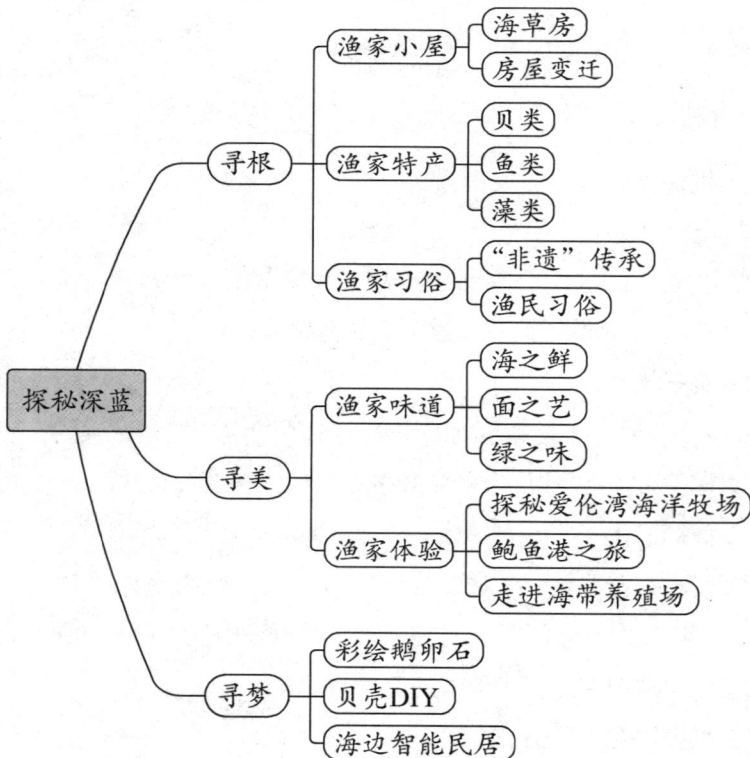

图7-1 "探秘深蓝"课程图谱

（二）学习主题与活动安排

1. 单元主题：寻成长根，育家国情

活动主题1：渔家小屋——海草房。

活动时间：9月份。

课时安排：2课时。

活动内容见图7-2。

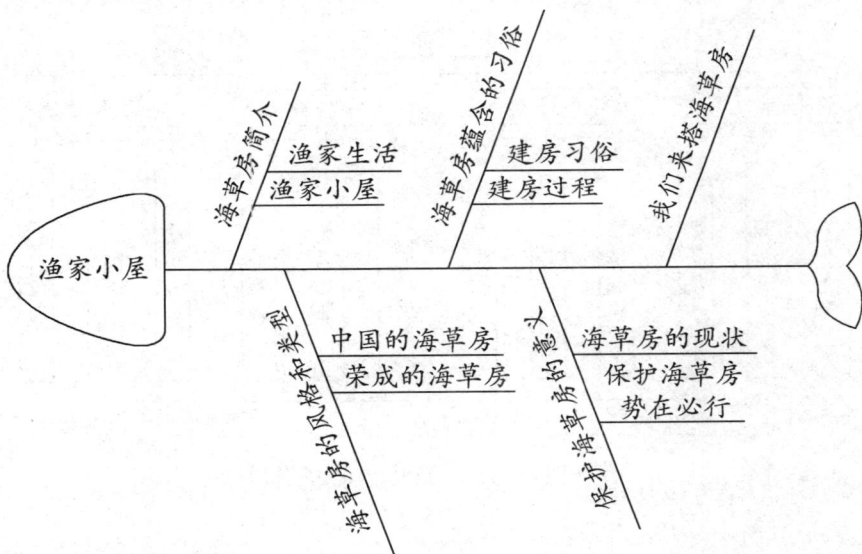

图7-2 "渔家小屋"课程图谱

实施目标：

（1）了解荣成的地域文化，并对渔家小屋海草房深入了解。

（2）通过对海草房现状的了解和调查，知道海草房的宝贵价值，激发热爱家乡的感情，达到保护与发展海草房这一文化遗产的双重目的。

（3）在实际操作中让山东特色的环保民居得到更多人的关注，从而拯救文化，留住特色，保护好历史留给我们的财富。

实施要求：

（1）调查研究：采用实地调查的方法全面了解海草房。

（2）小组合作：每一个活动阶段都以合作方式为主。

（3）动手实践：应用收集的海草以及学习到的搭建方法，尝试搭建海草房。

资源：村里的老工匠、村居资源、微视频、调查表单等。

活动主题2：渔家特产。

活动时间：10月份。

课时安排：2课时。

活动内容见图7-3。

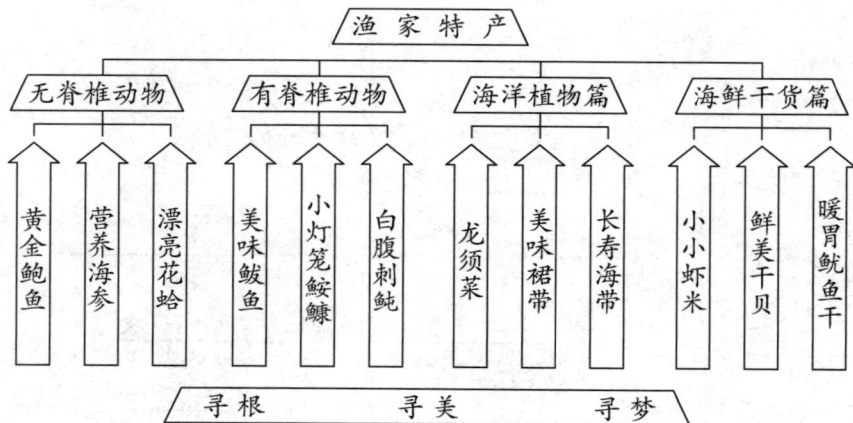

图7-3　"渔家特产"课程图谱

实施目标：

（1）通过小组合作探究，了解渔家特产的种类、营养价值、食用方法等，掌握渔家特产正确的食用方法。

（2）通过实地参观或体验，了解各种渔家特产的捕捞和制作方法，懂得珍惜劳动成果。

（3）通过写一写、画一画、做一做自己喜欢的渔家特产，向大家介绍渔家特产，提高渔家特产的知名度，学生树立爱家乡的意识。

实施要求：

（1）调查研究：采用问卷调查和赶集走访的方式全方面研究家乡的各种渔家特产。

（2）小组合作：每一个活动阶段都以合作方式为主。

（3）动手实践：应用掌握的知识，用自己喜欢的方式制作一份家乡特产的模型或介绍。

资源：鲍鱼港、微视频、海产品等。

活动主题3：渔家习俗。

活动时间：4月份。

课时安排：2课时。

活动内容见图7-4。

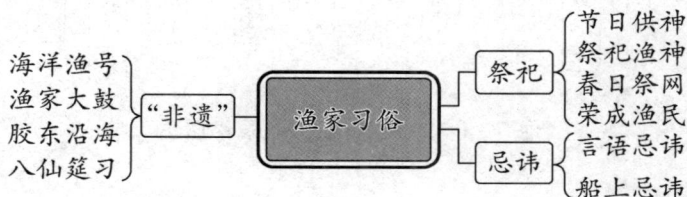

图7-4　"渔家习俗"课程图谱

实施目标：

调查研究荣成渔家的风俗习惯，更好地承袭和发扬本地区的优良传统。

实施要求：

（1）分工合作：小组针对调查、记录、访谈等做到合理分工并有条不紊地开展实施。

（2）汇总分析：对调查和搜集到的资料进行分类汇总。

（3）作品呈现：使用画图、文字、展演等方式进行成果汇报。

资源："非遗"传承人工作室、社会走访、网络查询、图书馆搜集资料等。

2. 单元主题：寻和谐美，育健康行

活动主题1：渔家味道。

活动时间：11月份。

课时安排：2课时。

活动内容见图7-5。

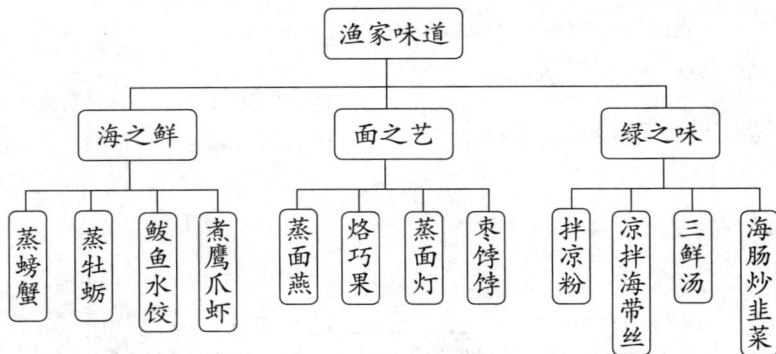

图7-5 "渔家味道"课程图谱

实施目标：

（1）调查渔民的饮食习俗，分析渔家味道的特点。

（2）了解渔家特色菜的营养价值，学会渔家饭的烹饪技能。

实施要求：

（1）小组合作：分组自主选择海之鲜、面之艺、绿之味其中一种感兴趣的方面进行探究。

（2）作品呈现：以PPT项目汇报的方式进行分享展示。

（3）技能掌握：懂得烹饪注意事项，能按照基本步骤在家做一道渔家特色菜。

资源：渔民指导、渔家饭菜材料、调查表单等。

活动主题2：渔家体验。

活动时间：5月份。

课时安排：2课时。

活动内容见图7-6。

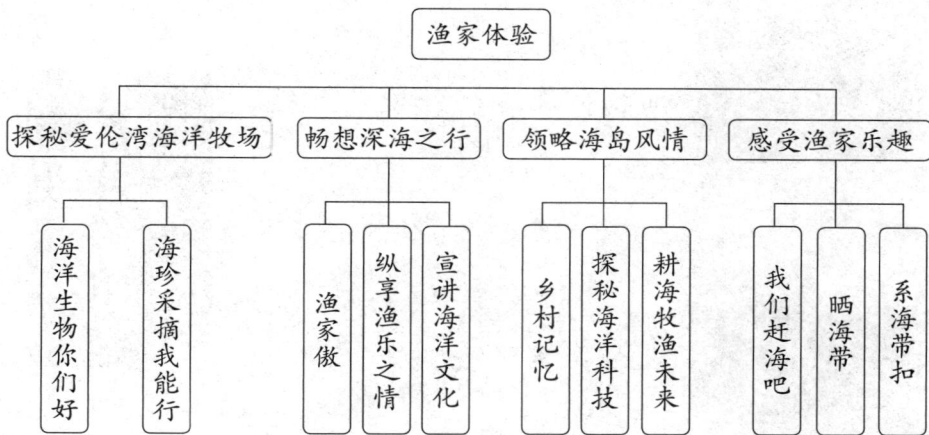

图7-6 "渔家体验"课程图谱

实施目标：

调查海洋文化，实地研学宣讲，体验渔家文化。

实施要求：

（1）入馆前，认真了解馆内规则，参观时井然有序、自觉排队，遵守公共秩序，做到文明参观。

（2）能够熟知2～3种海洋生物，且能做到向游客、伙伴解说介绍。

（3）掌握2种及以上采摘或加工技能。

资源：爱伦湾海洋牧场、鲍鱼港、海带养殖场、渔家村落。

3. 单元主题：寻未来梦，育青云志

活动主题1：彩绘鹅卵石。

活动时间：2月份。

课时安排：2课时。

活动内容见图7-7。

动物：海洋、陆地、天空

植物：花草、树木

人物：男、女、老、幼

图7-7　"彩绘鹅卵石"课程图谱

实施目标：

合理利用鹅卵石资源，创作各种作品，在分享交流中培养创新能力。

实施要求：

（1）掌握用丙烯颜料在鹅卵石上作画的顺序和技巧。

（2）选择自己喜欢的主题，创作1~2件鹅卵石作品参加嘉年华活动。

（3）在创作组合作品时注意安全。

资源：丙烯、画笔、胶枪等各类工具，及微视频、导学单等。

活动主题2：贝壳智造。

活动时间：6月份。

课时安排：2课时。

活动内容见图7-8。

图7-8 "贝壳DIY"课程图谱

实施目标：

合理利用贝壳资源创作作品，在分享交流和爱心义卖中锻炼表达力、创造力，体会让爱传递带来的幸福感。

实施要求：

（1）掌握创作不同贝壳作品的技巧和方法。

（2）选择自己喜欢的主题创作1~2件贝壳作品参加义卖活动。

（3）在创作作品时注意安全。

资源：丙烯颜料、锤子、鱼线、胶枪等各类工具材料，及微视频、导学单等。

（三）项目化学习推进手段

设计并实施"探秘深蓝"项目化学习模式，构建核心知识网的思维导图，根据四年级学生的身心发展特点，运用恰当的认知策略引导学生，关注学生探秘体验的过程性、实践性、完整性，从而助力学生的学科素养、人文素养和家国情怀的培养。（见图7-9）

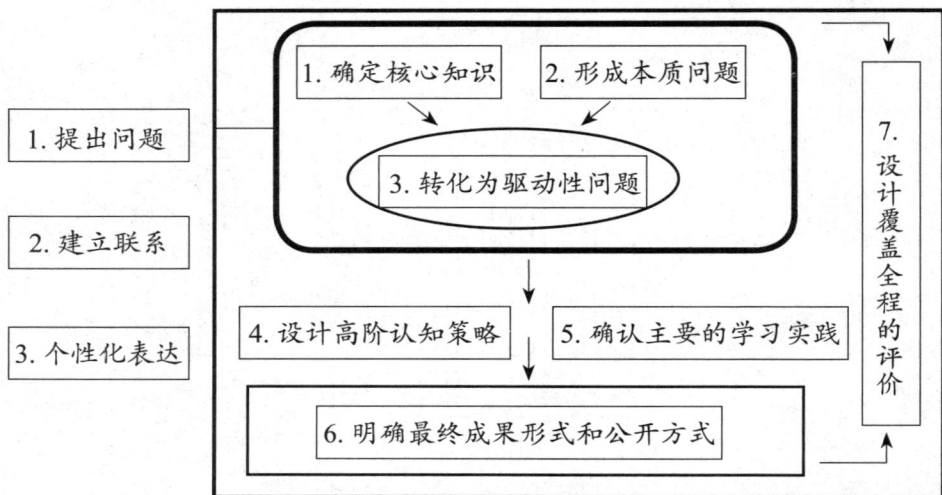

图7-9　项目式学习推进流程图

1. 构建核心知识网思维导图

其一，自下而上地构建，从知识点、教材、学情等方面向上梳理。

其二，自上而下地构建，从课程标准、跨学科概念等方面向下探寻。

理清思路，形成思维导图，使活动的条理性和逻辑性更分明，也有助于综合实践教师把握重难点，合理开发教案，落地实施过程，解决驱动性问题。

2. 综合运用恰当的认知策略

"探秘深蓝"学习过程要想深刻又有趣，加深学生探秘的认知深度，就要根据学生的身心特点，科学使用认知策略，如问题解决类、创新创见类、运用决策类、调研访谈类、实践体验类、策略分析类等。小学低年级更多采用调研访谈类、实践体验类的认知策略，而高年级学生，适合采用创新创见类、策略分析类的认知策略。

3. 注重过程性的项目式评价

在设计活动流程时，同时设计评价激励部分，从核心知识、实践体悟、分享汇报等评价目标上，关注过程性评价和总结性评价。在提出问题、确定问题链的联系、解决问题、个性化表达的过程中，学生个人和小组团队共同进步，促使学生既对后期的综合实践活动充满期待，也有利于引发更深层次的学习和理解。

五、评价活动与成绩评定

结合学校的整体评价体系，主要使用过程性评价与终结性评价相结合的方式，评价重点落在多元评价方面，通过观察、记录和描述学生在活动过程中的表现，记录学生的成长足迹。

（一）运用评价量表客观评价

教师利用学校评价体系中的评价量表与指标评价学生，也可以指导学生制作表格，既记录过程中的收获和心得，也进行自主评价、相互评价等内容。低年级学生可以由教师提供表格。

例如：我校的"发现课堂范式"表格，从倾听、表达、合作、思考、审美五部分跟踪学生的表现，客观记录学生的综合能力提升的过程。（见表7-1）

表7-1 成长课程发现课堂"五项能力"评价总体指标

评价项目	学生行为要求	表现度		
		优秀	良好	一般
倾听	倾听时能集中注意力，听清楚、听完整。			
	能边听边思，捕捉、筛选信息，给予恰当的补充、纠正、帮助。			
	吸纳别人的见解，完善自己的见解。			
表达	乐于表达，能表达自己的感受。			
	表达简洁连贯、清楚有条理、有理有据。			
	交流自然流利，表达得体，气氛融洽。			
合作	在小组内分享自己的想法，乐于参与小组互动。			
	同学之间友好合作，学习气氛民主。			

续表

评价项目	学生行为要求	表现度		
		优秀	良好	一般
思考	善于探索发现，能独立思考。			
	敢于质疑，提出有价值的问题。			
	能运用所学知识和方法，创造性地解决问题。			
审美	感受学科的内涵美，掌握基本的审美方法。			
	具有正确的审美观点和健康的审美情趣，表达自己的审美体验。			

又如，嘉年华汇报活动能生动直观地再现学生的探究过程与成果，运用评价量表记录各小组的参与情况，优缺点将一目了然，有利于教师有针对性地辅导，也能帮助学生反思改进。（见表7-2）

表7-2　嘉年华汇报活动评价指标

项目	要求	表现度		
		优秀	良好	一般
活动参与	按时参加综合实践活动，不迟到早退。			
实践能力	掌握相关知识与技能，能通过体验测评。			
合作交流	能运用所学的相关知识与技能和伙伴合作完成作品或进行成果展示汇报。			
成果展示	学期内至少参加一次过程性成果展示，每学期必须参加全校课程嘉年华展示。			

备注：

1. 自我评价：学生对照评价量表进行自我评价。

2. 同伴评价：小组之内，学生之间互相进行评价。

3. 教师评价：教师通过观察、交流与实践完成度等情况进行综合评价。

4. 家长评价：家长对孩子在实践中的表现进行评价。

（二）运用成果展示的方法进行评价

针对学生的综合素养考察，着重从"活动参与、实践能力、合作交流、成果展示"等方面记录，累计平时的表现。学期末，学校汇总档案袋记录评价过程，开展嘉年华汇报活动，集中展示学生的学习成果。嘉年华汇报活动能生动、直观地再现学生的探究过程与成果，加深学生对实践活动的理解，同时还能让学生学习他人的优点，反省自己的不足。讲解员、小记者、表演者……精彩纷呈的汇报不但吸引学生参观学习，也得到很多家长和社会人士的好评。

（三）"成长树"课程评价体系

学校跟踪学生自身成长的动态过程，通过持续性、分层次的评价，激发学生的内在成长潜能。学校采用等第制的评价方式建构了寻美少年评价模型——"三有三能"素养，搭建相应的寻美少年"成长树"综合素养跟踪平台，贯穿学生从1～5年级的发展全过程，每学年为一个诚信管理评价计分周期，评价结果记入学生档案袋中。

贰 "探秘爱伦湾海洋牧场"单元教学方案

本方案为"探秘深蓝"课程中的第一单元"探秘爱伦湾海洋牧场"的教学方案，计划为2课时。

一、背景分析

"探秘深蓝"课程主要从"寻根""寻美""寻梦"三个维度进行开发实施，包含"渔家味道""渔家民俗""渔家体验"等系列子课程，"探秘爱伦湾海洋牧场"这个单元是"渔家体验"课程的第一单元，主要包括"海洋生物你们好""海珍采摘我能行"两个课时，本单元的课程实施旨在让学生在观察访问、探究体验、动手实践三个必备环节中，调查研究海洋知识、海洋文化，亲身体验科普宣教、自然人文，最终培养学生的综合素养。

《关于推进中小学研学旅行的意见》中指出，研学旅行是学校教学与校外活动相结合的创新教育方式，其将成为实践育人的有效途径。本单元是依托身边的爱伦湾海洋牧场研学基地，开展的海洋研学项目化学习。通过本单元的项目活动，满足四年级学生对周围事物的好奇心和探知欲，促进学生对外界事物的感知探究能力，进而打开深海之行的畅想之门，也为后续更好地领略渔家风情，进行渔家体验等做好铺垫，从而为学生学会提出问题、分析问题和解决问题，提升创新实践能力等提供可能，其终极目标是培养"自信、健康、乐学、创新"的寻美少年。

二、单元目标

（一）价值体认

通过采摘牡蛎、扇贝和紫贻贝，体验劳动的快乐，感受渔乡人民的勤劳与智慧，养成知家乡、爱家乡的道德情感。学生在体验中，理解并遵守公共空间的基本行为规范，初步形成集体思想、组织观念，获得有积极意义的价值体验。

（二）责任担当

在海洋特色活动过程中，通过上网、调查、访问等多种方式查阅资料，了解海洋生物的价值，增强保护自然、保护海洋及人与自然和谐共处的环保理念，树立正确的人生观、价值观。

（三）问题解决

通过现场听记、访谈、拍摄、记录等实地探究，学生在观察现象的基础上发现鲍鱼、海胆、大菱鲆、真海鞘、河豚等海洋生物的生活习性，增长了养殖知识，提出了自己感兴趣的问题并将问题转化为研究小课题。在体验课题研究的过程中，学生展开交流与合作，提高分析、解决问题的能力，形成严谨求实的科学态度。

（四）创意物化

在探究中撰写课题研究报告；将从海边捡拾回来的贝壳进行创作，逐渐掌握手工设计与制作的基本技能；提升对美的作品和事物的鉴赏力、表现力、创造力。

三、评价设计

（一）运用过程性评价量表（见表7-3）

表7-3 "探秘爱伦湾海洋牧场"学生小组自评与互评表

组别			组长	
组员				
研究项目主题				
评价项目	☆	☆☆	☆☆☆	☆☆☆☆
搜集和收集信息	没有收集任何海洋生物的相关信息	收集到少量海洋生物相关信息	收集到基本足以回答问题的海洋生物信息	收集到大量海洋生物相关信息
完成分工任务	不能完成任何任务	完成少量任务	几乎完成所有任务	完成所有任务
独立工作能力	总是依靠他人实行建议，不能独立完成任务	难以完成任务，总是需要别人提醒	总能完成任务，很少需要别人提醒	无需别人提醒，能独立完成所有任务
合作意识	从不和队友合作	很少合作	有时合作	经常合作
成果汇报能力	不能在提交的报告里给出所需信息	可以提供一些相关信息	能给出合适信息，听众知道报告在讲述什么	能简明介绍，听众完全明白
角色扮演能力	没有回答角色承担的问题	回答部分问题	回答大多数问题	回答所有问题
任务完成情况	无法列出合适的计划	列出简单的计划	列出比较详细的计划	列出完美的计划
结论能力	无法说明所做研究	试图说明所做研究，但是含糊不清	对所做研究能作有条理的说明，并且有自己的见解	对所做的研究能作严谨的说明，并且有较为创新的思想

姓名	纽长：	（　）颗☆
	成员1：	（　）颗☆
	成员2：	（　）颗☆
	成员3：	（　）颗☆
	成员4：	（　）颗☆

（二）运用多种评价工具

评价工具主要有：成长章、成长评价手册、素质发展报告单。

（1）成长章：结合学校的七种成长章，根据学生在课堂、课余活动、课外活动中的表现，追踪积累过程表现，分别授予奖章，具体评价标准见表7-4。

表7-4　寻山完小七种奖章评价标准

学段对应奖章	低学段（1、2年级）	中学段（3、4年级）	高学段（5、6年级）
自信章	初步养成独立思考、热爱劳动、积极锻炼等好习惯，对成长充满信心	有自己的观点，能大胆提出自己的疑问，并能有条理地进行表达	能主动运用所学的知识和技能解决问题，并能主动参与活动策划、表演与展示
乐群章	能够愉快地与他人交流，喜欢与小伙伴共同解决问题，能对他人意见进行复述或简单补充	有兴趣参与合作，能与邻座或小组成员有效合作，具有一定的沟通合作技能	主动参与合作，会用两种以上的学习结构进行合作学习，提高人际交往技能
好奇章	有好奇心，在观察、操作、体验等活动中能提出一些简单的猜想，主动表达自己的想法	学会独立思考，乐于用多种思路、多种方法完成探究学习，能较为清晰地表达自己的想法	有强烈的探究欲望，善于提出和解决问题，思维活跃，能清晰地表达探究过程和结果

续表

学段对应奖章	低学段（1、2年级）	中学段（3、4年级）	高学段（5、6年级）
会学章	对学习有好奇心和求知欲，初步养成认真倾听、主动思考、书写认真等学习习惯	热爱学习，坚持阅读，养成独立思考、合作交流等学习习惯，能合理安排学习时间	学习兴趣浓厚，主动阅读积累，养成认真勤奋、反思质疑等学习习惯，能制订自己的学习计划
担当章	能在教师的指导下参与各项活动，初步养成"自己的事情自己做，别人的事情帮着做，公益的事情抢着做"的担当意识	能积极参与各项活动，主动履行"自己的事情自己做，别人的事情帮着做，公益的事情抢着做"的担当行为	明确责任，能够主动担负起应尽的义务，具有不怕困难、勇于承担的精神，能够积极规划、合作完成必需的项目化活动
创新章	能够在教师引导下大胆想象，能提出和别人不同的观点	主动对生活现象进行观察，能在发现问题、提出问题的过程中主动寻求解决问题的方法	能够大胆质疑，积极探究科学发展历程，主动进行解决问题的实践探索活动
成长章	每名学生每月集齐六枚奖章，即可升级为成长章，获得此项殊荣		

（2）成长评价手册：学生人手一份"成长"手册，里面包含"我的档案""我的成长足迹"等个人信息，可以随时自主记录获得"成长卡"、吉祥物挂件的历程。

（3）素养发展报告单：每学期期末，依据学生在综合实践活动中的表现，最终形成《学生素质发展报告单》，让学生对学期成长历程有全面的认知。

四、教与学活动设计（见表7-5）

表7-5　单元教学要点和课时安排

内容	活动场所	课时	教学要点
海洋生物你们好	爱伦湾海洋牧场场馆区	1	1. 在了解了爱伦湾海洋牧场研学资料的基础上，学生课下挑选自己感兴趣并且贴近生活的主题进行研学。每个小组给自己想一个好听的名字和响亮的口号，以此激发他们的团结协作精神。 2. 以小组为单位到之前划分好的场馆区域进行实地考察；通过手摸、眼看、耳听、脑记等方式做好相应的记录；把采集的资料在组内分享，互相补充与完善。 3. 每位小组成员都要收集资料，且能够对探究的生物进行现场简单讲解，之后小组内推选出优秀学生代表作为此次活动的讲解员，为游客和其余小伙伴进行讲解。 4. 各小组分工合作，学生在负责的海洋生物区域进行角色体验，为全班同学和旅游人员讲解且答疑解惑，让学生更快、更全面地了解海洋牧场的动植物，并以此提升学生的听记访谈能力和团结协作等综合实践能力。 5. 学生对研学过程展开自评与他评，通过评价量表科学记录实践过程，彼此畅谈收获与体验。教师为此次研学活动进行总结。
海珍采摘我能行	爱伦湾海洋牧场海上采摘区	1	1. 教师介绍爱伦湾海洋牧场的总体概况，用事实数据说明海洋牧场的经济效益和旅游资源，让学生见证家乡的建设与腾飞。 2. 学生乘船进入爱伦湾海洋牧场采摘基地，实地调查研究海产品养殖的特点，在体验劳动的快乐过程中，感受渔乡人民的勤劳与智慧。 3. 亲手实践采摘海产品，学习烹饪知识与技能，蒸煮采摘的牡蛎，品尝海鲜美味，感悟美好的幸福生活。 4. 学生对研学过程展开自评与他评，通过评价量表科学记录实践过程，在畅谈收获与体验中，交流海洋生物及贝壳等的营养价值与药用价值，增强保护自然、保护海洋及人与自然和谐共处的环保理念。

叁 "海洋生物你们好"课时教学方案

本方案为"探秘爱伦湾海洋牧场"单元第1课时"海洋生物你们好"的教学方案。

一、课时目标

（一）价值体认

在了解海洋生物养殖的过程中，体会海洋生物养殖技术对于促进家乡渔业健康发展的深远意义，增强其社会责任感。

（二）责任担当

通过上网调查、访问、实地观察等方式搜集资料，了解海洋生物的价值，增强保护自然、保护海洋及人与自然和谐共处的环保理念，树立正确的人生观、价值观。

（三）问题解决

通过现场听记、访谈、拍摄、记录等实地探究，了解鲍鱼、海胆、大菱鲆、真海鞘、河豚等海洋生物的生活习性与养殖知识，并提出自己感兴趣的问题，且能将问题转化为研究小课题。

（四）创意物化

在研学结束后，尝试利用搜集到的资料和学到的知识，撰写课题研究报告。

二、评价设计

1. 针对价值体认目标

评价任务：在小组合作中了解海洋生物养殖技术对于促进家乡渔业健康发展的意义，分工整理制作调研卡片，在互相交流中能够及时补充学习，初步了解海洋生物和荣成经济发展的关系，知晓家乡海洋渔业健康发展应注意的问题。

评价方式：学生分工合作，能够对别人的交流作适当补充完善。

2. 针对责任担当目标

评价任务：在为海洋朋友拍照片、搜集资料的过程中，进一步感受养殖海洋生物对荣成经济发展起到的重要意义，深刻体会大海的神奇与魅力，且能够主动担当起传承和发扬荣成海洋生物资源的任务，同时倡议更多的人参与到保护海洋的行动中。

评价方式：学生小组交流拍照技巧的同时体会海洋生物的奥秘。

3. 针对问题解决目标

评价任务：通过现场听记、访谈、拍摄记录等方法完成自己的探究任务，提高观察能力、听记能力和实践能力，让信息时代下的综合实践能力得以提升。

评价方式：组织全班交流，说说自己的见解和收获，教师参与点评。

4. 针对创意物化目标

评价任务：在爱伦湾海洋牧场研学活动结束后，尝试撰写小课题研究报告。

评价方式：展示自己研学活动的照片和课题研究报告，并说出自己的感悟。

三、教与学活动设计

（一）激趣导入，明确分工

师：同学们，来到爱伦湾海洋牧场，大家开心吗？为了这次研学旅行，上节综合实践课，我们提前搜集了爱伦湾海洋牧场的资料，在准备资料的过程中，同学们提出了很多问题，比如：海鞘是什么样子的？海星为什么被称为大胃王？海带是怎样繁殖生长的？老师让每个小组课下选择一个感兴趣的问题作为本次的研学任务，你们准备好了吗？请小组长汇报一下你们小组的研学任务和分工安排。

请各小组到自己的研学区域进行实地考察，用手摸、用眼睛看、用耳朵听、用脑子记，还可以用手机拍照，使小组团结协作，出色完成本次研学任务。同时提醒学生馆里的道路比较狭窄，要文明参观，不要拥挤、吵闹，注意安全。然后组织学生在广场集合，分组汇报研学成果。

（二）实地调查，海域探奇

各小组在研学区域进行观察、探究、记录，选出讲解代表，听到哨声后在广场集合。

（三）实践展示，成果汇报

师：同学们，现场调查结束了，你们的问题找到答案了吗？哪个小组想第一个给同学们做讲解？（负责讲解的学生可自己决定讲解内容，如进行简单的自我介绍等）

1. 各小组分别汇报研学成果

（1）地点：展厅入口。生：同学们大家好，我是"绿色海洋"小组的**XXX**，我讲解的是青鱼滩的由来……我的讲解结束了，谢谢大家。（学生可提问题、可补充，教师随机评价）

（2）地点：鲍鱼馆。生：大家好，我是"贝壳联盟"的**XXX**。今天我要给同学们介绍的是鲍鱼……我的讲解结束了，谢谢大家。（师生参观鲍鱼馆，随机提问、评价）

（3）地点：海带馆。生：大家好，我是"绿色海洋"小组的**XXX**。今天我要为大家讲解的是海带是怎样繁殖生长的，在我讲解之前，我想请同学们先去显微镜下看一看。（同学们借助显微镜查看海带的细胞）……大家看，这些食品都是由海带加工而成的，大家可以品尝一下。我的讲解就到这里，谢谢大家。（大家品尝海带制品，自由议论、交流）

（4）地点：体验馆工具展示区、生态养殖模式展示区。生：大家好，我

是"巨无霸"小组的XXX，下面由我带领大家参观生态养殖模式展示区……我的讲解结束了，谢谢大家。（师生随机提问、评价）

2. 访谈请教解决疑惑

师：前面四个小组讲解任务完成得很好，也很用心。大家还有哪些不认识的海洋生物吗？那就请海洋牧场的小杨姐姐给我们讲讲吧！

学生自由提问、继续参观。海洋牧场的讲解员小杨姐姐答疑解惑。

生：（向小杨姐姐请教）……谢谢姐姐。

3. 小组合作交流探究

（1）小组汇报"探秘章鱼馆"调查结果，解答同学们的疑问。

（2）小组汇报"寄居蟹水族区"探究结果，解答同学们的疑问。

（3）小组汇报"海星展示区"探究结果，解答同学们的疑问。

……

（四）总结归纳，畅谈收获

师：同学们，这次研学之旅你最大的收获是什么？每个人都有收获吗？对于海洋生物你又有了怎样的了解？

学生自由发言，教师评价。

师：同学们，海洋牧场的研学之旅已经接近尾声，在今天的研学旅行活动中，你对自己的表现满意吗？请在课前发的《研学旅行自我评价表》上，给自己做一个实事求是的评价。

（学生填自评表，教师随机评价）

（五）蓝色畅想，拓展延伸

师：今天在小组代表的引领下，在全体同学的共同努力下，每个小组都出色地完成了研学任务。我们不仅认识了很多海洋生物，还懂得了一些海洋生物的养殖方法，同时我们又发现了很多新的问题。在今后的学习和生活中，我们还会继续发现、探索海洋乃至海洋之外的未知领域，让我们无愧于海滨之子，无愧于中华的未来！

8

我和四季有个约会——秋天之约

编者点评

　　"我和四季有个约会——秋天之约"是一门社会实践类课程，是以"秋天"为主题，融合多学科的学习内容来组织学生的实践活动。它围绕学生的日常生活来建构课程，能够将学生的经验与课程内容进行整合，是小学阶段课程开发的一条可行之路，值得借鉴。课程以项目化学习方式来实施，通过"赏一赏，感秋之美""悟一悟，悟秋之韵""做一做，享秋之乐"三个子任务来落实课程。课程内容、实施及评价与课程目标的匹配程度高，学习课程纲要及单元、课时教学方案很好地体现了项目化学习的理念和原则要求，以驱动性问题来引入，强调学生的作品成果。一个比较突出的亮点是，课程内容非常丰富，且明确了各部分内容的具体实施要求，这种设计类似于新课标中各部分内容的"教学提示"，有助于其他实施本课程的教师更好地理解，精准地实施，极大地增加了本课程的可推广性。

壹 "秋天之约"课程纲要

设计单位：陵城区第五实验小学

设计者：王翠红、刘媛

适用年级：1～6年级

计划课时：42课时

一、课程简介

春夏秋冬，不断更替，在这四季变换中，我们看到了专属于每个季节的美景：有"几处早莺争暖树，谁家新燕啄春泥"的春天，有"小荷才露尖尖角，早有蜻蜓立上头"的夏天，有"停车坐爱枫林晚，霜叶红于二月花"的秋天，有"北国风光，千里冰封，万里雪飘"的冬天。因此结合当下季节特点及学校学情特点，采用PBL项目化教学模式，融合语文、美术、劳动、音乐、体育等多个学科，围绕驱动性问题"如何举办一场大型四季主题沉浸式艺术展"，开发了综合实践类课程——"我与四季有个约会"，分为春天之约、夏天之约、秋天之约、冬天之约四项系列课程内容。

二、背景分析

小学综合实践课的内容包括科学实验、手工制作、社会实践、体育运动、艺术创作等多个方面。课程内容应符合学生的年龄特点和发展需求，同时注重培养学生的兴趣和创造力。根据教育主管部门的要求，学校要每周或每学期为学生安排一定数量的综合实践课时。为贯彻落实新时代教育方针，我校开发了四季课程作为特色学习项目，学校现已构建完成四季系列项目课程体系、完整的课程方案以及多样性教师评价机制，是学校整体规划课程中的重要内容。学校现已配备相应的项目组会议室、设备器材和教学资源，以支持综合实践课程的教学活动，同时教师也利用网络、电子教具等现代化技术手段来拓展教学资源。本课程也多次在区内外研讨会中分享交流，得到了上级领导以及业界的一致认可和好评。

　　大自然每天都焕然一新，春有鸟语花香，夏有虫鸣凉风，秋有落叶满地，冬有银装素裹。四季在有规律地发生变化和轮回，这些也构成了我们生活的自然以及社会背景，为大家提供着丰富的教育资源。据于此，我校将项目式学习与综合实践活动课程相结合，根据学生的兴趣和生活经验，拟定四季主题，引导学生以"秋天"为切入点提出驱动型问题，如"如何举办一场大型秋季主题沉浸式艺术展"，学校融合学科知识、制订计划，开展多元活动并分层实施教学，让评价贯穿始终，从而达到让学生多角度、全方位了解秋天，感知秋天，提高学生解决问题、动手操作和交际合作的能力。本课程能够让学生适应未来社会发展需要，改变传统应试教育，提高素质教育，从真正意义上培养学生的高阶思维，使"双减"真正落地生花。

三、课程目标

　　（1）通过沉浸式观察落叶、农作物等活动，丰富关于秋季的知识储备，增强对自然环境的保护意识。

　　（2）通过制作手工制品、面点美食等，增强活动趣味性，加深对中华传统节日以及美食文化的了解，激发观察、想象和表达潜能，培养劳动品质，提升生活技能和动手能力。

　　（3）通过讲述秋季故事、举行秋季成语接龙赛、朗诵秋季诗歌、制作五星红旗等活动，学生牢记祖国历史，培育爱国主义精神，体会中华文化的博大精深，学习中华优秀传统美德。

　　（4）通过开展音乐舞蹈表演、创作歌曲等儿童戏剧教育提高学科素养，进一步提高审美意识。

四、学习主题与活动安排

本课程共三个单元，具体实施框架见表8-1、表8-2、表8-3。

表8-1　"赏一赏，感秋之美"单元实施框架

周次	内容	实施要求	
第1周 （1～4 课时）	邂逅秋姑娘 （2课时）	驱动型 问题	秋天到了，我们怎样才能够找到秋姑娘呢？让我们在校园里，在果蔬基地里寻找秋姑娘的身影吧！
		实施 内容	阶段一（1课时）：实地寻找秋天的足迹，根据发现提出有研究意义的问题。 阶段二（1课时）：收集学生关于秋天现象感兴趣的实际问题。
	一叶知秋 （2课时）	驱动型 问题	秋天一到，树叶为什么会变黄并飘落下来呢？
		实施 内容	阶段一（1课时）：观察落叶，提出驱动型问题；选择并确定获取信息的途径。 阶段二：班内分组，小组合作获取信息；小组代表上台发表讨论结果。
第2周 （5～8 课时）	硕果累累 （2课时）	驱动型 问题	秋天是收获的季节，你喜欢哪种水果呢？请跟随老师，让我们去果蔬基地寻找一下吧！
		实施 内容	阶段一（1课时）：进行安全教育并普及采摘知识；教师带领学生前往校内果蔬基地，采摘喜欢的果实。 阶段二（1课时）：学生根据所摘果实，向其他学生讲解与果蔬相关的科学知识；学生相互分享、体会收获乐趣。
	田野之行 （2课时）	驱动型 问题	你们知道棉被是用什么制作出来的吗？让我们就去找找它们吧！
		实施 内容	阶段一（1课时）：进行安全教育并讲解农作物相关知识；教师带领学生走进校园周边的田野，寻找秋天的农作物。 阶段二（1课时）：举办农作物展示会。

表8-2 "悟一悟，悟秋之韵"单元实施框架

周次	内容	实施要求	
第 3 周（9～11课时）	秋天的故事我会讲（3课时）	驱动型问题	（播放秋天动画故事）听完如此精彩的故事，你想不想学着讲一讲秋天的故事？
		实施内容	我校各学段1～6年级分级阅读： 阶段一（2课时）：第1课时，秋天故事动画导入，分学段创造性地描述图片故事；第2课时，展示环节，分学段学讲故事。（参考推荐书目） 阶段二（1课时）：创编秋天童话故事，举办秋季故事会。
第 3 周（12～14课时）	秋天的成语我会说（3课时）	驱动型问题	如何传承中国成语文化？灵活并熟练运用成语，掌握成语的含义，学会用成语表达，渲染秋季之美，感受古人智慧。
		实施内容	阶段一（1课时）：搜集材料，选择秋季主题成语故事制作手抄报。 阶段二（1课时）：组织秋季主题成语游戏。 阶段三（1课时）：成果展示，赛积累、赛演讲。
第 4 周（15～17课时）	秋天的古诗我会背（3课时）	驱动型问题	秋天的诗意在哪里？
		实施内容	阶段一（2课时）：第1课时，背诵古诗并创编表演；第2课时，随机抽选小组，组织对抗赛，晋级赛随机选择其中三首，以不同形式展现古诗交流会。 阶段二（1课时）：个人古诗争霸赛，抽签背诵展示。
第 5 周（18～20课时）	诗朗诵——秋之声（3课时）	驱动型问题	秋天是美丽的，想不想跟随老师来歌颂秋天呢？
		实施内容	阶段一（2课时）：第1课时，建立诗朗诵初印象，了解朗诵要点（语气强弱、情感表达、动作要领）；第2课时，自行选择一首进行班级诗朗诵展示。 阶段二（1课时）：班内评选，推选三人参加校级诗朗诵比赛。

周次	内容	实施要求	
第 6 周（21～24课时）	国庆主题系列活动（4课时）	驱动型问题	如何用现代诗歌表达对祖国的热爱之情？
		实施内容	完成此任务时正值国庆佳节，让学生围绕国庆主题，分学段展开实施。（每学段各4课时）一年级学生独立完成《名字叫中国》手势舞；二年级学生完成五星红旗制作，感恩祖国；三年级学生朗诵并仿写现代诗。

表8-3　"做一做，享秋之乐"单元实施框架

周次	内容	实施要求	
第 7 周（25～28课时）	谷物贴画（4课时）	驱动型问题	民以食为天，我们的谷物不仅可以吃，还可以作画，让我们发挥想象力，用谷物制作一幅美丽的画吧！
		实施内容	阶段一（3课时）：第1课时，由《悯农》古诗引入，了解秋天谷物，体会粮食的来之不易，进行品德教育；第2课时，出示教师示范作品，讲解谷物贴画要点；第3课时，自行选择、自由组合所需谷物，选择合适主题开始创作。阶段二（1课时）：举办手工作品展示会。
第 8 周（29～31课时）	树叶贴画（3课时）	驱动型问题	如何用落叶制作一幅秋景图？
		实施内容	准备：大小不同、形状各异、颜色丰富的树叶；树叶示范画3幅，树叶贴画作品若干幅。阶段一（2课时）：第1课时，PPT导入事物形象特征，讲解如何利用树叶描绘事物的特征；出示树叶贴画范作，逐步教授制作过程。学生分组选择一个主题，进行树叶创作并简述制作过程。第2课时，利用植物叶片的不同纹路与颜色，组合拼接图案，完成贴画制作贴于背景画纸上。阶段二（1课时）：评价总结，作品展示。

续表

周次	内容		实施要求
第8周（32~34课时）	黏土捏硕果（3课时）	驱动型问题	春华秋实，岁月静好，秋天洋溢着丰收的喜悦，让我们试着用黏土来做一幅丰收图吧！
		实施内容	准备材料：黑卡纸、黏土、黏土工具。 阶段一（2课时）：第1课时，教师讲解黏土使用方法，进行创作引导；学生组内确定主题，分工明确。 第2课时，捏硕果（将黏土团圆、搓长、压扁、黏合，捏出秋天的果实并凭借想象贴于黑卡纸上）。 阶段二（1课时）：作品展示，评价总结。
第9周（35~38课时）	小小面点师——月饼制作（4课时）	驱动型问题	中秋节，大家都吃到月饼了吗？你们想不想尝一尝自己做的月饼呢？
		实施内容	准备材料：烤箱、小毛刷、月饼压花模具、低筋面粉、食用油、白砂糖、蜂蜜、酵母、鸡蛋、学生选用的果蔬。 阶段一（2课时）：第1课时，了解月饼的由来、寓意等相关知识；第2课时，讲解、演示制作月饼馅和月饼皮过程。 阶段二（2课时）：第1课时，学生掌握月饼制作要领并分组制作，可自行烘焙创意小糕点；第2课时，介绍糕点寓意并分享品尝。 拓展作业：说说整个活动的感受，并形成文字材料。
第10周（39~42课时）	寄情秋之声（4课时）	驱动型问题	秋天到了，同学们想不想唱一支秋天的歌呢？让我们通过这首曲子来跟秋姑娘交个朋友吧！
		实施内容	阶段一（2课时）：第1课时，初听《秋天》建立初印象，选取10名成员依据重难点学习本曲；第2课时，使用轮唱及对唱形式学习本首歌曲。 阶段二（2课时）：第1课时，合唱成员合作完成本曲；第2课时，仿照其他歌曲，创作秋天的歌作为评价方式进行舞台展演。

课时说明：为充分保障综合实践活动课程实施进程，学校将"秋天之约"课程实践课时确定为一周4课时，具体为每周三、周五最后两节课。

五、评价活动与成绩评定

课程评价："过程""结果"兼顾，参与性与收获感相统一。

注意：依据具体任务选取并确定评价标准及分值，以下仅作为参考。

（一）过程评价

1. 评价标准（见表8-4）

表8-4　过程性评价标准

评价指标	评价等级			得分
	A（9~10分）	B（7~8分）	C（6分）	
参与程度：学生在"秋天之约"课程中的主动性和积极性。				
沟通能力：学生在小组合作和集体讨论中的表达能力、倾听能力和理解能力。				
创新思维：学生在"秋天之约"课程中的创新能力和思维方式。				
团队合作：学生在小组合作中的合作精神和团队意识。				
解决问题能力：学生在"秋天之约"课程中解决问题的能力。				
反思能力：学生对自己实践活动经验的反思和总结能力。				
等级				

2. 评价方式

通过以下四种方式进行评价。

观察记录：教师在活动过程中观察学生的表现，并记录学生参与程度、沟通能力、团队合作等方面的表现。

作品展示：将学生完成的课程作品进行展示，其他学生和教师进行评价和反馈。

口头报告：学生口头分享自己的实践经验和学习成果，让其他学生和教师进行提问和评价。

案例分析：选取部分案例，通过分析学生活动中的表现和反思，进行评价。

（二）成果评价

1. 成果展示

结果评价的目的是为了帮助学生发现自己的优点和不足，促进学生进一步提高和发展，完善"秋天之约"课程，同时也为之后综合实践活动积累宝贵经验。（见表8-5）

表8-5　结果评价标准

	评价项目	评价标准	选手得分
线下展示（60分）	作品内容（40分）	创意性：作品是否具有独特的创意和想法，并能展现学生的个性和创造力。 完整性：作品是否在内容上能够完整地呈现出学生所要表达的主题或目标。 技术运用：作品中是否运用了适当的技术和工具来表达自己的意图。 表现力：作品是否能够有效地传达学生的情感、观点或思想，并引起观众的共鸣。 美学价值：作品在审美上是否具有吸引力，包括色彩搭配、构图、形式等方面的表现。 整体质量：作品的整体质量，包括材料的选择与使用，制作的精细度和完成度等。 学习成果：作品是否能够体现学生在实践活动中所学到的知识、技能和思维方法。	
	个人表现力（20分）	语言表达：脱稿演讲，语言规范，口齿清晰，普通话标准、流畅。 表演技巧：表情自然、神态大方、情绪到位。 形象风度：衣着整洁、仪表大方、举止得体。	
线上评选（20分）	大众点击量（20分）	浏览量、点赞量、转发量。	
总结（20分）	活动总结感想（20分）	字迹工整，内容真实，真情流露；语句通顺流畅，有文采。	
合计得分			

评价方式：通过线上、线下混合式评价方式进行评价。线上评价方式的优点在于灵活性和方便性；线下评价方式的优点在于直观性和互动性，可以提供更具体、实践性的评价反馈。综合使用两种方式可以获得全面、多角度的课程评价结果，更好地了解学生的学习情况。

"赏一赏，感秋之美"评价方式：录制视频上传至学校官方"抖音""快手"平台，依据线上评价标准，评选出"科普小明星"。（线上）

"悟一悟，悟秋之韵"评价方式："故事小明星"根据教师指导意见，录制小视频发布至喜马拉雅、荔枝等App平台并转发朋友圈获取浏览量与点击量，设置小小朗读者。（线上）举行秋季故事会、班级诗词大会、朗诵比赛等活动。（线下）

"做一做，赏秋之乐"评价方式：子任务一、二、三、四评价方式。举行校级"享秋之乐，奇思妙想"成果汇报展示会；手工作品通过平面张贴、立体悬挂以及情境表演三种形式，进行展示；通过制作糕点，评选出"月饼小达人"。（线下）子任务五评价方式：通过录制"秋天的歌"小视频，依据线上评价标准，评选出一、二、三等奖。（线上）按照评价标准设立"小小歌唱家"，按照考核成果，设立奖项举行汇报展。（线下）

2. 作品集

将每个学生的任务过程性图片、作品成果、获奖证书等集结成册。

3. 举办艺术展

举办校级大型秋季主题沉浸式艺术展，对学生作品进行宣传和评价。

4. 期末述评

课程结束后，教师依据小学综合实践课程课标核心素养为每位学生进行个人"秋天之约"课程质量述评，旨在全面培养学生的思维能力、实践能力、合作能力和社会责任感，为学生的全面发展奠定基础。

"悟一悟，悟秋之韵" 单元教学方案　　　貳

本方案为"我和四季有个约会"课程中的第二单元"悟一悟，悟秋之韵"的教学方案，计划为16课时。

一、背景分析

本单元任务主题为"悟一悟，悟秋之韵"，下设五个子任务，分别为秋天的故事我会讲、秋天的成语我会说、秋天的古诗我会背、诗朗诵——秋之声以及国庆主题特别活动。本单元还结合国学课程，设置"秋天的故事我会讲""秋天的成语我会说""秋天的古诗我会颂""朗诵诗词秋之声""编写诗词秋之韵"等多个项目，组织各学段学生在课内外同时进行项目式学习。本单元主要以提高学生语言表达为目标，在总课程中以作品展示为最终评价形式，与其他单元层层递进，由浅入深，加深学生对于秋天特点的掌握。（见图8-1）

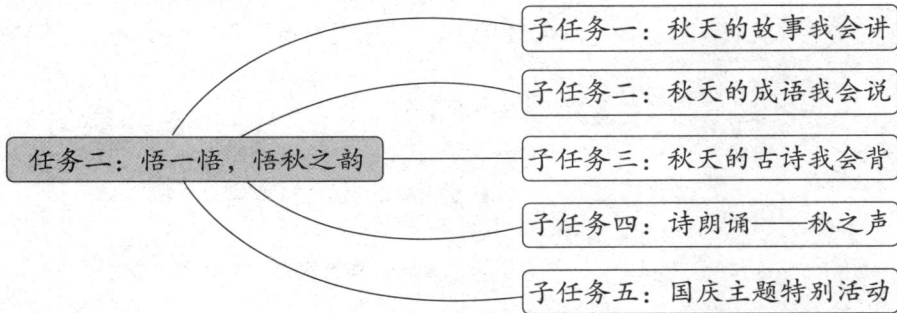

图8-1　"悟一悟，悟秋之韵"单元图示

二、单元目标

（1）通过真实的情景结合写作、诵读、表演等多种形式，感受古人眼中的秋季，品味秋天独特的韵味，提升学科素养。

（2）通过手势舞表演，发挥想象力，提高创作能力和肢体协调能力。

（3）通过体会中华文化的博大精深，吸收民族文化智慧，学习中华优秀传统美德，达到理解、欣赏美，从而创造美的情感。

三、评价设计

本单元子任务评价标准见表8-6、表8-7。

表8-6　子任务一评价标准

评价项目		评价标准	选手得分
线下展示（60分）	故事内容（20分）	主题鲜明，内容健康向上。 情节完整，入情入理，构思巧妙。 文辞优美，有较高的艺术渲染力。 内容为原创或改编，可酌情加分。	
	表现力（20分）	语言表达：脱稿演讲，语言规范，口齿清晰，普通话标准、流畅。 表演技巧：表情自然、神态大方、情绪到位。 形象风度：衣着整洁、仪表大方、举止得体。	
	时间要求（10分）	每位参赛选手讲故事的时间应控制在3～5分钟，不足2分钟或者超出6分钟的，酌情减分。	
	现场效果（10分）	现场反应和现场效果。	
线上评选（20分）	大众点击量（20分）	浏览量、点赞量、转发量。	
总结（20分）	活动总结感想（20分）	字迹工整，内容真实，真情流露。语句通顺流畅，有文采。	
合计得分			

表8-7　子任务二评价标准

评价项目	评价标准	选手得分
成语故事手抄报（50分）	内容：主题鲜明，内容积极向上且充实，版面体现成语故事文章，不符合要求扣分。 布局：设计合理，编排得当，版面整洁，构思巧妙。 文字：工整清晰，手抄报四周留有空白，不符合要求扣分。 刊头：适应成语手抄报主题思想，装饰图案、色彩与文章有区别，题目醒目，不符合酌情扣分。	
成语游戏表现力（30分）	思想性：内容充实具体，健康向上。 艺术性：积极参与，反应能力强，精神饱满，仪态自然，思路清晰，感染力打动听众。 普通话：口齿清晰，表达流畅，语言流利标准。 舞台形象：着装大方，台风端正。	
时间要求（10分）	不超过3分钟。	
现场效果（10分）	现场反应和现场效果。	
合计得分		

四、教与学活动设计

（一）教学准备

（1）搜集秋天的古诗、故事、成语等素材并且有条理地进行整理。

（2）教师制作相应课件进行项目前指导。

（二）教学过程

1. 项目导入，激发兴趣

（1）欣赏秋季大自然风采视频，引出驱动性问题。引导学生提出驱动性问题：如何举办一场大型秋季主题沉浸式艺术展？学生收集有关秋天的精美图片、歌曲，从而欣赏秋天之美；通过讲述秋天故事、古诗、朗诵等形式展现秋天之美。

（设计意图：第一环节感受秋天的美，第二环节留住秋天的美）

（2）交流：通过视频触发了你对秋季的哪些认识？通过小组合作、分享的形式进行探索和解答。学生进行成果展示，体验收获之美。

（3）小结：秋阳，铺满了小径，婆娑了树影。秋风，摇响了风铃，弹奏着云淡风轻。秋风送爽，雁字横秋。这个富有诗意的季节给我们带来了许多奥秘，让我们一起探索。

（设计意图：借助视频，触动学生对秋天的美好认识，如有趣的事、印象深刻的场景……鼓励学生想象与秋天相关的一切，感受秋天生活的美好）

2. 项目驱动，学习实践

发布"悟一悟，悟秋之韵"项目学习导引文件与评价量表并开始实施。

（1）秋天的故事我会讲（3课时）：依据我校各学段1～6年级分级阅读推荐书目展开学习。

阶段一（2课时）：第1课时，激发兴趣，由秋天的故事问题导入，让学生结合不同的故事动画分学段有创造性地描述图片中发生了什么故事。第2课时，展示环节，分学段学讲故事。学生通过读课外读物，学着讲述读物中喜欢的故事。（参考推荐书目）

阶段二（1课时）：创编秋天的童话故事，举办秋季故事会。

（2）秋天的成语我会说（3课时）。

阶段一（2课时）：第1课时，聚焦"阅读材料"搜集材料，选择以秋为主题的成语故事，制作手抄报；第2课时，玩"秋"主题成语游戏（成语接龙、成语开花）。

阶段二（1课时）：成果展示，赛积累、赛演讲。

（3）秋天的古诗我会背（3课时）。

阶段一（2课时）：第1课时，集体诵读5首古诗并创编表演形式；第2课时，随机抽测，以4人为单位组成小组参加对抗赛，晋级赛随机选择其中3首，以不同形式展现古诗交流会。

阶段二（1课时）：个人古诗争霸赛——"秋"主题古诗背诵，比比谁会的古诗多，当场抽签背诵展示。

（4）诗朗诵——秋之声（3课时）。

朗诵关于秋天的诗词名篇，形式可多样，可以是独诵、双人朗诵、小组朗诵或集体朗诵，可适当配音乐和表演，形式尽量多样化，但要突出朗诵，倡导脱稿朗诵。

阶段一（2课时）：第1课时，播放"齐越节"优秀作品，建立诗朗诵初印象，了解朗诵要点（语气强弱、情感表达、动作要领）；第2课时，根据诗歌朗诵要点自行从10首"秋"主题诗歌中，选择1首进行班级诗朗诵展示。

阶段二（1课时）：班内评选，推选三人参加校级诗朗诵比赛。

（5）国庆主题特别活动。（见图8-2）

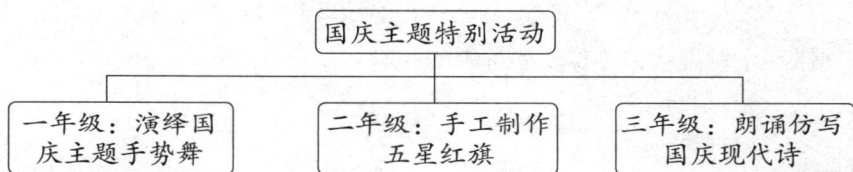

图8-2　国庆主题特别活动主题框架

此任务正值国庆佳节，围绕国庆主题，分学段展开实施，以一年级学段为例展开说明。（每学段各4课时）

一年级学生独立完成《名字叫中国》手势舞。

阶段一（1课时）：统计对手势舞感兴趣的学生，选取10人参与手势舞的学习。

阶段二（2课时）：第1课时，介绍舞蹈的含义以及想要表达的情绪；第2课时，利用社团时间组织学生观看教学视频并学习，教师根据舞蹈内容进行指导。

阶段三（1课时）：多元评价，成果展演。

3.成果展示，反思总结

（1）举行秋季故事会、班级诗词大会、朗诵比赛等活动。

（2）收集完整资料装订成册，形成作品集，为秋季主题沉浸式艺术展提供素材。

（3）进行网络宣传并撰写活动总结。

叁 "国庆主题特别活动"课时教学方案

本方案为"悟一悟，悟秋之韵"单元第13～16课时国庆主题特别活动——国庆主题现代诗（课时名称）的教学方案。

一、课时目标

（1）了解国庆节相关知识，牢记祖国历史，增进爱国情怀，培育爱国主义精神。

（2）树立正确的世界观、人生观、价值观，深入理解社会主义核心价值观，提高辨别是非的能力。

（3）通过仿写诗歌，提高观察、创造以及语言表达能力，丰富校园生活，提升语言文字表达能力，锻炼、提升朗诵技能，培养集体荣誉观念。

（4）通过制作作品、表演手势舞等形式，提升审美意识，提高实践、创造能力，增强活动趣味性，感受红色基因的精神力量。

二、评价设计

1. 过程评价

（1）评价方式。朗诵《祖国啊，我亲爱的祖国》，评选"校园好声音"优胜组，并颁发奖状。（线下）

（2）评价标准。

仪态风度（20分）：举止端庄、精神饱满、礼貌大方。

团队精神（20分）：小组团结、分工明确、参与积极。

语言表达（20分）：语言流畅、抑扬顿挫、吐字清晰。

个人情感（20分）：融入自身情感，感情丰沛自然，内容与情感相符。

创新表达（20分）：配合身体动作和面部表情，创新朗诵形式。

2. 结果评价

（1）评价方式。录制短视频，并上传至学校公众号。（线上）其一，组织国庆主题成果展；其二，仿写诗歌，依据评价标准评选"卓越小诗人"并颁发奖状。（线下）

（2）评价标准。

结构完整，条理清晰；（30分）

中心明确，内容协调一致，前后呼应；（30分）

内容句式统一，修辞相同；（20分）

主题新颖，具有创新性。（20分）

三、教与学活动设计

（一）视频导入，激发兴趣

秋天里有一个举国欢庆的节日，同学们知道是哪个吗？那我们要不要用自己的方式来表达一下对祖国的热爱之情？舞蹈是心灵的舞动，是力与美的真实展现，同学们，你们愿意用舞蹈来表示对祖国以及对秋天的祝福吗？

（二）了解历史，传承文明

（1）了解爱国主义是一个民族长期沉淀下来的对于自己祖国的深厚感情，是一种崇高的民族精神。为进一步加强爱国主义教育，大力弘扬爱国主义精神，增强爱国意识，学校引导学生树立爱国之志，践行爱国主义精神。

（2）了解中国站起来、富起来、强起来的历史进程，体会现代生活的来之不易。

（三）沉浸朗读，整体感知

阶段一：

教师播放《开国大典》节选（1949年10月1日毛泽东宣布中华人民共和国中央人民政府成立了），引出驱动性问题：秋天里有一个举国欢庆的节日，同学们知道是哪个吗？那我们要不要用自己的方式来表达一下对祖国的热爱之情？编写现代诗歌可抒发对于祖国的感情，舞蹈是心灵的舞动，是力与美的真实展现，同学们，你们愿意用诗歌、舞蹈来表示对祖国的祝福吗？本堂课就以"国庆"为主题，开展的一场班级现代诗词大会。

没有了诗歌，就等于没有了我们中华民族文明的珍贵记忆；冷落了诗歌，就等于冷落了一个民族鲜活的热忱和激荡的血液；剥夺了诗歌，就等于剥夺了我们民族走入一个新的文明进程的权利。本堂课让我们一起来学习艾青的《祖国啊，我亲爱的祖国》。

阶段二：

根据教师提出的有关现代诗的问题，学生分享课下所查找的知识。问题包括：什么是现代诗，现代诗的特点有哪些，现代诗的流派有哪些，现代诗的代表作品有哪些等。

学生研读《祖国啊，我亲爱的祖国》，并深入分析。

教师对学生朗读的《祖国啊，我亲爱的祖国》进行指导。

阶段三：

举办校园朗诵节，分组汇报展示。小组代表上台进行诗词朗诵（一人或多人）；学生小组互评，小组给除自己组之外的其他组打分；按照一、二、三等奖评选出校园好声音。

（四）创新拓展，根植情怀

（1）搜集其他国庆主题的现代诗歌，自行体会其情感。

（2）搜集相关国庆主题的歌伴舞进行学习，完成汇报展演。

（五）课时总结，教学反思

学生盘点本课时收获，举办班级国庆主题艺术展。教师做课堂总结并激发学生的爱国情怀，让学生萌生为祖国繁荣富强而努力奋斗的理想信念。

（六）布置作业，巩固练习

（1）自行完成国庆主题手抄报，通过线下评价推优5份张贴于校园宣传栏进行宣传。

（2）学生仿照国庆主题的现代诗歌，用一个或多个意象，写一节或多节小诗，抒发真切的爱国感情。

（3）完成一项国庆主题手工作品。（衍纸画、布贴画、太空泥等形式不限）

9

小脚丫，大梦想

编者点评

　　"小脚丫，大梦想"定位于研学课程，但整合了自然科学、人文历史资源等课程内容进行了跨学科设计，安排了研学旅行、访谈调研、动手实践和角色体验等多种活动形式，开发了适合于不同学段的"畅游校园""了解家乡""行走齐鲁"三个逐步进阶的课程模块。

　　课程的开发与学校"润德养正，日新致远"的办学理念相一致，能够较好地支撑学校"小葵花"课程体系中的"向新"模块。课程目标与"向新——学会创造"总体一致，内容安排体现了明显的地方特色，学生活动设计体现了"研学课程"的特色，形式丰富且适合学生发展特点，能够较好地支撑学生核心素养的发展。评价目标与课程目标总体匹配，形成了较为具体的评价指标，评价方法的选择体现了目标的要求。特别值得推介的是"课程简介"的呈现。课程纲要中"课程简介"的一个重要功能是让学生了解本课程的基本方向。在小学阶段，用适合于小学生的语言来介绍课程，是一个好的选择。

"小脚丫，大梦想"课程纲要

设计单位：邹平市开元小学

设计者：崔海霞、牛晓华、李秀花、韩鑫悦、李鑫

适用年级：一至六年级

计划课时：64课时

一、课程简介

小小脚丫，踏遍校园，走进家乡，走向齐鲁大地，走向更远方；

小小脚丫，丈量家乡的土地，感受家乡的一山一水、一草一木，探秘齐鲁大地；

小小脚丫，乘着风，迎着光，追逐梦想……

"小脚丫，大梦想"带你去亲身感受家乡的自然风光，了解家乡的发展变化；探寻家乡的历史文化、风土人情，感受家乡的文化底蕴；缅怀家乡的革命先烈，培植爱家乡、爱祖国的强国之梦。

二、背景分析

1. 基于国家课程规划和推进课程改革的需要

2016年12月，教育部等11个部门发布了《关于推进中小学研学旅行的意见》，希望强化研学旅行以培养"全面发展的人"，真正开展好"走出围墙的教育"。近年省、市各级也相继下发关于学校研学课程的各类方案和评选活动通知。各类文件为课程研发和实施提供了制度和方向引领。

2. 学校办学思想与学校课程顶层设计的体现

学校在"润德养正，日新致远"的办学理念下，构建了"小葵花"课程

体系，课程包含：润德、启智、健体、尚美、向新五个课程模块，分别对应学会做人、学会学习、学会健体、学会审美、学会创造。本课程是"向新"课程群中的综合类课程，是学校自主开发的研学课程。课程实施将有效推动学校课程的特色化发展，提升学校课程品位。

3. 基于学生素养发展和课程的需求而开设

课程着眼于学生核心素养的发展，遵循学生身心发展的教育规律，整合了研学、传统文化、信息技术、劳动教育等多门课程内容，以培养学生爱校园、爱家乡、爱祖国的家国情怀和综合实践能力为核心。学生通过搜集资料、制订方案、实践体验、成果展示、反思改进等学习过程，由阅读教材之书到博览社会之象，由接受应用知识到主动探索未知世界，全面提升综合素养，实现课程的综合育人价值。

4. 基于研学资源和师资的可行性分析

课程立足于邹平市国家级森林公园鹤伴山和省内的孙子兵法城、科技博物馆、历史博物馆等研学基地，充分挖掘乡土自然风景、历史文化、"非遗"文化等课程资源，组织学校骨干教师进行实地考察、走访，精心设计编写课程。

三、课程目标

研学旅行课程的总目标是让学生通过亲近和探究自然，接触和融入社会，关注和反省自我，体验和感受集体生活，从而养成价值认同、实践内化、身心健康、责任担当等意识与能力。

1. 价值认同

感受乡土山河之美，感知乡土文化中的优良传统，了解当地的革命史迹，了解家乡历史和发展与祖国的关系；知道并初步践行社会主义核心价值观，初步培养家国意识。

2. 实践内化

在校外真实情境中，对于给定的简单问题，初步学会收集、处理信息，初步掌握研究问题、使用检索工具的简单方法；学会融入集体生活、集体研学，能够初步提炼实践经验，整理、总结和展示研学成果，并从中获得乐趣体验；初步形成动脑探索、动手实践，以及与人合作、师生互动的习惯。

3. 身心健康

亲近自然，体验文明，放松身心。初步学会体验生态之美，初步树立中华民族文化自信心；初步养成尊重生命、热爱生活的态度和审美情趣；塑造在集体生活中敢于面对困难，克服困难的精神，初步形成安全意识，增强自我保护能力。

4. 责任担当

置身大自然、社会和集体生活，初步了解乡情、乡史及其所反映的家国关系，产生较强的爱乡、爱国情感，培养努力学习建设家乡、报效祖国的初步责任感和荣誉感；形成热爱集体、互爱互助、从小事做起、表现自我价值的初步意识和能力。

四、学习主题与活动安排

（一）课程主题

立足培育"志远、乐学、体健、尚美、向新的开元少年"的学校育人总目标，遵循学生学习成长的基本规律，参照"山东中小学生研学实践教育基地"名录，学校精心研究齐鲁大地的自然科学和人文历史资源，设计了"畅游校园""走进家乡""行走齐鲁"三版块的课程内容。每个版块的内容和目标针对学生的年龄特点，梯次提升，引导学生持续进阶发展。（见图9-1）

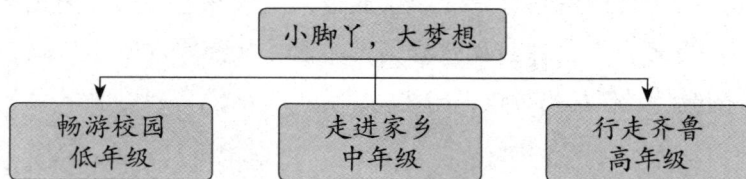

图9-1　"小脚丫，大梦想"课程主题框架

1. 畅游校园

基于1～2年级孩子年龄小，组织集体外出研学难度大的客观学情，我们设计了"畅游校园"版块。我们充分挖掘学校文化展厅、艺术长廊、红色长廊、图书室等教育资源，与学校养成教育相融合，让学生徜徉校园，在感受校园文化之美的同时，培养良好的习惯。

2. 走进家乡

中年级课程充分借助邹平市本地丰富的自然和人文景观，让学生品味家乡之美，传承乡土优秀文化。例如结合美丽的黛溪湖、鹤伴山、范公祠、烈士陵园、大马峪、魏棉纺织车间等富有乡土特色的研学资源设计了绿色自然、红色革命、人文历史以及科技探索等主题的研学课程。

3.行走齐鲁

带学生走出家乡，走进齐鲁大地，感悟丰厚深远的齐鲁文化，是"小脚丫"高年级研学课程的主要内容。如游曲阜、入孔庙，走近儒家文化；参与礼拜先师、韦编三绝、儒学之光等体验学习活动；带领学生走大学之道，听圣人之教，诵儒学名篇。

整个项目课程的设计以活动的方式呈现，层次清晰，梯次提升。课程以研学旅行课程为主，融合了劳动教育、传统文化、道德与法治、信息技术、美术等多个学科的内容，较好地突显了综合实践活动课程的特点。

（二）课程活动安排（见表9-1）

表9-1 "小脚丫，大梦想"低年级课程活动安排

名称	年级	单元主题	具体内容	课时	实施建议
小脚丫踏校园	一年级	看一看校园的楼	认识学校各楼的名称、位置，了解各楼的功能及楼名的含义	2	师生共同设计研学路线；引领学生按照路线走过学校的主要道路，认识教学楼的位置、名称及含义和各楼的功能
		画一画我的校园	绘制"我心中的开元"主题儿童画作品	1	回顾校园景色、布局，画画眼中的校园；选择喜欢的景点绘制儿童画
		争做开元好儿郎	诵读小学生课堂学习、路队、就餐、上下楼等文明礼仪歌谣	2	教师搜集并筛选相关儿歌、童谣，通过诵读、讲解，学生理解其含义并落实到行动中，从入学起就培养良好的行为习惯
		校园歌声嘹亮	学唱国歌、校歌、班歌，组织年级赛歌会	2	唱响国歌，了解歌曲内容及创作过程，激发学生的爱国情感；唱红校歌，了解校史和学校的培养目标，激发热爱学校的情感；唱亮班歌，增强班级凝聚力

续表

名称	年级	单元主题	具体内容	课时	实施建议
小脚丫踏校园	二年级	开元精神在心中	了解学校校徽、校训、学风等精神文化，培养爱校之情	2	初步了解"开元精神"的内涵，将"开元精神"落实到行动中，对其行为起到规范和引导作用
		校园处处是风景	参观学校文化长廊、艺术长廊、红色长廊等景观，感受校园之美	2	参观学校文化长廊、艺术长廊、红色长廊等景观；感受校园景色之美，感悟学校文化内涵，培养爱校之情
		参观学校图书室	了解图书室借阅方法、阅览室读书的要求，培养学生热爱阅读、热爱校园的感情	2	感受图书室的氛围，了解有关图书室的知识；学会借阅图书，了解阅览室借阅管理制度；学会爱护图书，热爱阅读
		我是开元小导游	根据研学内容和搜集的资料，以"做小导游"的形式给大家讲解美丽的校园	2	根据前面的学习，小组选择自己感受最深的一个或几个内容初步搜集、整理资料；组织开元小导游活动
小脚丫走家乡	三年级	游美丽黛溪河	看沿河风景；听风、听河岸的声音；摸一摸河边的大石头；闻一闻花香，感受自然之美	4	学会用"五感"感受自然，初步掌握学习记录的方法；指导完成研学日记
		参观魏棉纺织车间	聆听魏棉集团发展史；参观车间，感受工人的辛苦和现代工业技术的发展；在专业人员陪同下进行简单的机器操作	4	科学设计研学路线，在专业人员的陪同下操作；小组分工合作完成一份研学小报
		追寻范公足迹	搜集范仲淹资料；瞻仰范公祠，听讲解员讲范仲淹的生平及故事；诵读范仲淹名篇《岳阳楼记》	4	学习制订简单的研学计划，在实践体验与诗文诵读中，感受范仲淹"先忧后乐"的精神

名称	年级	单元主题	具体内容	课时	实施建议
小脚丫走家乡	三年级	学烈火英雄	了解烈火英雄——张成朋的生平事迹，培养爱国之情	4	教师讲解张成朋的英勇事迹，班级组织英雄故事会
	四年级	大美鹤伴山	感受森林公园的自然风光，学习森林文化知识，参与"小护林员"活动，感悟人与自然的和谐共生	4	学习制作小组研学计划，学习多种方法记录研学感受、收获，开展一次校园"森林文化"宣传活动
		小小志愿者	开展社区环卫工作：清理树叶、广告、生活垃圾；体会志愿服务的快乐，感受环卫工人的辛苦	4	培养保护环境、为他人服务的意识；小组制作一份保护环境的海报
		拥抱"母亲河"	走进齐东古城遗址黄河文化园，赏壮美黄河，寻黄河文化，讲黄河故事	4	初步学会用手机、电脑搜集黄河资料；针对感兴趣的问题，小组完成一份保护"母亲河"主题研学成果
		烈士陵园扫墓	在教师陪同下到烈士陵园扫墓，培养爱国之情	4	继续学习用手机、电脑等工具搜集邹平英雄资料；参与为英雄献花活动，感受英雄精神；开展班级"缅怀英烈"演讲
小脚丫游山东	五年级	仰望星空探索未来	通过网络搜集山东科技馆和博物馆的知识；以小组为单位进行分享交流；制订小组研学计划单	1	课前利用网络了解科技馆和博物馆，制订小组研学计划单
			走进省科技馆，探索科学的奥妙，感受科技的神奇和魅力。参与感兴趣的科学体验活动，并记录收获和感悟	0.5天	亲身体验，感受科技，激发探索兴趣

续表

名称	年级	单元主题	具体内容	课时	实施建议
小脚丫游山东	五年级	仰望星空探索未来	走进山东博物馆，参观历史文化展、明代鲁王展、非洲野生动物大迁徙展、考古成果展、山东名人展等	0.5天	了解山东历史及名人故事，感受大美山东之文化底蕴
			小组根据研学主题，分类整理资料，总结研学收获，完成研学报告；完成一份研学创意作业，开展成果展示分享活动	1	总结研学收获，例如同学间的互助合作、实践体验中的发现与思考
	六年级	瞻拜至圣先师礼敬传统文化	搜集孔子相关资料，诵读《论语》名篇；学习研学手册，了解研学路程、内容、注意事项等；小组制订研学方案	1	了解孔子的相关资料，并通过小组合作制订出研学方案
			礼拜先师：行拜师之礼，感尊师之道；听《韦编三绝》，学书籍的发展历史，体验竹简制作的传统技艺；走大学之道，听圣人之教，诵儒学名篇	1天	参加"拜师礼"体验活动，懂得心存感恩；了解书籍发展历史，亲手编制竹简，做文化传承人；诵读儒家名篇，传承优秀传统文化
			根据研学目标，总结研学收获，完成小组研学报告；组织研学成果展示分享活动	1	总结收获，进一步修改完善研学报告

（三）课程实施

1. 纳入学校教育教学计划，统筹规划实施

学校将课程实施纳入学校教育教学计划，成立研学旅行课程专项小组，由校长任组长，教导处、德育处、安全办协助共同完成课程实施。

2. 规范实施过程管理

学校探索制订小学生研学旅行工作规程，做到"活动有方案，行前有备案，应急有预案"。学校制订科学有效的小学生研学旅行安全保障方案，探索建立行之有效的安全责任落实、事故处理、责任界定及纠纷处理机制，实施分级备案制度，做到层层落实，责任到人。

3. 建设课程实施团队

学校成立课程实施小组，对本课程给予高度重视。课程由学校课程中心直接负责，课程组由语文、传统文化及4名优秀班主任等6位教师组成。另外项目组还聘请研学基地教师为外聘指导员，为课程的专业性实施提供指导与保障。

4. 探索"三段式"教学模式

根据课程实施特点，课程组积极探索有效的教学方法，实施"三段式"教学模式。教学中以任务为驱动，通过学前导学、行中研学、学后展学的"三段式"学习方式，充分激发学生主体参与的积极性和主动性，让学生在研学之前对探究内容做到提前探究学习，在实践体验之中收获更多，在探究之后总结展示，学得更好。（见图9-2）

图9-2 "小脚丫，大梦想"三段式教学模式

5. 精心研制研学手册

课程组根据学情和每个单元的研学内容，精心编制研学手册。研学手册与教学过程相统一，也分为：学前导学、行中研学、学后展学三个版块，是学生研学的重要学习支架和课程实施的主要载体。

学前导学主要包括：单元研学方案、注意事项、课程资料袋等，指导学生明确研学内容和目标，搜集和阅读相关知识，牢记研学注意事项，为研学实践活动做好学习准备。

行中研学主要包括：探究记录、活动体验、难忘瞬间等栏目，引导学生在实践中认真聆听、仔细观察，用文字或图片记录研学过程。

学后展学包括：研学展台、评价反思等栏目，引导学生完成个性化成果展示和研学评价。

五、评价活动与成绩评定

学校针对"小脚丫，大梦想"研学课程体系，开发"小脚丫"研学印章评价体系，以"小脚丫"印章来激励学生主动参与研学活动。我们针对学前导学、行中研学、学后展学三个学习过程进行评价，科学设计评价指标，积极引导教师、研学指导员、家长、学生参与评价，以此激励学生主动参与课程学习，实现研、学、评一体化的多元评价，促进学生综合能力的发展。（见表9-2）

表9-2 "小脚丫，大梦想"学习评价指标

评价指标		评价内容	优秀	良好	合格	待合格
一级指标	二级指标					
学前导学	资料搜集	合理利用工具进行学前资料搜集与整理				
	知识学习	根据单元研学内容进行针对性预习或知识学习				
	行资准备	根据研学需要有计划地分类整理准备所需物品				

178

续表

评价指标		评价内容	优秀	良好	合格	待合格
一级指标	二级指标					
行中研学	文明守时	文明研学，遵守纪律，有时间观念和环保意识				
	遵规守序	遵纪守法，安静有序，有安全意识				
	观察记录	认真观察、收集整理、记录有效数据				
	体验实践	积极参与实践活动，根据要求完成活动任务				
	团结合作	关心他人，与同学友好相处，有团队意识				
学后展学	成果质量	成果完整、规范，形式内容有创意或特色				
	表达分享	表达语言流畅、思路清晰、形式新颖有创意				
	学习参与	积极参与展示活动，并认真完成任务				
	团队合作	团结协作完成作品展示，有团队意识				

每次研学前，教师通过研学手册引导学生进行预习，教师针对学生资料搜集、知识学习、行资准备、研学规划等方面任务的完成情况进行评价。

研学过程中，教师、课程基地指导员、研学小组长根据研学过程的研学纪律、观察记录、实践参与、团队合作等方面的过程性表现进行评价。

研学之后，小组进行成果展示，针对成果质量、学习参与度、团队合作等方面，采用教师评价、学生互评、家长评价的方式对各小组和成员进行成果性评价。

最后通过学生自评、同伴互评、教师评价等方式对每个学生给予总体评价，最终形成学期综合评价，纳入学生学业报告单。

在整个研学过程中，指导员、教师会根据学生的学习情况对表现优秀的学生分发"小脚丫"研学印章。每学年研学课程结束后，印章枚数达到10枚以上的学生可以获得"梦想少年"称号，并颁发荣誉证书。

贰 "瞻拜至圣先师，礼敬传统文化"单元教学方案

本方案为"小脚丫，大梦想"课程中的第6单元"小脚丫，游山东"的教学方案，计划为8课时。

一、背景分析

本单元是高学段"行走齐鲁"版块中的"瞻拜至圣先师，礼敬传统文化"部分。

研学资源背景：曲阜是首批国家级研学基地，孔子的儒家文化是齐鲁大地的根，两千多年来一直激励着仁人志士为之奋斗。这里有五千年的文明，留下了炎黄足迹，流淌着先贤的人生智慧……本单元充分利用家乡研学资源，引导学生一起追逐圣人的足迹，走近孔子、走近历史，接受中华优秀传统文化的洗礼。

学生发展需要：本单元的实施对象是六年级的学生，他们经历了五年的研学实践体验，已经养成了较好的研学习惯，学会了基本的资料搜集、整理的方法，也具有一定的动手实践、创意表达能力。然而方案设计、合作探究以及成果展示的相关能力还需要进一步在学习实践中提高。此次曲阜研学旅行活动，旨在让学生在感受儒家文化博大精深的同时，指导学生科学制订研学方案，针对感兴趣的问题进行合作探究，团结协作完成研学成果展示，以此培养学生综合学习能力。

二、单元目标

价值认同：通过参加"拜师礼"体验活动，懂得心存感恩，理解父母的

养育之恩，学会尊师重道，铭记礼仪，培养端方品行；通过亲手编制竹简，了解书籍发展历史，学习孔子刻苦学习的精神；通过参观尼山圣境，走大学之道，诵儒学名篇，学习儒家文化，感受中华文化的博大精深、源远流长。

实践内化：在研学实践参与中，养成良好的守时、遵纪、自治等自我管理习惯品质；在学习体验中学会搜集、整理资料，合作探究，初步提炼实践经验，整理、总结和展示研学成果，提升综合学习能力。

身心健康：进一步体验经典文化之美，初步树立中华民族文化自信心；形成安全意识和自我保护能力。

责任担当：感受儒家文化的精深，初步培养热爱家乡、传承经典文化的责任感，形成热爱集体、互爱互助、从小事做起表现自我价值的初步意识和能力。

三、评价设计

学校针对"小脚丫，大梦想"研学课程体系，开发"小脚丫"印章评价体系，以研学印章来激励学生主动参与研学活动，根据学生学前导学、行中研学和学后展学的表现和成果进行评价，以此引导和激励学生研有所获，研有优学。

在研学评价中，我们倡导"全员、全方位、全过程"参与，根据研学的内容，可在研学前、车程中、研学基地等全程时空中开展。带队老师、研学指导员可根据学生研学过程中的表现和活动参与情况分发印章。（见表9-3）

表9-3　"瞻拜至圣先师，礼敬传统文化"单元评价指标

评价指标		评价内容	自我评价	小组互评	教师评价	家长评价
一级指标	二级指标					
学前预学	资料搜集	熟练利用手机、电脑搜集资料，筛选自己感兴趣的内容记录到研学手册中				
	知识学习	诵读《论语》十则，了解孔子的儒家思想				
	行资准备	根据研学需要，有计划地分类整理准备所需物品				
行中研学	文明守时	自觉遵守研学纪律和文明公约，有较强的时间观念和环保意识				
	遵规守序	学习中自觉保持安静有序，就餐时能根据分组自主就餐，并做到不抢菜、不挑食、不剩饭				
	观察记录	认真听讲，仔细观察；能筛选与本组研学方案相关的信息或资料，并用文字或图片、视频等方式做好简要记录				
	体验实践	积极参与拜师礼、竹简书制作、经典诵读等学习活动，认真完成每项活动的任务				
	团结合作	主动关心他人，与同学友好相处，有较强的团队意识				
研后展学	成果质量	能根据研学内容选择适合的展示形式；成果格式规范、内容丰富、条理分明				
	表达分享	展示中表达流畅、思路清晰，能运用手势、多媒体等形式辅助表达				
	学习参与	能积极参与展示活动，主动承担并认真完成任务				
	团队合作	能在小组长的组织下合理分工，团结协作完成展示				

四、教与学活动设计

本单元共8课时，主要有学前准备1课时，研学体验6课时，研后成果分享1课时。具体学习活动设计见表9-4。

表9-4 "瞻拜至圣先师，礼敬传统文化"单元教学活动设计

内容	课时	教与学活动设计	核心素养
学前预学	1	导入激趣：欣赏研学基地视频资料，激发研学兴趣，引出单元主题，探究交流。 1. 引导学生学习研学手册，明确研学路程、内容、评价要求。 2. 结合以前的研学经历，分组讨论确定本组学习计划，并完成研学手册中小组研学计划栏目。 预学分享： 1. 分组展示课前搜集的关于孔子的生平资料、故事、经典语录等，完善研学手册中"资料袋"栏目。 2. 齐诵《论语》六则。	学会学习 勇于探究
行中研学	6	研学途中： 1. 在学校广场按时集合，小组长清点人数，互相检查物品，有序乘车。 2. 在车上组织"我来讲《论语》活动"，小组推选代表讲述《论语》名篇，感受儒家经典文化和思想。 3. 返回途中安静休息或欣赏沿途风景。 实践体验： 1. 穿越时空，礼拜先师。师生着汉服齐聚至圣文化书院，穿越时空感受体验3000年前庄严而又隆重的拜师礼仪。咸和之乐响起，全体人员庄严肃立，向大成至圣先师孔子行三拜礼。"天不生仲尼，万古如长夜。"孔夫子教导我们要成为君子，要成为一个坦坦荡荡、顶天立地的人。用心体验敬献束脩、揖拜孔子、送子入泮、聆听师训、献花奉茶、齐诵经典、击鼓明志等环节的拜师礼，感受尊师重教的中华美德。向全体教师行三拜礼，感谢每位教师含辛茹苦的付出。	实践体验 人文底蕴 乐学善思

续表

内容	课时	教与学活动设计	核心素养
行中研学	6	2. 我是"非遗"小传人。作为中国传统书籍设计的典范，线装书深刻影响着中国书籍装帧的发展历史，更是中国的非物质文化遗产。活动中，学生通过聆听《韦编三绝》的经典故事，了解书籍发展的悠悠历史；通过亲手实践制作一本竹简书，感受中国的传统技艺和中华文字载体的悠久历史与文化传承。 3. 踏大学之道，感齐鲁文化。学生沿迎宾大厅、台阶大厅到七十二贤廊，欣赏孔子七十二个徒弟的雕塑，领略七十二贤的智慧。在台阶大厅欣赏大学之道表演。"大学之道在明明德，在亲民，在止于至善……物有本末，事有终始，知所先后，则近道矣。"在行走中，学生感受"儒学"中优秀的传统文化，感悟齐鲁大地光明正大的为人之德。	实践体验 人文底蕴 乐学善思
研后展学	1	展示分享： 1. 小组根据自己的研学主题，分类整理资料，总结研学收获，完成小组研学报告。 2. 针对研学中自己最感兴趣的内容，完成研学创意作业。 3. 年级组织研学成果展示分享活动。	勤于反思 创意表达

"我是'非遗'小传人"课时教学方案 叁

本方案为"瞻拜至圣先师，礼敬传统文化"单元第3课时"我是'非遗'小传人"的教学方案。

一、课时目标

（1）了解书籍的发展历史，感受孔子勤奋学习的美好品德；

（2）学习竹简书的制作技艺，培养对家乡传统技艺和优秀文化的热爱之情；

（3）在体验实践中培养遵纪有序、认真聆听、坚持不懈等良好学习品质。

二、评价设计

本课时的主要学习方式是体验实践，所以评价主要针对学生参与活动情况进行设计，具体评价设计见表9-5。

表9-5 "我是'非遗'小传人"课时评价表

评价指标	评价内容	自我评价	小组评价	教师评价
活动参与	积极参与活动，能根据教师或指导员要求完成实践过程			
活动秩序	活动中遵守秩序，举止文明，爱护文物和工具物品			
安全意识	注意用针、剪刀等工具的操作安全			
活动效果	学会制作竹简书的步骤方法，能在规定时间内根据要求完成竹简书籍的制作			

三、教与学活动设计

（一）活动激趣

竹简是我国历史上使用时间最长的书籍形式，对中国文化的传播起到了至关重要的作用，也正是它的出现，才得以形成百家争鸣的文化盛况，同时也使孔子、老子等名家名流的思想和文化能流传至今。

接下来，我们将亲身体验拜师礼，亲自动手编制属于自己的竹简，争做"非遗"文化小传人。

（二）活动实践

活动一：听书简，感中华文明。

视频播放：中国书籍发展资料，小组交流学习感受，了解中国书籍发展的悠久历史。

春秋时期的书，主要是在竹简上写字，多则几十个字，少则八九个字。一部书要用许多竹简，通过牢固的皮绳之类按次序编连起来最后成书，便于阅读，这就是竹简书，也叫做简牍。

纵观世界历史长河，在人类文明的发展延续中，中华文明，以其灿烂悠久的历史文化，生生不息，传承至今。古老的中国，虽历经沧桑与磨难，但依然巍巍屹立于今天的世界东方。这其中，简牍的作用无可取代，它载负文化传承的历史使命，将中华民族的博大文化与伟大精神共同彰显。

传说中，孔子也有一个与竹简有关的故事，请同学讲一讲。

学生讲述韦编三绝的故事，感受孔子勤奋好学的美德。

活动二：做竹简，传"非遗"文化。

基地指导员引导：为了激励莘莘学子勤奋好学、刻苦读书，老师给大家准备了一份小礼物。在每一位学子的书桌上，都有一份刻着《论语》选句的散装竹简书。请学子们仔细观察竹简书，猜想或推测一下竹简书制作的方法。

学生观察，先小组内探究交流竹简书的制作方法，然后学生代表分享。

基地指导员讲解并通过视频示范制作竹简书的技艺。

学生动手实践制作竹简书。

学生耐心、细致地将竹片用丝线逐片串编成册，指导员巡视指导。

（三）展示交流

通过小组代表或学生随机发言的方式交流活动收获和感受，深化对书籍发展历史文化的认识，初步培养学生的文化自信。

（四）评价拓展

根据课时评价表内容完成自我评价和小组评价，每项实施等级评价，分为优秀、良好、合格、待合格四个等级。对评价栏中表现全优的学生颁发"小脚丫"研学印章。

同时学生将活动收获或活动作品发到班级群，请同学、家长评价点赞。

根据获得研学印章和点赞数量两项成绩评选出班级"'非遗'文化小传人"，并在学校公众号"小脚丫，大梦想"版块进行风采展示。

活动拓展：关于孔子文化或"非遗"文化，你还了解哪些知识？完善研学手册。

10

臻美少年，有"葫"同享

根据地方产业的特点，选择劳动教育课程开发的主题是一个好思路；以葫芦这样一个有文化内涵的农产品为载体，整合劳动和社会实践、研究性学习，也是开发综合实践活动课程的好思路。本课程聚焦于葫芦的种植、加工和文化内涵，构建了一门以劳动教育为主体的课程，从课程纲要到单元教学方案再到课时教学方案，总体而言系统性较强，可操作性更强。

课程设计上的一个亮点在于尝试评价学生的劳动核心素养，这表明课程设计团队的"素养导向"意识。至于怎么评，可能还需要进一步思考。一直以来评价总是与"评分"连在一起，似乎"评分"是评价的本质特征；暂且不说其他领域，至少，在素养评价中，"分数"是没有意义的，甚至在一段相当长的学习阶段结束时进行的评价中，分数也不应成为衡量学生素养表现的指标。

壹 "臻美少年，有'葫'同享"课程纲要

设计单位：鱼台县实验小学

设计者：姚辉、张晓燕、蒋秀凤、王利、马庆宝

适用年级：四年级

计划课时：13课时

一、课程简介

我校以习近平新时代中国特色社会主义思想为指导，为全面贯彻党的教育方针，遵循教育教学规律，自主研发"臻美少年，有'葫'同享"葫芦种植劳动课程，依着节气根据葫芦的生长情况在教学安排上分室内和室外两种教学方式穿插进行。室内课主要让学生进行葫芦文化的学习和理论知识的掌握，室外教学主要根据葫芦的生长规律择机让学生进行浸种、催芽、育苗、移栽的劳动体验旨在让学生学会方法，亲身体验，深刻感受劳动的快乐和成功的喜悦。

二、背景分析

"葫芦者，福禄也"，葫芦自古以来是中国传统吉祥物的代表之一，也是烙画的一个重要的载体，葫芦烙画是鱼台县的一项非物质文化遗产，我校将葫芦烙画引入校园，开设了葫芦彩绘社团和葫芦烙画社团，是首批以葫芦烙画为特色的传承技艺示范校，两个社团同时开展，需要用到大量的葫芦，所以种植葫芦便成了我校的重点课题。学校整合了资源，开发建设了南校区葫芦种植基地——筑基园、丰盈园和圆梦园，面积达到了500平方米。鱼台县地处黄河的下游，黄河流速变缓，得天独厚的自然条件非常适合葫芦生长，

很多家庭房前屋后都种着葫芦，是学生自小的玩具。鱼台具有悠久的葫芦种植和加工传统，在鱼台县张黄镇强家村，有全市闻名的赵银钢工艺葫芦"非遗"工坊，集葫芦种植、加工、销售、展示为一体，是我校的葫芦种植劳动教育实践基地。我校姚辉教师是鱼台县葫芦烙画非物质文化遗产传承人，从"葫芦的种植""生长管理""葫芦文化""葫芦烙画艺术"四个方面教授学生，具有得天独厚的便利条件，并熏陶了一批教师爱好者成立了葫芦烙画教师团队和葫芦种植教师团队。在劳动的过程中，学生掌握了必要的劳动知识、劳动方法，了解了葫芦繁衍生长的规律，既养成了热爱劳动的好习惯，又培养了吃苦耐劳的高贵品质。

三、课程目标

（1）通过对葫芦种植这门劳动课程的学习，能理解劳动最光荣，懂得劳动能创造美好生活的道理。

（2）通过学习葫芦的种植知识，掌握农业生产劳动的基础知识和基本技能，掌握农业工具的使用方法，激发学生的学习兴趣。

（3）通过学习葫芦种植的方法、步骤，了解葫芦的习性、用途，培养劳动能力以及收集信息、发现问题、分析问题、解决问题的能力。

（4）通过劳动实践，能大胆地运用多种形式与同学交流，分享劳动的快乐，培育百折不挠、艰苦奋斗的精神。

（5）通过对葫芦知识的学习和葫芦生长情况的观察，能懂得勤俭节约、敬业奉献的优良传统。

四、学习主题与活动安排

1. 葫芦的文化、起源与发展（第1课）

内容：

（1）欣赏收集的葫芦图片，了解葫芦的种类及用途。

（2）会讲关于葫芦救人的神话传说。

（3）知道葫芦的含义。

（4）了解葫芦文化，明白中华民族为什么崇拜葫芦。

实施要求：

葫芦作为最古老的吉祥物之一，与我国的传统文化有着不解之缘，它是我国传统文化的重要组成部分。本节课以了解葫芦的文化起源与发展为主线，建立实施方案，并作为本节课的教学依据，具体要求如下：

（1）成立搜集小组，负责多渠道搜集关于葫芦文化这一节课的图片、实物。

（2）通过收集资料，了解不同时期的葫芦文化，并结合PPT介绍葫芦文化的渊源与发展。

（3）整理收集的材料及收集材料过程中的视频。

（4）欣赏葫芦并了解其历史文化，明白葫芦的含义，知道自古以来中华民族为什么崇拜葫芦。

2. 浸种、催芽（第2课）

内容：

（1）了解种植葫芦的过程。

（2）认识葫芦的种子。

（3）选种、浸种。

（4）学习催芽方法。

实施要求：

（1）让小组代表展示收集的资料，包括种植的过程、种子生长的过程。

（2）让学生明白植物的生长要靠阳光、空气和水。

（3）利用PPT让学生认识种子的结构，会画种子结构示意图，知道种子发芽要具备的条件。

（4）要求学生掌握浸种、催芽的方法与步骤。

（5）要求学生会写观察记录、标签。

3. 浸种、催芽管理（第3课）

内容：

（1）了解种子习性。

（2）学习管理方法。

实施要求：

（1）观看葫芦种子发芽的过程，教育学生要珍爱生命，理解生存的意义。

（2）教师讲解管理方法并演示，要求学生学会管理方法，并在管理过程中注意观察，写观察日记和管理卡片。

4. 育苗（第4课）

内容：

（1）学习配制营养土。

（2）学习用镊子夹取出芽的种子。

（3）尝试把发芽的种子植入培养土。

（4）知道种植种子的深度、湿度和温度，并能根据天气情况通风换气。

（5）学习简单的管理和观察方法。

（6）教师和小组成员一起按比例配制营养土。

实施要求：

（1）学生通过观察，学会用镊子夹取出芽种子，并能口头说出育苗的过程和观察注意事项。

（2）能在教师的指导下操作喷水、盖膜工序，完全掌握育苗管理的方法和注意事项，合理安排自己的观察时间并记录要点。

5. 育苗管理（第5课）

内容：

（1）了解育苗知识。

（2）掌握育苗管理方法。

实施要求：

（1）学生课前收集种子出土时的图片，了解种子生长的条件和环境。

（2）教师讲解刚出土的小苗的管理方法，并结合视频演示，讲清楚管理及注意事项。

（3）教师分发管理记录卡片。

（4）教师展示各小组的育苗箱图片，让学生对比，介绍并交流管理经验，改进管理方法，提高管理能力。

6. 葫芦的寓意和象征（第6课）

内容：

（1）葫芦的谐音是什么？

（2）葫芦属于哪类植物？

（3）葫芦的典故有哪些？

（4）葫芦有哪些象征意义？

实施要求：

（1）通过对葫芦的了解，知道葫芦的寓意和象征，它不仅是文化的载体，更是人们在日常生活和工作中对美好事物的一种寄托。

（2）会讲关于葫芦的神话或典故，知道葫芦的谐音"福禄"的含义。

（3）小组合作制作手抄报或者记录卡，讲述关于葫芦的文化和神话。

7. 葫芦的品种（第7课）

内容：

（1）认识葫芦品种。

（2）画葫芦。

实施要求：

（1）通过让学生到葫芦工作室观看葫芦、认识葫芦，了解我校现有的葫芦品种数量。

（2）把知道的葫芦品种名称写出来、画出来，并进行小组展示、评比，看哪组认识的葫芦最多，从而培养学生的记忆、绘画能力和团队凝聚力。

（3）让学生通过观看视频、图片，了解更多的葫芦品种，丰富自己的知识。

8. 葫芦的制作与应用（第8课）

内容：

（1）了解制作工具。

（2）根据用途确定制作类型。

（3）学习加工处理的方法。

实施要求：

（1）学生通过欣赏烙画葫芦、针刻葫芦、彩绘葫芦等不同工艺的制作成品，了解我校葫芦艺术加工的教学现状，培养学生的审美和热爱葫芦的兴趣。

（2）通过观摩烙画教学课堂，培养学生对葫芦制作的兴趣。

（3）通过体验画葫芦、烙葫芦等技法练习，培养学生的动脑和动手能力。

9. 移栽（第9课）

内容：

（1）了解移栽幼苗的土壤环境和条件。

（2）了解如何防治害虫。

（3）掌握移栽幼苗的方法和步骤。

（4）学习移栽幼苗注意事项。

实施要求：

（1）课前让学生上网查询移栽的方法、用到的工具以及注意事项。

（2）播放视频，让学生观看技术人员的移栽过程并做好观看记录，强调移栽注意事项。

（3）在学生移栽过程中，教师巡视指导，对操作不当的学生给予帮助。

（4）让每个小组成员都掌握移栽的方法和步骤，学会拍照、录视频用以记录移栽幼苗成长的过程，并写好观察记录。

（5）让学生展示自己移栽的幼苗和观察记录表。

10. 移栽管理（第10课）

内容：

（1）介绍移栽步骤。

（2）说一说自己是怎样管理的。

（3）学习移栽后的幼苗管理方法。

实施要求：

（1）每个学生需要清楚记录每棵葫芦苗的土壤条件和种植地理位置的温度变化，然后确定管理幼苗的方法是否有差异。

（2）学会给幼苗遮阴，掌握缓活后的幼苗生长情况。

（3）了解怎样辨别病苗及处理方法是什么，观察葫芦叶子正面的颜色，呈现的是墨绿色证明葫芦健康，如果葫芦叶子发黄、有白点，或者叶子背面有蚜虫、红蜘蛛等害虫，则需要喷洒除菌药和除虫药。

（4）随着藤蔓的生长，学生要在教师的指导下学习搭架、绑扶、牵引枝蔓方向，帮助其向上生长。枝蔓越长越长，学生要学会掐尖、打叉、授粉等技术方法。

（5）可以通过画葫芦的技法，了解子蔓和孙蔓。最后评价学生，鼓励学生展示自己的作品并交流管理经验。

11. 葫芦的功效与作用（第11课）

内容：

（1）了解葫芦属性。

（2）了解葫芦功效。

（3）品尝葫芦。

实施要求：

（1）通过查找、访问、体验等方式，学生了解葫芦的功效与作用，培养欣赏葫芦、了解葫芦的好习惯。

（2）让学生说出葫芦的功效与作用，鼓励引导学生学会生活，懂得养生，珍惜生命。

（3）通过了解葫芦的功效，知道葫芦不仅有实用价值、观赏价值，还有医药作用。

12. 开花与结果管理（第12课）

内容：

（1）了解葫芦特性。

（2）掌握施肥浇水、喷洒农药的时间。

（3）学会搭架绑蔓。

（4）学会掐尖处理。

（5）了解授粉时间，学会授粉方法。

（6）了解葫芦开花的时间。

（7）掌握花期的肥、水管理。

（8）学会给葫芦授粉。

实施要求：

（1）通过让学生搜集资料、访问村民来了解葫芦开花的相关知识。

（2）通过看幻灯片，学生对比多浇水、少浇水及不浇水的葫芦秧开花和管理效果，从而明白，浇水过多会伤及根系，葫芦更容易生病，使花败落。

（3）要让学生明白，葫芦开花最旺盛的时间是早晨，在早晨九点之前授粉，葫芦的坐果率最高，从而让学生知道授粉时间和授粉方法。

13. 葫芦的收获管理（第13课）

内容：

（1）了解采收时间。

（2）学会采收方法。

（3）给葫芦打皮。

（4）掌握葫芦的风干晾晒方法。

实施要求：

（1）展示葫芦成品和挂在晾晒杆上葫芦的图片，让学生欣赏，激发学生探索学习的欲望，引导学生发现问题、提出问题。

（2）演示搭架绑蔓，让学生掌握其方法，充分调动学生的劳动积极性。

（3）劳动和技能结合，让学生掌握掐尖、摘心的方法。大葫芦要留一到二个；小葫芦越多越好，而且子蔓长到一米半时也要掐尖，以促进孙蔓的生长，结出更多的葫芦。

（4）要想葫芦结得多，授粉也很关键，开花季节在上午九点以前完成授粉，结得葫芦比其他时间段要多。如果有条件，可以人工授粉。

五、评价活动与成绩评定

1. 过程性评价+表现性评价

过程性评价包括室内理论知识评价和室外劳动实践评价，分别在学习完理论课程和室外劳动实践后进行；表现性评价包括行为习惯评价和劳动技能评价，用述评的方式进行。

2. 多元评价方式

采用了学生自评、同学互评、家长评价与教师评价相结合的评价方式。

3. 灵活的等级评价

一共分为四个等级：A、B、C、D。

A等级的数量获得占80%，可认定为A；

B等级的数量获得占80%，可认定为B；

C等级的数量获得占80%，可认定为C；

D等级的数量获得占80%，可认定为D。

4. 建立课程成长档案袋

将学生的各类评价表、最终成绩、劳动照片、学习照片、葫芦作品图片以及设计的"葫芦娃"图标放入成长档案袋。（见表10-1、表10-2）

表10-1　过程性评价量规

评价内容	评价标准
理论知识掌握情况	A等级：对葫芦种植理论知识有深入的理解，能够将其应用到实际生活中去，能够学以致用、举一反三。 B等级：对葫芦种植理论知识有深入的理解，能够将其应用到实际生活中去。 C等级：基本掌握葫芦种植理论知识，需要不断练习才能达到熟练程度。 D等级：对葫芦种植的理论知识点没有明确的概念。
劳动技能掌握情况	A等级：对于葫芦种植过程中的各种劳动均能独立完成，劳动实践操作能力强，可以完成更复杂的劳动工作。 B等级：对于葫芦种植过程中的各种劳动能独立完成，劳动实践操作能力较强。 C等级：需要在教师或同学的帮助下完成简单的劳动，劳动实践操作能力较弱。 D等级：不能完成各项简单的劳动实践，劳动实践操作能力弱。
劳动行为习惯表现情况	A等级：学生愿意参加学习和劳动，合作意识强。 B等级：积极参加劳动，合作意识一般。 C等级：能参加劳动，合作意识不强。 D等级：劳动不够积极，交际能力差。

续表

评价内容	评价标准
劳动技能 实践操作 能力情况	A等级：自主学习能力强，通过查找资料就可以了解掌握种子发芽生长的过程和管理方法，能积极参加并组织同学进行田间劳动。 B等级：学习能力强，会查找资料但劳动能力差。 C等级：在别人的帮助下才会查找资料，通过操作练习也能基本掌握劳动方法。 D等级：协调能力、认知能力差，劳动技术能力差。

表10-2　劳动实践操作能力评价表

评价要点	素养指向	评价等级															
		自我评价				学生互评				家长评价				教师评价			
		A	B	C	D	A	B	C	D	A	B	C	D	A	B	C	D
我会按步骤与同学合作，进行浸种、催芽操作；我会育苗；我能独自或合作移栽幼苗，并能说出应该注意的事项。	劳动能力																
我会写观察记录并会画葫芦生长图。	劳动观念																
我会使用劳动工具育苗和移栽幼苗，我会给花授粉、掐尖、摘心。	劳动能力																
我会给葫芦打皮；我会给葫芦拴绳，晾晒葫芦。	劳动能力																
我会设计标签。	劳动能力																
我知道种植葫芦的时间及节气对葫芦生长的影响。	劳动观念																
成绩合计：																	
教师评语：																	

"葫芦种植"单元教学方案

本方案为"臻美少年，有'葫'同享"课程中的第一单元"葫芦种植"的教学方案，计划为3课时。

一、背景分析

四年级的学生对葫芦种植有了一定的兴趣，然而真正亲自动手操作的并不多，大多数学生需要在家长的帮助下才能完成种植任务。因此，教师带领学生走进校园葫芦培育基地，引导学生通过课外调查，了解种植葫芦的基本步骤和注意事项，向有经验的老农请教葫芦种植的方法以及管理注意事项，使学生通过相互学习、共同合作，体会到劳动和探究的乐趣。

二、单元目标

（1）通过参与种植葫芦，懂得劳动能够创造财富、创造美好生活的道理，培养热爱自然、关爱生命的优良品质。

（2）通过小组合作种植葫芦，初步掌握葫芦种植的步骤与方法，了解葫芦种植的注意事项；学会选择和使用工具进行劳动操作，并会用图形、符号、简单文字记录葫芦的生长变化；能在葫芦生长变化过程中发现问题，并运用所学的知识解决问题。

（3）通过种植葫芦理论知识的学习和劳动实践的操作，培养正确的劳动观念，养成吃苦耐劳、不怕困难、团结合作、快乐分享、规范操作的劳动习惯和优良品质。

三、评价设计

本单元的评价工具有《单元学习总评表》和《劳动核心素养达成评价表》，《单元学习总评表》是对整个"葫芦种植"单元的整体性评价，通过这一单元的学习学生能清楚葫芦种植的完整方法和步骤。（见表10-3）

表10-3　葫芦种植单元学习评价量规

评价内容	评价标准
对葫芦种植的方法步骤的掌握情况	A等级：学生能掌握浸种、催芽、育苗、移栽的技术方法和步骤；知道植物的生长离不开水、土壤和阳光；移栽幼苗的时候，会判断什么是疏松土，什么是淤泥土，并根据幼苗的高矮、大小，灵活掌握刨坑的深度、施肥量的多少及水量供给情况；能把理论知识应用到实践当中。 B等级：学生能了解浸种、催芽、育苗、移栽的方法步骤；积极主动参与劳动，能按步骤进行劳动操作，表达能力不强。 C等级：学习态度一般，需要在别人的带动下完成劳动；独立操作能力差。 D等级：学习态度差，动手操作能力差。

根据劳动核心素养，从劳动精神、劳动观念、劳动能力、劳动习惯和品质四方面进行评价，每个方面涉及不同的内容，根据学生的达标程度进行等级评价，评价主体设置了多主体评价，分别是学生自己、同学、家长和教师，目的在于加强学生的自我评价和相互评价，促进学生主动学习和自我反思。（见表10-4）

表10-4　核心素养达成评价表

核心素养	评价内容	自我评价	同学评价	家长评价	教师评价
劳动精神	在葫芦种植过程中参与的态度。在劳动中始终保持浓厚的兴趣，努力完成各环节的任务；做好资料积累和处理工作；主动提出自己的设想，乐于合作，能和同学交流，尊重他人的劳动成果；活动中遇到困难不退缩，并且能自己想办法解决。				
劳动观念	在葫芦种植劳动中善于提问，乐于研究与动手操作，有责任心，能尊重别人的劳动成果。				
劳动能力	能运用多种方法查找资料，学会用谈话、访问、分组、合作等方式开展各项劳动，能给同学演示并讲解葫芦种植各环节的方法，发现问题能及时处理，知道植物生存需要的条件。				
劳动习惯和品质	在参与劳动的过程中有求知的好奇心、探索的欲望，能独立思考、自主学习，能自己发现问题并解决问题。				

成绩：

四、教与学活动设计

（一）课时1：葫芦种植——浸种、催芽

所需课时：1课时。

课时学习目标：

（1）通过选种，认识种子的优劣，学会催芽的方法。

（2）通过学习浸种，了解种植葫芦的时间、种植步骤和注意事项。

（3）通过学习浸种的方法，培养劳动观念，激发劳动热情，并在活动中体会合作与劳动的快乐。

课时问题设计：

（1）为什么要浸种？

（2）催芽的步骤有哪些？

（3）有没有更好的方法让种子快速发芽？

学习活动设计：

活动一，欣赏导入。通过PPT或视频欣赏不同品种、不同形状的葫芦，激发种植葫芦的欲望。

活动二，新授。通过学生汇报课前收集的资料，教师总结浸种催芽的方法；在教师的示范演示下，学生明白浸种的方法和催芽的步骤；通过实践练习及教师的帮助辅导，掌握浸种、催芽的方法、步骤。

活动三，探索方法。设置问题：有没有更好的方法让种子快速发芽？学生通过小组讨论，得出结论：催芽要控制好温度和湿度。

活动四，展示评价。展示学生浸泡好的种子和催芽操作规范的实践作业，让学生总结操作时的经验方法，教师对学生的实践作业进行讲评。

评价要点：

（1）对浸种、催芽的方法、步骤掌握情况进行评价。

（2）对学生的学习态度进行评价。

（二）课时2：葫芦种植——育苗

所需课时：1课时。

课时学习目标：

（1）通过亲自劳动学会育苗的方法及对葫芦幼苗的管理，了解葫芦的生长过程。

（2）能对比出阳光、水等条件对种子的生长影响，培养耐心观察、合作探索的能力。

（3）学会用简单的图画标记做观察记录，培养责任心。

课时问题设计：

（1）育苗的方法步骤有哪些？

（2）怎样配制育苗土？

学习活动设计（室内+室外）：

活动一（室内），观看视频，激发兴趣。设置问题：你知道育苗的过程吗？让学生带着问题观看视频，了解种子发芽的过程及发芽之后的育苗方法步骤，填写汇报单。教师总结育苗的方法步骤：扎孔、播种、盖土、盖膜。学生复述育苗的方法步骤。教师通过PPT讲解育苗土的配制方法，让学生了解育苗土的配制比例。

活动二（室外），动手实践。前往葫芦种植基地，教师分组，每个小组到达指定种植区域，小组合作，配制育苗土，然后进行育苗的操作。教师巡视指导并记录每个小组的成员表现是否合乎操作规范，是否态度积极。

活动三，展示评价。小组之间互相参观，然后请学生评价其他小组的育苗操作是否规范，薄膜是否覆盖严实。教师对每个小组的育苗实践操作进行评价，指出优缺点。

活动四，拓展延伸。教师引导学生讨论还可以用学到的育苗方法培育哪些植物。

活动五，收拾工具，清洗双手。评价学生对育苗的操作是否规范，学生育苗的方法、步骤的掌握情况。

（三）课时3：葫芦种植——幼苗移栽

所需课时：1课时。

课时学习目标：

（1）通过参与种植葫芦，懂得葫芦移栽的步骤和种植葫芦的基本方法，了解葫芦移栽的注意事项及管理方法。

（2）正确把握移栽幼苗时刨坑的深度、施肥的分量、幼苗的摆放以及土壤的覆盖厚度。

（3）通过观察幼苗的生长过程，尝试用图文描述的方法记录观察情况，形成正确的劳动观念以及热爱劳动的态度。

课时问题设计：

（1）葫芦种植的步骤有哪些？

（2）幼苗移栽的步骤有哪些？

（3）幼苗移栽的注意事项有哪些？

学习活动设计：本节课室内、室外活动相结合。

活动一，复习导入。（室内活动）

通过提问种植葫芦的三个步骤是什么，学生回答，导入本节课的学习目标是移栽幼苗，并板书课题。

活动二，新授课。

通过设置问题：移栽幼苗时有哪些步骤？让学生带着这个问题观看幼苗移栽视频，讨论、总结、汇报移栽的过程及方法。教师小结移栽幼苗的步骤：挖坑、施底肥、栽种幼苗、填土覆盖、浇水。学生复述移栽步骤。（务必让每位学生记住移栽的方法步骤）

活动三，探索实践。（室外活动）

教师布置种植任务（每组10颗幼苗），带领学生到葫芦培育基地，按划分好的区域分工合作，学生按照移栽步骤操作，教师巡视每个小组的进程。

提示注意事项：幼苗娇嫩，在移栽过程中要注意轻拿轻放。

活动四，展示评价。

小组之间互相参观，提出意见，互相学习。

评价要点：移栽幼苗的步骤掌握情况、小组合作的情况、学习态度是否积极。

叁 "葫芦种植——育苗"课时教学方案

本方案为"葫芦种植"单元第2课时（育苗）的教学方案。

一、课时目标

（1）学会育苗及管理方法，了解育苗方法及注意事项。

（2）能根据阳光、水等条件的变化来观察种子的生长情况，通过发现、交流等方法培养合作探究的学习能力。

（3）通过参与劳动实践，清楚育苗的每一个步骤，学会独立操作、自主学习，提升发现问题、解决问题的能力。

（4）通过对育苗过程的观察，能学会用简单的图画标记植物的生长过程，养成写观察日记的好习惯。

二、评价设计

本单元评价方法以表现性评价为主，采用劳动任务单评价工具，评价学生在育苗劳动过程中的学习表现情况。学生通过自我评价，认识到自己的不足，教师采用等级和评语的形式，给学生鼓励，并奖励一枚葫芦娃图标。（见表10-5）

表10-5　育苗劳动任务单评价表

评价主体	评价内容		
自我评价	1. 我认识育苗的各种材料、工具。		☐能 ☐不能
	2. 我能正确使用材料、工具进行育苗劳动。		☐能 ☐不能
	3. 我知道育苗的方法步骤。		☐知道☐不知道
	我的劳动体会：		
同学评价	＿＿＿＿（姓名）和同学合作愉快吗？		☐愉快☐不愉快
教师评价	等级	评价标准	成绩
	A	1. 能准确说出育苗的各种材料和工具。 2. 清楚地知道育苗的方法步骤。 3. 能正确使用材料工具进行育苗劳动操作。 4. 能和小组成员愉快合作。	
	B	1. 能说出育苗的各种材料和工具。 2. 知道育苗的方法步骤。 3. 能使用材料工具进行育苗劳动操作。	
	C	1. 能说出育苗的各种材料和工具。 2. 知道育苗的方法步骤。	
	D	不了解各项劳动。	
	评语		

三、学与教活动设计

事先准备稻壳、发酵鸡粪、田园土、铁锹、膨大发芽的种子、镊子、泡沫箱、塑料薄膜、水、喷水壶、透明胶带、手套、手机、记录卡片、标签、学习任务单。

（一）观看视频激发兴趣（室内）

教师活动：

让学生带着问题看视频并填写学习任务单，思考种子发芽的过程是怎样的，发芽后的育苗方法是什么。

教师总结育苗方法、步骤，PPT播放育苗土的配制方法。

学生活动：

学生看视频，填写学习任务单，复述育苗的方法步骤；观看PPT了解育苗土的配制比例。

设计意图：

让学生了解育苗方法。

（二）动手实践育苗（室外）

教师活动：

组织学生分组，带上劳动工具，进入葫芦基地；对学生提出要求，要仔细观察、认真劳动、保护植物、注意安全；组织学生配制育苗土，稻壳半箱、发酵鸡粪一袋、田园土一盆。

教师讲解育苗方法：

扎孔，用小木棍在土壤中扎一个小孔。

播种，把种子发芽的一端插在土壤中，注意不要太深，种子之间的距离最好保持在10～15厘米左右。

盖土，在上面覆盖一层薄土。

盖膜，育苗期间一定要注意保暖、保湿，但是不能出现积水的现象。

教师巡视育苗情况，适时帮助及时提醒，讲解盖膜方法及注意事项。

学生活动：

学生到活动基地，小组合作配制育苗土，把配制好的土放入泡沫箱并摊平。学生1记录配土比例，学生2负责拍照，学生小组合作育苗，给育苗箱盖膜。

（三）活动展示

教师活动：

教师带领学生有序参观，对表现优秀的学生奖励葫芦娃图标一枚。

学生活动：

小组之间相互参观，学习交流，指出优缺点。

（四）拓展延伸

教师活动：引导学生说一说，用今天学到的种植方法还可以种植哪些农作物。

学生活动：学生汇报。

（五）作业布置

教师活动：分组布置任务。

负责通风透气组：12人。

负责浇水组：12人。

观察记录组：12人。

学生活动：学生领取葫芦种植观察记录表、花洒等。

（六）课后

教师活动：组织学生收拾工具、打扫场地、请学生有序清理个人卫生。

学生活动：学生分组收拾整理劳动工具，并有序摆放在劳动工具储藏室，整理个人卫生。

11 大美中医健康成长

编者点评

　　学校课程建设经常强调课程的多样性，其实多样性也只是为满足学生学习需求服务的，其本身不是目的。只要课程符合培养目标要求，适合学生，作为国家课程的"综合实践活动"不一定要追求课程的多样性。威海市第七中学基于"健康教育"的办学特色和"心和、体强、智健大美学子"的培养目标，开发了一门贯穿初中四年全学段的课程，课程建设思路值得肯定。

　　课程将专题教育——"健康教育"与学校多门相关学科内容整合，并且安排了多种多样的实践活动，很好地体现了"综合实践"的特征；按"植—识—用—疗"的逻辑架构四年一贯的课程框架，充分考虑了学生认知发展的顺序；在评价上做了一些创新探索，"能量卡"只是分数、等级的另一种表征，真正有意义的是用药材来代表能量值，充分地体现了课程的特点。

壹 "大美中医健康成长"课程纲要

设计单位：威海市第七中学

设计者：王亚平、阮美君、郭昱均

适用年级：初一至初四年级

计划课时：42课时

一、课程简介

威海市第七中学以"健康教育"为办学特色，旨在培养"心和、体强、智健"的大美学子，中医药文化正是促进青少年健康成长的一剂不可或缺的"良方"。我校逐步形成以家庭为基础、学校为主导、社会支持的"家校社三位一体"的全方位中医药教育体系，培养学生健康的生活理念。通过学生把中医药的科学价值与精神传递给每一户家庭，增进学生对中华优秀传统文化的了解与认同，增强学生的文化自信、民族自信。

我校立足于健心、健体、健智课程，架构"大美中医健康成长"课程体系，以"大美"为愿景，充分发挥"健康"教育特色，发展学生六大核心素养：人文底蕴、科学精神、学会学习、健康生活、责任担当、实践创新，帮助学生成为全面发展的人。

二、背景分析

1. 政策分析

党的十八大以来，传承中医药文化的呼声越来越高，各种利好政策纷纷出台，国家在这方面加大力度，相关部门也积极行动，很多地区具有一定的可供借鉴的经验，为中医药文化走进校园创造了良好的社会氛围。

2. 学校教育哲学分析

学校坚持建设高质量健康教育的主基调，发挥省级"强镇筑基"试点校的优势，系统推进强德固本、强课提质、强师兴源等工作迈上新台阶、取得新成效，以大美愿景成就美好的健康生活。

3. 课程资源条件分析

为保证中医药校本课程基地的开发与实施，学校组建了由校长亲自挂帅、课程基地核心成员具体实施、优秀教师共同参与的三级运作模式。邀请威海市中医院、山东药品食品职业学院中医系、张村卫生院中医科专家及热心参与中医药文化发展的社会人士，组建威海七中中医药专家团队，定期开展中医药文化进校园主题培训与指导，让该项目的推进更具科学保障。学校拥有3333平方米的百草园，种植近百种中医药材；建有国医教室及中医药文化展室，学校还设有专门的中医药文化长廊、中草药故事长廊、中医药文化政策墙和历代名医墙，定期进行中医药文化活动展。

三、课程目标

（一）总课程目标

（1）通过感受"信中医、爱中医、用中医"的校园文化氛围，了解中医药、走近中医药、学习中医药文化和养生理念，形成个人良好的生活习惯。

（2）通过"小手拉大手"，带动更多的家长和身边的人切实感受"老祖宗的生活智慧"，增强全民健康意识。

（3）积极参与地域特色明显、针对性强、可操作性强的道地药材综合实践项目，更加了解和热爱家乡。

（4）通过学习中医历史和中医理疗知识，培养良好的生活习惯和健康理念，潜移默化地增强文化自信，增强民族自豪感。

（5）领略"东方思维方式"的魅力，秉承"天人合一"的理念，以全局观看待问题，倡导人与自然和谐共生。

（二）年级课程目标

围绕总课程目标，按照"植—识—用—疗"的总体递进衔接顺序，设置初一到初四年级成长进阶式序列化课程目标。

1. 初一年级

（1）能从成语、诗词、对联、谜语等中华优秀传统文化中学习中医药文化，并切身感受到中医养生保健自古以来就是中国人的一种生活方式。

（2）能识别百草园中的草药50种以上，会赏、会种、会尝中草药。

2. 初二年级

（1）了解齐鲁名医传记与轶事，知晓山东中医发展史，了解地域中医药文化，增强归属感和对家乡的热爱。

（2）从身边最熟悉的食物入手，认识"药食同源"的中华食疗文化，探索健康食疗方式，能同家长一起制作家庭健康美食。

3. 初三年级

（1）熟知历代中医名家，了解医学流派，了解中医药学的进步繁荣发展史，体会中医哲思智慧和理艺技法。

（2）了解中药的四气五味、炮制、煎煮、服用方法，知道百草园里的道地药材的基本概念、由来及典型代表。

4. 初四年级

（1）理解中医"天人合一"的整体观念，体会独特的生命观、健康观、疾病观、防治观，感受中华民族深邃的哲学思想。

（2）掌握基础的中医诊疗技术，会应用到生活中，给身边的亲人朋友带来关爱和帮助。

四、学习主题与活动安排

按照"植—识—用—疗"的认知顺序，根据各级部的课程目标，遵循学生的认知规律，大美中医团队教师自主开发了逐级递进、螺旋上升的中医药课程。

1. 花式中医药

初一年级"花式中医药"：主要从"植"的角度初步接触中医药。第一单元设置"中医药传承创新"，让学生走近中医药，分设"打开文明宝库的

钥匙""源远流长的中医药学""浩若烟海的中医典籍""灿若繁星的古代医家""传承创新的现代中医""走向世界的中国处方"等6项内容,让学生对中医药的发展史有明确的认知。

同时他们刚入校,对校园里的百草园充满了好奇,第二单元开启"百草园寻宝之旅",共有"神农识百草""一叶方知秋""百花齐争艳""四季一轮回""百草随心拍""百草巧手作"6项内容,分别从叶、花、季节的角度去归类认识我们百草园里的近百种中草药,学生走进田园里,用眼看,用手摸,用鼻子闻,感受中医药的魅力。

成语里、诗词里、节日里都有与中医药有关的知识典故,第三单元"中医药传统文化"安排6项内容:"成语里的中医药""诗词里的中医药""对联里的中医药""谜语里的中医药""节气里的中医药""节日里的中医药"。学生在学习的同时开展配套活动,如在竞赛中趣话中医药,可进一步加深对中医药的了解,从而逐渐爱上中医药。

学生在种植收割的过程中体会到劳作的快乐,同时也反思了中医药种植产量问题,于是开始学习第四单元"中草药智慧种植"。本单元共6项内容:"智慧种植项目""温度通风监测""智能通风系统""光照调节系统""机械搬运装置""优化智慧种植"。

2. 舌尖上的中药

初二年级学习"舌尖上的中药",主要从"识"的角度了解中医药。

在初一初步了解了中医药及百草园中的中草药品种的基础上,安排初二第一单元学习"常用的道地药材",如"山东五区道地药材""临日潍淄丹参""济泰莱玫瑰""威烟青蒲公英""菏济薏米""东营黄芩"。学生了解山东的道地药材,增强对家乡的热爱。

第二单元"熟悉的药食同源"有"时光里的中药""谷类里的中药""水果中的中药""海鲜中的中药""水杯中的中药""花圃中的中药"6项内容。学生会发现原来生活中很常见的植物都有药用价值。

同时,初二的学生开始逐渐步入青春期,可学习第三单元"身边的中医锦囊",调理身心,预防疾病,此单元共6项内容:"起居有常效率高""养心调神益身心""养肝明目防近视""预防肥胖益健康""科学预防青春痘""安心度过特殊期"。

3. 中医药的秘密

初三年级学习"中医药的秘密"，主要从"用"的角度深入理解中医药。

学生在初二对道地药材有所认识的基础上，在初三将进一步学习。第一单元"浩瀚的本草宝库"有"自然界的本草王国""中药里的南橘北枳""时光里的国宝名药""舌尖上的健康密码""传承中的中药炮制""方剂里的君臣佐使"6项内容，帮助学生了解更多的中草药。

学生在初三开始学习化学，可将化学知识与中医药相结合，学习第二单元"常见的中药提取"，分为"煎煮法提取中草药""萃取法提取茉莉精油""蒸馏法提取玫瑰精油""回流法提取小檗碱""分离法提取中草药""超临界萃取中草药"6部分，学生既了解了中药的来源，又能动手操作，体会充足的获得感。

第三单元"深邃的中医智慧"，有"天人合一的生命观""未雨绸缪的预防观""辨证论治的治疗观""以平为期的条理观""整体系统的藏象学""独具特色的经络学"等，让学生充分体会中华优秀传统文化的博大精深。

4. 小郎中养成记

初四年级"小郎中养成记"，主要学习从"疗"的角度运用中医药。

初四学生历经了前三年的中医药知识积淀，已然信中医、爱中医、懂中医，注重"疗"法，不论是"奇妙的健身气功"（八段锦、五禽戏、易筋经、六字诀、十二段锦、导引养生功）还是"独特的中医技术"（小小银针显神通、推拿按摩有奇效、暖暖艾灸藏爱意、传统保健调身心、刮痧板里藏学问、小小火罐排湿寒），再到"神奇的中国音疗"（乐药文化、五音五脏、以听疗疾、以唱疗疾、律动疗疾、音疗道德），学生可以把课堂收获带入家庭，分享给亲人，成为中华优秀传统文化的传播者。

五、评价活动与成绩评定

开展"神农植百草"计划，即学生通过收集能量兑换中草药种苗，并栽

种到百草园中，以自己名字命名挂牌，负责养护；同时还可以和小伙伴合作积能量栽种好友树，亲子合作栽种亲子树，班级共同收集能量申领班级田。

能量兑换值：枸杞30 g，石竹40 g，薄荷50 g，连翘60 g，牛奶子70 g，玫瑰80 g，芍药90 g，牡丹100 g，蔷薇110 g，好友树120 g，亲子树130 g，班级田2000 g。

学生收集能量达到30 g就可以兑换一株枸杞进行栽种，也可以继续收集，直至攒够自己喜欢的中草药能量值再进行兑换。

每节课、每个活动都用收集能量来代替积分进行评价，填写"能量收集卡"，收集够一定的能量后对照"能量兑换卡"，随时可以兑换自己喜欢的种苗。（见表11-1）

表11-1 "大美中医健康成长"学期末评价量表

班级：_____ 小神农姓名：_____		能量值			
成果性评价		自评 20%	组评 40%	师评 40%	平均
初一	知道中医药成语及对联，熟知节日和节气与中医药的关系。（1 g~3 g）				
	能识别百草园中的中草药50种以上，会赏、会种、会尝中草药。（1 g~10 g）				
初二	会用药食同源食材制作健康美食2种以上。（1 g~3 g）				
	会制作中草药标本，会缝制香囊。（1 g~3 g）				
初三	会制作玫瑰精油，会制作鲜花饼。（1 g~3 g）				
	熟知百草园里的所有道地药材。（1 g~8 g）				
初四	掌握艾灸和刮痧技术，能给自己或亲人实操。（1 g~5 g）				
	会用中医知识解决常见健康问题，会用八段锦健身。（1 g~5 g）				

续表

表现性评价		能量值			
		自评 20%	组评 40%	师评 40%	平均
初一	切身感受到中医养生保健自古以来就是中国人的一种生活方式。（1 g～3 g）				
	了解中医药、走近中医药、学习中医药文化和养生理念，形成个人良好的生活习惯。（1 g～3 g）				
初二	了解地域中医药文化，增强归属感和对家乡的热爱。（1 g～3 g）				
	带动更多的家长和身边的人切实感受到"老祖宗的生活智慧"，提高全民健康意识。（1 g～3 g）				
初三	了解中医药学的进步与繁荣发展史，更加了解和热爱家乡。（1 g～3 g）				
	理解中医"天人合一"的整体观念，感受中华民族深邃的哲学思想。（1 g～3 g）				
初四	潜移默化地增强文化自信，增强民族自豪感。（1 g～3 g）				
	以全局观看待问题，倡导人与自然和谐共生。（1 g～3 g）				

"中医药文化"单元教学方案　　　　　　　　贰

本方案为中医药文化课程中的第六单元"道地药材"的教学方案，计划为10课时。

一、背景分析

中医药拥有2000余年的历史，其中关于道地药材的传统用药经验历代相传，沿袭至今已成了优质药材的代名词。俗话说"药材好，药才好"，意在说明原料药的质量好坏是决定中成药质量的关键因素。道地药材，是指在特定自然条件、生态环境的地域内所产的药材，因生产较为集中，栽培技术、采收、加工也都有一定的讲究，以致较同种药材在其他地区所产者品质佳、疗效好，因此具有较高知名度。古今医家都喜欢使用道地药材，在中医处方笺上，许多药名前标有"川""云""广"等产地，"川"即四川，"云"即云南，"广"即广东、广西。早在东汉时期，《神农本草经》就记载：药有土地所出，真伪新陈……强调了区分药材的产地、讲究道地的重要性。近年来，道地药材发展存在品种退化严重，重金属含量、农药残留量超标等主要问题，为了让中学生更直观地了解道地药材，威海七中百草园里种植了黄芩、丹参、玫瑰、地榆、红花、益母草、薏米、石竹、蒲公英等山东的道地药材，其中野玫瑰、薏米、蒲公英种植量较多，能够满足整个年级学生进行加工制作的需求，所以本单元就以玫瑰、薏米、蒲公英三种植物为例讲解道地药材的结构特点、药物功效、加工制作、历史背景；同时本单元还加强了初三学生对中医史上的名医、现代中医的传承创新以及现代走向世界的中药处方的了解。

二、学情分析

中医药历史悠久，初三学生对于"老祖宗的生活智慧"、中医史上的名医、现代中医的传承创新以及现代走向世界的中药处方了解较少，但他们的接受能力相对较强，能够在学习了齐鲁中医文化的基础上进一步学习中医名家精神，感受博大精深的中医文化的传承和创新。初三学生长期在百草园里观察，对于中草药植物的生长状况比较熟悉，但是他们对部分植物的科属、功效、性味还不够了解；另外，学生对于道地药材的相关知识也缺乏了解，更不了解这些药材的药物功效、用药部位、加工制作、历史背景。所以在本单元教学中，教师要带领学生认识百草园中的道地药材，重点研究百草园里的三味道地药材：野玫瑰、薏米、蒲公英。初三学生普遍喜欢体验式的学习，对于药材加工环节，兴趣普遍较高，很多学生将采摘的药材带回家进行加工制作，实现中医药文化学习从学校到家庭的辐射。

三、单元内容与结构

本单元内容主要包括两部分，第一部分是对中医药文化的学习（1～3节），第二部分是对道地药材的学习（4～6节）。本单元首先从历史上的中医药名家入手，学习古代医家的故事，再学习中医药文化历史和现代中医的创新和发展，延续从古到今的中医药文化发展的思路进行学习；然后学习道地药材的相关知识，并以野玫瑰、薏米、蒲公英为例具体学习道地药材的历史、入药部位、药效、采收方法、炮制或加工方法等。（见表11-2）

表11-2　内容结构

	灿若繁星的古代医家	1课时
	传承创新的现代中医	1课时
	走向世界的中国处方	1课时
初三学习主题"道地药材"	神奇的野玫瑰	2课时
	小小薏米用处大	3课时
	蒲公英的秘密	2课时

四、单元目标

具体目标如下：

一是通过视频讲解知道中医史上的名医、现代中医的传承创新以及走向世界的中药处方，提升民族自豪感和文化自信心。

二是通过观察玫瑰的生长形态，描绘野生玫瑰的生长形态图谱。

三是通过教师讲解、学生实践辨析等方式，了解中药的四气五味基本知识。

四是通过教师讲解、小组合作等方式，了解什么是道地药材，认识百草园中的道地药材，了解野玫瑰、薏米、蒲公英的历史背景，药物功效。

五是将百草园里采摘的玫瑰、薏米、蒲公英加工制作成成品，感受中药和生活的密切关系。

五、评价设计

（1）通过"我是小小宣讲家"中医药名家故事会活动，评价目标一。

（2）通过描绘野玫瑰的生长形态图谱，评价目标二。

（3）通过找出三种中药的性味，评价目标三。

（4）通过设计道地药材铭牌活动，评价目标四。

（5）用百草园里采摘的玫瑰、薏米、蒲公英加工制作成玫瑰精油、薏米粥、蒲公英花茶等成品，并用自己的话介绍其功效，评价目标五。

举例说明：第一课时开展"我是小小宣讲家"评价活动，要求学生讲解中医药名家的朝代、成绩、经典故事和重要医典，具体量表见表11-3。

表11-3　"我是小小宣讲家"评价量表

	A级（5 g能量）	B级（4 g能量）	C级（1~3 g能量）
内容主题	能围绕主题，突出中医药名家的朝代、成就、经典故事和重要医典。	基本能围绕主题，突出中医药名家的朝代、成就、经典故事和重要医典，但介绍不全面。	不能围绕主题突出中医药名家的朝代、成就、经典故事和重要医典。

续表

	A级（5 g能量）	B级（4 g能量）	C级（1～3 g能量）
逻辑表达	逻辑性强，表达有条理，用词准确，故事结构完整合理。	逻辑性较强，表达较有条理，用词较准确，故事结构基本完整合理。	逻辑性不强，表达没有条理，用词不当，故事结构不完整。
语言表达	声音洪亮，口齿清晰，语气语调抑扬顿挫，语速适中。	声音稍小，口齿基本清晰，语气语调略平缓，语速较快或较慢。	声音小，口齿不清，语气语调没有起伏，语速过快或过慢。
表现力	自然大方，表情丰富，动作表现恰当，语言富有感染力。	稍有紧张，表情自然，动作略少，语言有一定的感染力。	过于紧张，表情不自然，没有相应的动作，语言没有感染力。

六、教与学活动设计

本单元总体上要让学生了解古代中药名家、现代中医药发展、中药学四气五味的基础知识、道地药材相关知识，并且能加工学校百草园里的几种种植数量较多的道地药材，体验中医药文化就在我们身边。本单元首先让学生了解古代中医名家的历史，通过观看视频，学生自主学习医圣张仲景、药王孙思邈、药圣李时珍的故事。以问题串的形式引导学生进行合作交流：张仲景、孙思邈、李时珍生活在哪个朝代，代表作品分别是什么，为什么被称为"医圣""药王""药圣"。学生对照问题串结合视频和资料进行小组合作交流。教师通过"我是小小宣讲员"活动对学生的学习效果进行评价。

其次，在学生对古代中医名家有所了解的基础上，教师引导学生进一步学习传承创新的现代中医，以青蒿素的发现史为例来学习我国中医药传承创新对世界作出的贡献。学生阅读资料，感受创新传承的现代中医药，通过教师讲解、视频资料等，具体学习中药学四气五味基础知识。四气即指本草所具有的寒、热、温、凉四种药性，又称四性。它反映了本草作用于人体阴阳盛衰、寒热变化的作用倾向，是药性理论的重要组成部分。五味即辛、酸、甘、苦、咸，本草的五味主要基于口尝所获得的味觉感受，同时也参考本草于人体的作用。《素问·脏气法时论》中指出"辛散、酸收、甘缓、苦坚、咸

软"。了解了四气五味后，教师带领学生到百草园进行实地考察，通过闻气味、品尝等方式体验中药的四气五味，在体验的过程中评价学习效果。

再次，教师给出资料引导学生分析了解近年来中医药文化在国际上的发展，尤其是近年来中药出口越来越多，国际社会对中药药效的认可度越来越高。在学生了解现代中医药文化的发展现状之后，教师通过讲授法、视频资料分析法等，引导学生了解什么是道地药材，道地药材为何品质佳、疗效好。教师再带领学生到百草园认识山东的道地药材，百草园里有近百种药材，如黄芩、丹参、玫瑰、地榆、红花、益母草、薏米、石竹、蒲公英都属于山东的道地药材，教师现场讲解这几种药材的科属、入药部位、采摘方法、功效等。

接下来，教师具体以野玫瑰、薏米、蒲公英为例，依次教授这几味道地药材的历史、功效、入药部位、采收方法、炮制和加工方法等。学生在百草园进行药材采摘和进一步加工，有的加工过程在学校进行，也有一些加工过程延伸到家庭中，制作好的成品还可以分享给邻居、亲戚、朋友等，实现中医药文化走向家庭，走向社区，共创"家校社三位一体"的全方位中医药教育体系。

野玫瑰是道地药材中深受学生欢迎的品种，教师带领学生进行野玫瑰图谱绘制，包括开花、生长、结果等多个季节的图谱绘制，还教授学生将野玫瑰图谱的绘制应用到多面花灯、风筝、油纸伞、书签、团扇等传统工艺品上。学生作品展示在文化墙上，供全校师生欣赏和学习。野玫瑰还可以制作成玫瑰花茶、玫瑰露酒、玫瑰花酱、玫瑰花精油、玫瑰花精油皂、玫瑰花鲜花饼等。教师引导学生以小组为单位在校内合作制作玫瑰花精油、玫瑰花精油皂等，在家利用在校内采摘的野玫瑰制作玫瑰花茶、玫瑰露酒、玫瑰花酱、玫瑰花鲜花饼等。

薏米是很多学生家里常备的食物，也是一味中药，教师用课件讲解薏米的性味、功效、注意事项、食用方法、加工方法等。教师带领学生到百草园考察，指导学生收割、采摘、晾晒，学生在劳动中体验收获的快乐，提高劳动能力。学生将采收后的薏米带回家制作成薏米粥、薏米红豆粥，并拍摄视频。

　　蒲公英是威海本地人经常食用的药材，药食同源，教师先讲解蒲公英的科属、性味、入药部位、药效、食用方法等，之后教师带领学生到百草园进行蒲公英采摘。学生把采摘的蒲公英带回家制作成蒲公英茶、凉拌蒲公英、蒲公英炒鸡蛋、蒲公英鸡蛋汤等。学生在这些活动中感受历史悠久、博大精深的中医药文化其实就在我们身边。

　　最后教师给学生分组布置任务，给百草园里的所有道地药材设计铭牌，铭牌中有植物的名称、科属、性味、入药部位、植物功效等中药基础知识，这是对本单元学习内容的综合性评价。学生进园挂牌是对学生学习效果的肯定，也可以给其他参观百草园的学习者以指引。

"绘制野生玫瑰图谱"课时教学方案 叁

本方案为"道地药材"单元第三节"绘制野生玫瑰图谱"的教学方案，计划为2课时。

一、课时目标

（1）学生通过观察与写生活动，发现野生玫瑰的生长之美，锻炼观察能力、概括能力、绘画能力与表达能力，从而亲近自然、热爱生活。

（2）学生通过绘制野生玫瑰图谱，更加深入地感悟草本植物的独特魅力，并以美学图谱的形式呈现出来。

（3）学生通过教师讲解和视频呈现，了解中国传统工艺品的艺术价值和魅力所在。不同的工艺品，其组成结构、材质、绘制工具、构图等方面都不相同，学生能够分辨和判断传统工艺品，并选择其中一种，制订合理方案进行绘制，最终呈现出一个完整的野生玫瑰工艺品。

（4）学生能够运用恰当的语言，描述自己的作品。学生小组合作，发挥创意，合理分工，以新颖且恰当的形式呈现所绘野生玫瑰工艺品，从而更加深刻地感知传统手工艺的独特魅力，感悟文化传承的重要价值，树立文化自信，弘扬优秀传统文化。

二、评价设计

（1）学生在观察活动中，应用四种科学观察方法，发现并记录野生玫瑰的独特美感，小组合作、分工合理、观察效率高。

（2）学生能理解中草药美学图谱的含义，并能够运用基本的美术造型语言，表现野生玫瑰，呈现出较为完整的美学图谱作品。

（3）学生在布置展览的过程中，通过交流发现彼此作品中的异同，拓宽创作思路，加深对野生玫瑰的感悟与理解，用恰当的语言对自己与他人的作品进行表述与评价。

（4）学生通过传统工艺品与野生玫瑰的创作活动，尝试运用更加丰富的绘画媒材与工具，体验更多层次的画面呈现效果。小组合作，运用微短剧、朗诵等形式，呈现野生玫瑰工艺品的美感与意义。（见表11-4）

表11-4　绘制野生玫瑰图谱评价量表

	A级（5 g能量）	B级（4 g能量）	C级（1~3 g能量）
观察活动	能够按照顺序，从四个方面科学观察；能够通过观察，发现野生玫瑰的生长特点、生长美感、生长变化；能够将观察所得落实到学习单上。	基本能够科学观察，能够发现野生玫瑰的基本生长特点与变化，基本能够完成学习单。	不能够全面掌握四种观察方法，无法独立完成学习单内容。
写生活动	能用点线面等造型元素描绘野生玫瑰的生长姿态与局部细节；画面完整；能够从画面中体现出自己的观察与感受；能够小组合作，合理分工。	基本能够运用两种造型元素描绘野生玫瑰，画面完整，基本能够表现出野生玫瑰的特征与个人感受，小组合作分工较为合理。	只能用一种造型元素描绘野生玫瑰；画面所呈现的野生玫瑰特征不够明显；个人观察与理解不够到位；小组合作分工不够合理，效率较低。
作品阐述表达力	能够用自己的语言，有感情地阐述自己的作品；客观评价同学的作品。	能够阐述自己的观察与创作过程，能够阐述自己的作品，能够较为客观地欣赏与评价同学的作品。	无法完整表述自己的作品，无法客观评价同学的作品。
传统工艺品材质与绘画工具的选择	对传统工艺品有全面的观察与认知，能正确选择绘画工具，能够使用绘画工具进行工艺品绘制。	对传统工艺品有较全面的认知，能够选择适当的工具材料进行绘制，基本能够运用绘制工具描绘野生玫瑰。	对传统工艺品认知较少，工具选择不够恰当，工具使用不够熟练。

续表

	A级（5 g能量）	B级（4 g能量）	C级（1~3 g能量）
成果展示	能够结合作品，设计有创意的展示形式；小组合作，分工合理，效率较高。	能够结合作品，合理设计展示形式；小组讨论合理分工，基本能够完成作品展示。	不能结合作品设计出合理的展示形式；小组合作时，分工不合理，沟通存在一定问题，效率较低。

三、教与学活动设计

课时教学内容详见图11-1。

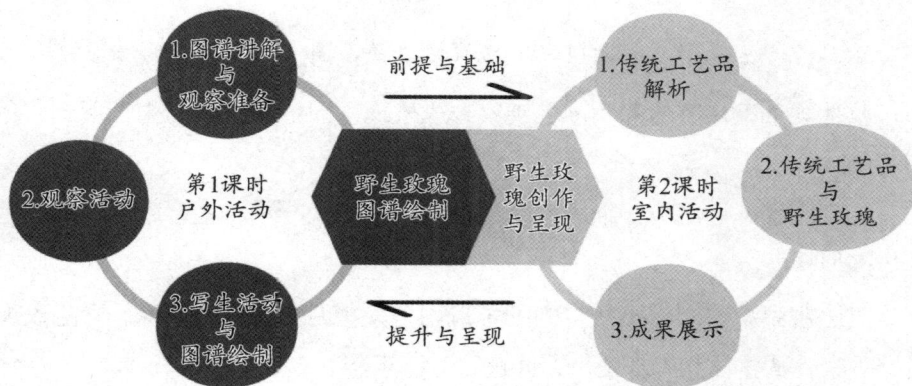

图11-1　课时教学内容导览

（一）第1课时

1. 图谱讲解与观察准备（导入阶段）

（1）图谱讲解。

中草药美学图谱定义：指用绘画的形式，绘制中草药的生长过程，以呈现草本植物的生命力、整体与局部的形态特征，用简练准确的文字描述辅助画面。

本节课的任务是为野生玫瑰绘制一幅美学图谱。

（2）观察准备。

观察内容：中草药——野生玫瑰。

观察流程：四人一组进行观察，完成学习单内容。

观察方法讲解（见图11-2）：

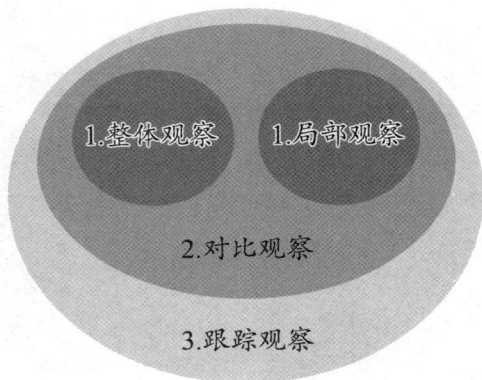

图11-2 观察方法关系图

整体观察，从整体的角度，观察野生玫瑰不同植株之间的生长形态、色彩变化。

局部观察，近距离仔细观察野生玫瑰的花朵、叶片、茎、刺等局部的色彩与造型特征。

对比观察，将同属蔷薇科的三种植物：大花月季、重瓣玫瑰、野生玫瑰对比观察，从整体和局部两个方面进行对比观察。

跟踪观察，观察其一生变化，注重过程性记录和阶段性总结。

2. 野生玫瑰观察活动（活动阶段）

（1）寻找野生玫瑰：带队进入百草园，小组四人合作，完成学习单第一项——找到野生玫瑰，并组内描述其整体生长形态。

（2）野生玫瑰细细瞧：小组合作，完成学习单第二项。（见图11-3）

（3）野生玫瑰寻芳记：野生玫瑰作为一年生道地草本植物，学生可进行为期一年的阶段性跟踪观察，并附威海地区观察报告。（见图11-4）

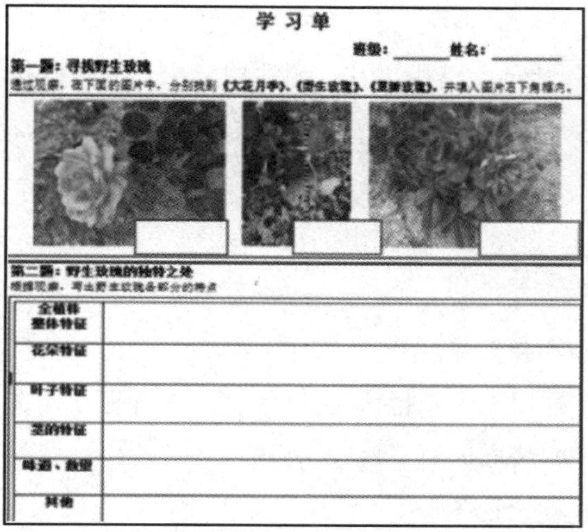

图11-3 观察活动学习单

图11-4 威海地区观察报告

3.写生活动与图谱绘制（活动阶段）

（1）写生活动。

根据组内观察成果，对野生玫瑰的整体和局部进行写生。遵循野生玫瑰的固有色，运用美术造型语言，尽量全面地表现野生玫瑰的生长形态。

（2）图谱绘制。

绘制要求：根据写生作品所积累的素材，组织画面、合理构图，进行图谱创作，注意遵循固有色，呈现野生玫瑰的原生状态。

绘制内容：绘制野生玫瑰的生长形态，需体现局部细节特征。

书写内容：根据画面需要，用艺术字体注解辅助完成图谱作品。例如：为野生玫瑰赋诗一首、简介其功效、叙写观察感受等，建议30字以内。

4.自己办展览（活动总结与拓展阶段）

展览方式：教师提供作品展示墙，学生自己动手，将图谱作品装裱并布置在展示墙上。

交流讨论：学生在展览墙前，回忆图谱绘制过程，观看自己与小伙伴的作品，小组讨论，找到自己与他人之间的优势与不足，彼此激发创造力。

表达与评价：对作品进行自评、互评、师评。

活动拓展：了解传统工艺品，以五种常见的中国传统手工艺品，即手工花灯、折扇团扇、书签、油纸伞、风筝为例，结合实物+视频的方法，从发展历史，传统"非遗"制作工艺、材质、尺寸、可绘制面积形状、组织结构等方面进行介绍。学生课下通过网络资源，深入了解一种传统工艺品，并提前准备工具材料结合写生作品与图谱，构思绘制流程创作作品。

（二）第2课时

1.传统工艺品解析（导入阶段）

传统工艺品知多少？学生课前准备，学生代表进行分享。

分享内容：你选择这一种工艺品进行绘制的原因是什么？你打算如何在工艺品上表现野生玫瑰？你可以预见哪些困难和解决方法？

2.传统工艺品与野生玫瑰（感悟阶段）

（1）教师讲解传统工艺品与野生玫瑰之间的关系，并绘画示范。

（2）传统工艺品绘制须知：一是要先绘制外轮廓形状；二是要根据传统工艺品的不同材质，选择适合的绘画工具。

（3）绘制野生玫瑰工艺品：多面花灯、风筝、油纸伞等，建议小组合作完成；书签、团扇等建议单人完成。制作时间建议为30分钟，部分工艺品需要小组合作完成组装。

3.成果展示

展示内容：学生绘制的野生玫瑰工艺品。

展示形式：学生根据所绘作品，自定义展示形式。建议用小组合作的作品编排3分钟左右的微话剧，话剧内容围绕所选工艺品的历史、野生玫瑰绘制感悟、创意故事情节等展开。

12

科学探索

　　理、化、生之间存在某种内在的关联或交叉融通之处，尤其是目标或指向的核心素养上有重合之处，这也正是国家义务教育课程方案设置"科学"课程的原因。在理、化、生三门课程相互独立的区域，开发实施科学领域的综合课程非常必要，有助于学生科学素养的提升。在这一方面，"科学探索"做了很好的尝试。

　　作为一门综合实践活动，尝试进行"多学科整合"或只关注单一学科的实践应用都是合适的。这门课程的一个亮点在于，其中的某些主题开始体现出了"跨学科整合"甚至"超学科整合"的倾向——围绕现实生活中真实问题来尝试构建课程主题。这是一个有益的探索，不仅对于综合实践活动的开发和实施很有价值，对于新课标所倡导的学科课程中"跨学科主题学习"的开发同样具有启发意义。

<table>
<tr><td rowspan="2">壹</td></tr>
</table>

"科学探索"课程纲要

设计单位：济南市辅仁学校

设计者：王玉言、杨乐、吴娜、杨维柳

适用年级：七年级、八年级

计划课时：20课时

一、课程简介

科学探究往往始于人们对生活中真实问题的好奇。由于受国家学科课程设计、课时要求的限制，基于真实问题解决的学科拓展类探究活动无法在课堂上实施。"科学探索"系列综合实践课程，旨在打破学科界限，引导学生通过科学探究的方式揭秘生活现象背后的科学原理，培养学生的科学素养，使科学思维内化于学生本身，使科学方法在学生内心融会贯通，成为学生终身发展所必备的基本能力。

二、背景分析

通过梳理初中理、化、生三大学科内容可以发现，这三科的知识内容都存在某种内在的关联或交叉融通之处。纵观初中理、化、生三个学科关于培养核心素养的要求，尽管措辞略有差别，但都包含科学探究、学科观念、科学思维和社会责任四个维度，其中科学思维主要包括模型思维、循证思维、批判性思维等。但长期以来，由于我国培养教师的模式，各任课教师之间学科背景不同，通常"各自为政"，从不或很少关注其他学科的课程内容。各科教师在教学当中都是从自己教授的学科出发培养学生的能力和思维，导致学生所学的知识都是割裂的，遇到问题时要么认为是物理问题，要么认为是化学问题，要么认为是生物问题，看待问题都是片面的、不完整的，不能从整体上把握问题，综合地看待问题、解决问题。基于这一现状，我们将打造跨学科课例，开发跨学科综合实践课程，帮助学生实现多学科知识的融会贯通，培养科学思维。

我们希望通过跨学科综合实践课程的设计与实施，教师的教学不再局限于事实性知识和程序性知识，而是更关注概念性知识，让学生经历"真实问题解决"的学习过程，培养学生的创新能力、问题求解能力、决策力和批判性思维能力。这就成为我们开发跨学科综合实践课程的一个抓手。我们设计的课程具有跨学科和超学科的整体性、发散性、开放性、层次性和系统性，培养学生科学思维能力，有利于减负提质，进而提升学生的思维品质。

三、课程目标

1. 发展科学思维，强化创新意识

本课程通过设置三类基于真实生活情境的科学主题：日常生活中的科学、科学发展中的科学、工程实践中的科学，让学生能够独立思考，形成创新意识，会用模型认知、批判性思维等科学思维方式、思维方法分析解决问题，发展核心素养。

2. 探究真实情境，解决实际问题

通过探究现实生活中的十个科学主题，超越学科界限，跨学科运用控制变量法、转换法等科学方法设计实验，并运用综合能力解决问题。在探究过程中加深对相应主题下问题本质的理解，能从问题本质的角度进行分析，能用科学思维去解决生活中的复杂问题。

3. 经历科学探究，增强实践能力

通过参加三个单元中不同主题的探究活动，学生在解决问题的过程中能够像科学家一样思考，打破传统学科思维限制，从跨学科融合的角度出发，经历科学探究的过程，发展科学思维的深度与广度，提高实验探究能力和实践能力。

4. 养成科学态度，具有责任担当

通过课程学习，学生能够形成敢于质疑、大胆想象、尊重事实的科学态度和科学精神，形成可持续发展的意识，树立正确的科学观，具有将科学服务于人类的使命感和责任感。

四、学习主题与活动安排

（一）学习主题

"科学探索"课程框架图，见图12-1。

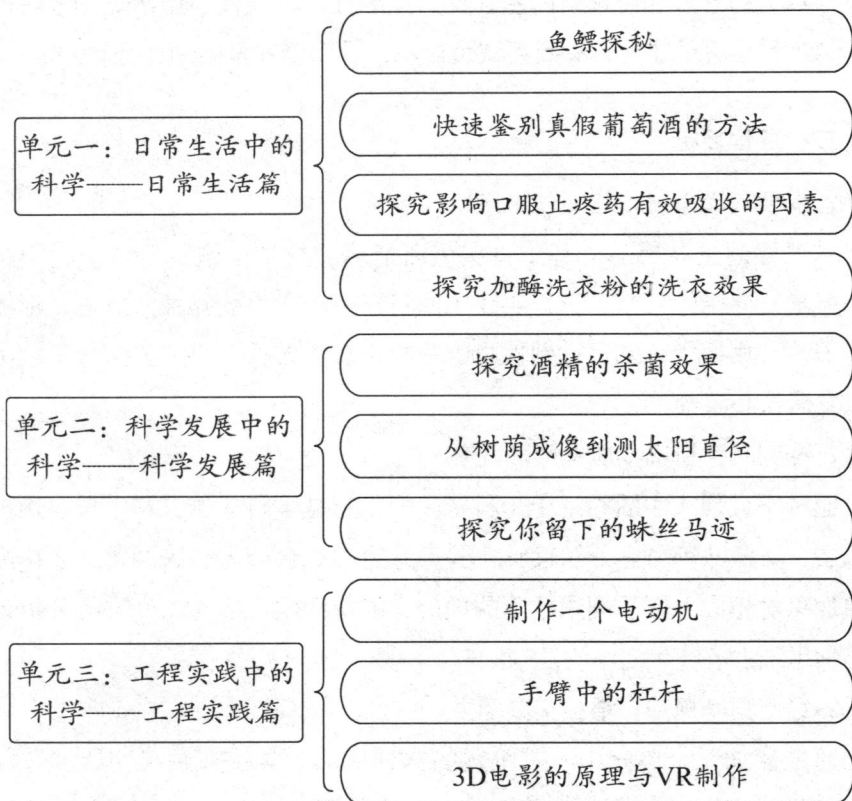

图12-1 "科学探索"课程主题框架图

1. 单元一：日常生活中的科学——日常生活篇（8课时）

课时1～2：鱼鳔探秘。主要内容：明确鱼鳔的主要成分、鱼鳔对于鱼浮沉的意义、探究鱼鳔内气体成分。

课时3~4：快速鉴别真假葡萄酒的方法。主要内容：明确植物花果不同颜色的原因，学会利用酸碱指示剂鉴别葡萄酒。

课时5~6：探究影响口服止疼药有效吸收的因素。主要内容：分析不同药物溶解的速度及胃的蠕动、小肠结构的特点，能够归纳总结出影响口服止疼药有效吸收的因素。

课时7~8：探究加酶洗衣粉的洗衣效果。主要内容：探究加酶洗衣粉的洗涤效果并寻找出合适的洗涤温度，总结不同加酶洗衣粉的作用、效果、区别及原理。

2. 单元二：科学发展中的科学——科学发展篇（6课时）

课时9~10：探究酒精的杀菌效果。主要内容：探究酒精杀菌效果和影响酒精杀菌效果的因素、探究酒精杀菌的原理。

课时11~12：从树荫成像到测太阳直径。主要内容：利用小孔成像原理（相似三角形）测量太阳的直径。

课时13~14：探究你留下的蛛丝马迹。主要内容：了解指纹的形成过程以及基本类型，并理解指纹与遗传之间的关系；利用化学方法让指纹显现。

3. 单元三：工程实践中的科学——工程实践篇（6课时）

课时15~16：制作一个电动机。主要内容：制作电动机模型，认识了解电动机的结构，尝试控制电动机转动的方向和速度，进而探究电动机的原理，并发挥创造性，优化电动机，进行实际应用。

课时17~18：手臂中的杠杆。主要内容：明确杠杆分类，从生物和物理角度分析手臂所属杠杆的类型及原因。

课时19~20：3D电影的原理与VR制作。主要内容：通过了解3D电影原理和VR原理，能正确分析出凸透镜成像规律特点在VR中的应用，并能够结合凸透镜成像特点改进VR的成像清晰度；再通过制作VR眼镜，培养动手能力和创造能力。

（二）实施过程及实施建议

教学实施过程流程图见图12-2。

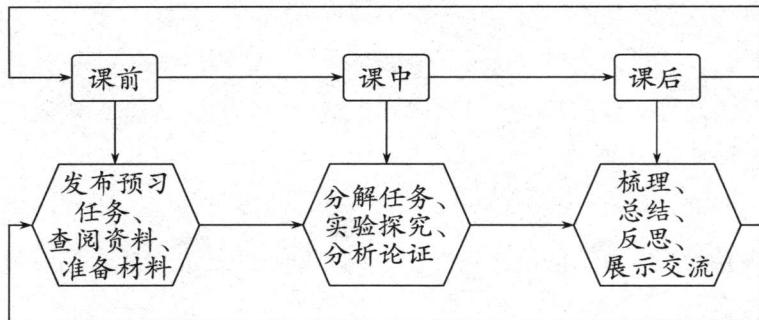

图12-2　教学实施过程流程图

实施建议：教学实施过程按照课前、课中和课后的时间顺序分成三部分。其中，课前主要是通过"科学探索"课程QQ群发布课前预习任务，明确需要查阅的资料和准备的材料。课中要重点突出师生互动和生生互动，以学生为主体，教师为主导，开展探究活动，体现教学过程中的过程性评价。课后活动主要是梳理、总结、反思，引导学生进行拓展学习，通过学生展示分享进行主题内容的终结性评价。

五、评价活动与成绩评定

通过评价激励个体，增强学生的发散思维，培养创造能力。该综合实践课程的评价方式有别于平时学科教学的评价，更多样化，定量与定性相结合，设计与实践展示相结合，形成性评价与单元反思评价相结合。（见表12-1）

表12-1 "科学探索"综合实践课程评价表

对象	标准	优秀（A）	良好（B）	有待提高（C）	评价
科学思维	运用思维方法	对探究内容有深刻的理解，能运用科学思维方法设计实验解决目标问题，得出科学结论。	对主题探究内容有较深的理解，能运用科学思维设计实验解决部分问题，得出科学结论。	对主题探究内容有初步了解，能初步设计实验解决部分问题。	
探究实践	实验目标	能清晰准确地说出每个实验的目标。	能较清晰说出每个实验的目标。	能基本说出部分实验目标。	
	实验过程	用科学方法准确描述实验具体步骤、所需器材。	用科学方法较准确描述实验具体步骤、所需器材。	能简单说出实验具体步骤、所需器材。	
	结论分析	能通过分析得出结论，并对结论进行分析评估，改进实验方案，归纳总结实验结论。	能通过分析，准确得出结论，具备一定的评估和改进意识。	能通过分析得出结论。	
责任担当	交流讨论	学生表述观点，积极讨论，高效解决问题。	学生表述观点，较快解决问题。	有讨论但未能解决所有问题。	
	小组协作	分工合理，团结合作，良好的精神风貌。	小组全员参与。	分工不合理。	
展示表达	语言表达	表达清晰，自然流畅，展示有激情，启发性强。	表达清晰，自然流畅。	表达基本清楚。	
	作品设计	精致美观、科学性强。	图文并茂，科学性较强。	图文过于简单。	
	作品效果	设计精美，实践效果好，能完全实现设计目标。	设计完整，作品较美观，能够部分实现设计目标。	设计较为简单，作品效果不明显。	
总体评价					

单元反思评价是学生对自己学习结果的评价，学生反思自己的学习过程，完善认知结构，梳理存在的不足，形成改进提升的策略和方法，是培育学生自我效能感的重要手段。（见表12-2）

表12-2　"科学探索"综合实践课程单元反思评价表

项目			梳理总结
目标达成评价	科学知识	通过本单元的学习，你收获了哪些知识，掌握了哪些技能？	
	科学思维	通过本单元的学习，你的思维得到哪些锻炼？	
	研究实践	通过本单元的学习，你对研究有什么新的认识？你在研究实践方面有哪些提升？	
	责任态度	通过本单元的学习，你认为在本单元的学习中需要具备什么样的科学精神？	
		通过本单元的学习，你对生命、自然、实践和社会责任有哪些感悟？	
		在小组中你承担哪些任务？你的任务完成情况怎么样？	
	自我反思	通过本单元的学习，你最大的收获是什么？	
		你发掘了自己的哪些优势？（自学力、探究力、动手力、领导力、演讲力等）	
		你知道自己还需要在哪些方面继续努力？	
		这个单元设计还有哪些需要改进的地方？	
教师评价：			

"日常生活中的科学——日常生活篇"
单元教学方案

贰

本方案为"科学探索"课程中的第一单元"日常生活中的科学——日常生活篇"的教学方案，计划为8课时。

一、背景分析

本单元内容与学生的生活息息相关，甚至是学生十分关心又存在疑惑的日常问题，如鱼儿为什么可以在水中自由沉浮，如何合理使用洗涤剂，怎么判断葡萄酒的真假……解释这些日常现象可以让人豁然开朗，解决实际的问题可以让生活事半功倍。

生活中的实际问题往往不是单一学科能够解决的，需要多学科融合协同完成。因此本单元运用理、化、生跨学科的知识解决日常真实问题，使学生成为跨学科教学的受益者，建立科学观念，从而形成"生活处处有科学，科学能解释生活中的现象和解决实际问题"的意识，培养证据推理的科学思维习惯和严谨求实的科学态度。

二、单元目标

（1）通过对自然界有鳔鱼类和无鳔鱼类的分析，观察小肠结构的实验和小肠吸收的对比实验，认同结构与功能相适应和生物整体性的观念。

（2）通过自制酸碱指示剂和探究鱼鳔中是否含有蛋白质的活动，能抽象概括出物质的性质是由微观组成和决定的，初步具备宏观和微观两个角度看世界的科学视角。

（3）能通过实验探究影响药物吸收的主要因素，辨别真假红酒，探寻加酶洗衣粉的最佳温度，推理猜测出鱼鳔内气体的主要成分，形成基本的科学探究思路和意识。

（4）能对实验结果进行分析交流、辨析与讨论，能对实验进行正确的评估，培养质疑精神。激发对生活中科学现象的好奇心和探究欲望，培养问题意识，增强对科学探究的兴趣。

三、评价设计

本单元评价主要体现"教、学、评一体化"思想，通过对科学思维、实验操作、科学观念、科学探究、表达交流五个方面进行过程性评价，促进学生在探究中积极思考、勇于表达、明确目标、辩证分析、评估、交流和合作，培养科学思维，提升核心素养。（见表12-3）

表12-3 "科学探索"综合实践课程第一单元评价表

	优秀	良好	有待提高
科学思维	能通过观察鱼的沉浮，用洗衣粉洗衣服衣服的变化等生活中的现象，提出具有探究意义的实际问题，并能运用理科思维方法设计实验解决目标问题，得出科学结论。	能通过观察鱼的沉浮，用洗衣粉洗衣服衣服的变化等生活中的现象，在教师的指导或同伴的协助下，设计相应实验来验证问题，得出科学结论。	能通过观察鱼的沉浮等生活中的现象，根据教师或同学们提出的实际问题，在教师的指导或同伴的协助下，设计相应实验来验证问题，得出科学结论。
实验操作	能够独立自主完成自制酸碱指示剂、验证鱼鳔内气体成分、对比加酶洗衣粉效果和解剖小肠的实验。	能够根据实验要求完成自制酸碱指示剂、验证鱼鳔内气体成分、对比加酶洗衣粉效果和解剖小肠的实验。	能够在教师指导下完成自制酸碱指示剂、验证鱼鳔内气体成分、对比加酶洗衣粉效果和解剖小肠的实验。

续表

	优秀	良好	有待提高
科学观念	十分认同"生活处处有科学，科学能解释生活中的现象和解决实际问题"，以及结构与功能相适应和生物整体性的观念。	认同"生活处处有科学，科学能解释生活中的现象和解决实际问题"，以及结构与功能相适应和生物整体性的观念。	基本认同"生活处处有科学，科学能解释生活中的现象和解决实际问题"，以及结构与功能相适应和生物整体性的观念。
科学探究	能够熟练运用控制变量法和对比法，探究小肠吸收性和加酶洗衣粉的效果；能熟练运用归纳法总结结构和功能相适应的大观念；能够准确选取合理证据进行推理证明观点。	能够运用控制变量法和对比法，探究小肠吸收性和加酶洗衣粉的效果；能运用归纳法总结结构和功能相适应的大观念；能较为准确地选取证据，推理证明观点。	在教师指导下能够运用控制变量法和对比法，探究小肠吸收性和加酶洗衣粉的效果；能运用归纳法总结结构和功能相适应的大观念；基本能够选取证据，推理证明观点。
表达交流	能清晰准确地说出探究鱼鳔、鉴别真假葡萄酒、影响止疼药效果、用加酶洗衣粉洗衣服各实验的目标，积极参与讨论，大胆提出自己的观点，表达有激情并富有启发性。	能较清晰地说出探究鱼鳔、鉴别真假葡萄酒、影响止疼药效果、用加酶洗衣粉洗衣服各实验的目标，参与讨论，表达清晰，自然流畅。	能基本说出探究鱼鳔、鉴别真假葡萄酒、影响止疼药效果、用加酶洗衣粉洗衣服各实验的目标，表达基本清楚。

四、教与学活动设计

（一）第一节　鱼鳔探秘

创设情境引入新课，教师活动：展示鱼鳔的图片，组织学生说一说对鱼鳔的了解。学生活动：从结构特征、功能特点和营养价值三方面讨论并交流对于鱼鳔的了解。

1.任务一：探究鱼鳔的主要成分

教师活动：其一，用手轻轻压一压鱼鳔，你有什么发现？它为什么会具备这种性质？你能猜猜鱼鳔的主要成分吗？其二，介绍鉴别蛋白质的方法——紫色反应。组织学生实验探究：鉴别鸡蛋蛋清中的蛋白质。

学生活动：其一，亲手轻轻按压鱼鳔，感受鱼鳔的弹性，类比联想，猜测鱼鳔的主要成分。其二，学习鉴别蛋白质的方法，明确实验原理，设计并进行实验，初步形成组成决定性质的基本观念。

2. 任务二：探究鱼鳔体积与鱼浮沉的关系

实验探究1："鱼鳔"的作用。

教师活动：组织学生思考、探究鱼鳔的体积大小与鱼浮沉程度有什么关系。

学生活动：小组合作，设计实验，根据所给器材（气球、重物块、水等），用等效替代法进行实验，得出结论，鱼鳔的体积越大，鱼的上浮程度就越高。

实验探究2：鱼鳔注水实验。

教师活动：组织学生评估讨论，是不是鱼鳔的体积决定了浮沉。

学生活动：再次设计实验，利用鱼鳔注水实验进行再次探究。得出结论：鱼鳔大小不是决定鱼浮沉的根本原因。

实验探究3：鱼儿浮沉的秘密。

教师活动：组织学生对比两次实验，分析鱼浮沉的根本原因是什么。（教师补充浮力和重力的概念，引导学生学会画力的示意图并用其进行分析）

学生活动：对比分析，讨论得出，鱼浮沉是因为鱼受到的浮力和鱼自身重力的关系。学生形成结构和功能相适应的观念。

3. 任务三：探究鱼鳔内主要气体成分

教师活动：组织学生根据鱼鳔的特点和气体来源进行分析，猜想鱼鳔内的气体主要成分有哪些，利用带火星的木条、澄清石灰水、朗威系统等进行实验探究。

学生活动：猜想鱼鳔内气体的主要成分为氧气和二氧化碳。设计实验，通过鱼鳔内气体使点燃的木条燃烧更旺、使澄清石灰水变浑浊等得出结论：鱼鳔内含有氧气和二氧化碳。学生利用朗威系统探究氧气和二氧化碳浓度，认识环境对生物进化的影响和意义，形成基本的生命观念。

（二）第二节　快速鉴别真假葡萄酒的方法

创设情境引入新课，教师活动：提问在生活中，我们有什么方法可以快速鉴别葡萄酒的品质。学生活动：讨论并交流在生活中，快速鉴别葡萄酒品质的方法。

1. 任务一：初探花果颜色的秘密

教师活动：通过提供资料等方式，帮助学生认识花青素，并将葡萄汁与四杯无色透明液体（白醋、洗衣液、洁厕灵、泡打粉溶液）混合，组织学生观察颜色变化，将花青素和pH酸碱度的变化联系起来。

学生活动：认识花青素，观察后讨论得到植物的花青素能跟酸或碱性溶液起作用而显示不同的颜色。

2. 任务二：影响植物花果颜色的因素

教师活动：组织学生思考影响花和果实颜色的因素是什么。其一，不同品种的牡丹花颜色不同，其根本原因是什么；其二，有些花的颜色可以一日三变，比如牵牛花的花瓣在清晨是粉红色，之后变成紫红，最后变成蓝色，这其中的原因是什么。

学生活动：进行猜想，设计并进行实验，从自身和外界两个角度分析影响植物花果颜色的因素，形成基因与环境影响生物生命的观念。

3. 任务三：自制酸碱指示剂

教师活动：提问我们怎样利用花青素来鉴定酸和碱；让学生小组合作，利用自己带来的实验材料，自制酸碱指示剂，比如用苹果汁、葡萄汁进行实验，并参考标准的pH试纸，自己制作pH试纸。

学生活动：利用影响植物花果颜色的因素之———pH酸碱度，认识酸碱指示剂，自制酸碱指示剂并对常见物质的酸碱性进行检验。

4. 任务四：鉴别红葡萄酒的优劣

教师活动：提问我们怎么利用今天所学的知识来鉴别红葡萄酒的优劣。

学生活动：利用前面三个任务的内容铺垫，得出红葡萄酒是一种天然的酸碱指示剂，遇到酸碱呈不同颜色，基于此进行实验，检验自己带来的红葡萄酒。

（三）第三节　探究影响口服止疼药有效吸收的因素

创设情境引入新课，教师活动：一同学突发头疼，服用酚咖片止疼药后疼痛感逐渐消失，请学生思考哪些因素能影响止疼药里的有效成分快速被人体吸收，从而起效。学生活动：讨论并交流该问题。

1. 任务一：比较药物的溶解速度

教师活动：提供资料一，固体药物必须在胃、肠液中先溶解，然后才能被黏膜吸收，如果药物在胃、肠液中溶解的速度太慢，会影响药物的吸收，起效速度也会减慢。请学生思考资料中提到的影响药物吸收的因素是什么。

提供资料二，酚咖片有很多不同品牌，如天瑞特、芬必得、加合百服宁等，但药片配方是一样的。一同学很想知道这些酚咖片溶解速度是否一样。以小组为单位，利用天瑞特、芬必得、加合百服宁三种品牌的酚咖片，与胃液等浓度的盐酸溶液，100 mL 烧杯，计时器等材料设计探究实验。

学生活动：理解资料一的内容，意识到药物的溶解速度是影响药物吸收的因素之一；探究不同品牌同种类型药物的溶解速度，了解胃的蠕动是影响因素之一，且不同品牌因技术原因会导致药物溶解速度的不同。

2. 任务二：探究生理因素对药物吸收的影响

教师活动：组织学生观察小肠的结构。首先，观察小肠的长度；然后截取一小段小肠来观察内部结构，并翻过来观察小肠的内壁；最后撕去小肠外壁上的上皮组织，把小肠纵剖，观察小肠上的血管和内壁的小肠绒毛。

学生活动：通过观察小肠的结构，理解小肠形态的作用，总结小肠利于药物吸收的特点，再次巩固结构与功能相适应的基本观念。

3. 任务三：探究耐药性对药物吸收的影响

教师活动：提供资料，一同学发现吃酚咖片效果好、作用快，之后只要头疼就会吃一片，经过一段时间发现，药效的持续时间越来越短，没过几个小时又会疼起来。请学生结合生活经验思考形成此现象的原因。

学生活动：查阅资料并结合生活经验，了解耐药性对药物吸收的影响，意识到合理用药、科学用药的重要性，培养安全用药的意识。

（四）第四节　探究加酶洗衣粉的洗衣效果

创设情境引入新课，教师活动：当洗衣服的时候，会发现有油渍、汗渍或血渍的衣服很难彻底洗干净，你如何解决这个问题？你是否尝试过用加酶洗衣粉清洗？与普通洗衣粉相比，加酶洗衣粉为何能更有效地清除顽渍？学生活动：讨论有油渍、汗渍或血渍的衣服彻底洗干净的方法，思考加酶洗衣粉能清除顽渍的原因。

1. 任务一：比较普通洗衣粉和加酶洗衣粉的去污效果

教师活动：播放普通洗衣粉和加酶洗衣粉的去污效果视频，请学生思考什么是"酶"？洗衣粉中酶发挥效果的原理是什么？在生活中，有哪些条件可以影响衣物的洗涤效果？对洗衣粉洗涤效果的判断指标有哪些？关于加酶洗衣粉的实验探究应该怎么做？

学生活动：通过观看视频，认识酶的本质和作用；通过小组讨论，尽可能多地说出影响衣物的洗涤效果的因素；讨论洗衣粉洗涤效果的判断指标；初步运用控制变量法设计实验，对比普通洗衣粉和加酶洗衣粉的去污效果。

2. 任务二：探究温度对加酶洗衣粉洗涤效果的影响

教师活动：组织小组成员就以下问题进行思考并进行实验探究。温度为什么会影响加酶洗衣粉的洗涤效果？你觉得哪个温度是比较合适的温度？如何设计实验来验证？需要用到哪些实验材料？实验过程中应注意什么？

学生活动：思考问题并设计实验，探究温度对加酶洗衣粉洗涤效果的影响，再次巩固控制变量法的运用，分析温度影响洗涤效果的原因。

3. 任务三：做品牌评测官推荐信赖产品

教师活动：组织学生做洗衣粉品牌评测官，并推荐信赖的产品。

学生活动：探究不同品牌洗衣粉对油渍、奶渍、血渍的去污效果，辩证地看待广告的宣传，形成科学解释现象、分析问题的基本思路。

叁　"快速鉴别真假葡萄酒的方法"课时教学方案

本方案为"日常生活中的科学——日常生活篇"单元主题二"快速鉴别真假葡萄酒的方法"的教学方案。

一、课时目标

（1）学生通过实验、资料分析，能说出植物花果不同颜色的原因；能通过观察探究，了解酸碱指示剂的概念，建构遗传与变异的科学观念、变化观念与平衡思想。

（2）通过小组合作、讨论交流，利用花青素的特性分析实验现象，提升逻辑思维能力；可以通过现象推理出结论，促进证据推理的理科思维发展。

（3）通过小组合作，进行实验设计，探究不同果蔬中的花青素含量，制作酸碱指示剂检测葡萄酒的真假，学会科学探究的一般方法，提高实验操作能力。

（4）在自制酸碱指示剂实验探究的过程中，体验科学家不畏艰险的精神，激发对探究实验的热爱；能对实验进行正确的评估，增强合理的质疑精神。

二、评价设计

第1课时的课堂评价主要从科学观念、科学思维、责任担当、展示表达四个方面进行评价。（见表12-4）

表12-4　第1课时课堂评价表：学生活动评价标准

对象	标准	优秀	良好	有待提高	评价
科学观念	掌握重要概念	可以准确说出花青素的特点、酸碱指示剂的概念。	可以基本说出花青素的特点、酸碱指示剂的概念。	通过分析资料，没能说出花青素的特点、酸碱指示剂的概念。	
科学思维	证据推理	能通过资料，准确分析出花果颜色不同的原因。	能通过资料分析，大致说出花果颜色不同的原因。	不能说出花果颜色不同的原因。	
责任担当	交流讨论	全员表述观点，积极讨论，高效解决问题。	全员表述观点，较快解决问题。	小组有讨论但未能解决所有问题。	
	小组协作	分工合理，团结合作，良好的精神风貌。	小组全员参与。	分工不合理。	
展示表达	语言表达	表达清晰、自然流畅，展示有激情，启发性强。	表达清晰、自然流畅。	表达基本清楚。	
总体评价					

第2课时的课堂评价主要从理科思维、探究实践、责任担当、展示表达四个方面进行评价。（见表12-5）

表12-5　第2课时课堂评价表：学生活动评价标准

对象	标准	优秀	良好	有待提高	评价
科学思维	运用思维方法	对花青素的特点有深刻的理解，能运用理科思维方法设计实验，完成鉴定葡萄酒的目标，得出科学结论。	对花青素的特点有较深的理解，能运用理科思维设计实验解决部分问题，得出科学结论。	对花青素的特点有初步了解，能初步设计实验解决部分问题。	

续表

对象	标准	优秀	良好	有待提高	评价
探究实践	实验目标	能清晰准确地说出自制酸碱指示剂和鉴定葡萄酒实验的目标。	能较清晰地说出自制酸碱指示剂和鉴定葡萄酒的实验目标。	能基本说出自制酸碱指示剂和鉴定葡萄酒的实验部分目标。	
	实验过程	能用科学方法准确描述实验具体步骤。	能用科学方法较准确描述实验具体步骤。	能简单说出每个具体步骤。	
	结论分析	能通过实验现象分析，准确得出葡萄酒优劣的结论，对结论进行分析评估，改进实验方案。	能通过实验现象分析，大致得出葡萄酒真假的结论，具备一定的评估和改进意识。	能通过实验现象分析，大致得出葡萄酒真假的结论。	
责任担当	交流讨论	全员表述观点，积极讨论，高效解决问题。	全员表述观点，较快解决问题。	小组有讨论但未能解决所有问题。	
	小组协作	分工合理，团结合作，有良好的精神风貌。	小组全员参与。	分工不合理。	
展示表达	语言表达	表达清晰、自然流畅，展示有激情，启发性强。	表达清晰，自然流畅。	表达基本清楚。	
总体评价					

评价方式：形成性评价。

在每课时结束时，以小组为单位根据评价标准进行生生互评。本课程结束后，教师根据实验记录单对实验结果进行评价，综合生生互评的评价，得出学生的本节课成绩（等级）。

三、教与学活动设计

创设情境，引入新课。背景：现在市场上的葡萄酒品质参差不齐，有的葡萄酒是酒精、糖精、香精和柠檬酸色素等调制的一种饮料；有的是用"半汁葡萄酒"冒充全汁葡萄酒，将残渣加水、加糖二次发酵冒充的葡萄酒，这样的劣质酒影响身体的健康。

教师提出驱动性问题：在生活中，我们有什么方法可以快速鉴别葡萄酒的品质呢？

学生讨论并交流在生活中以快速鉴别葡萄酒品质的方法。

（一）任务一：初探花果颜色的奥秘

教师提出驱动性问题：自然界中为什么会有不同颜色的花和果实呢？学生思考问题，并且表达自己的想法。

1. 初步了解花青素的特性

教师出示资料（见图12-3）：在葡萄的生长过程中，果粒会膨胀变大，果实逐渐成熟，果皮中的色素会发生转变，由叶绿素转化成花青素，细胞液呈酸性，果实也慢慢由绿色变成紫色，含糖量升高，酸度随之下降。

图12-3　葡萄果实的成熟过程

教师引导学生思考：你能从资料中得到什么信息？

学生从资料中提取信息，回答问题：葡萄中花青素慢慢积累，并且酸度变低时，果实会由绿色变成紫色。

2. 实验感受花青素的特性

教师进行演示实验：用葡萄汁与四杯无色透明液体混合之后，发生了颜色的变化。（见图12-4）

教师引导学生思考：我们可以得出什么样的结论？

学生观察实验后回答：植物的花青素能跟酸或碱的溶液起反应而显示不同的颜色，从而判断无色透明液体的酸碱程度。

图12-4　实验感受花青素的特性

教师出示有关资料，学生讨论分析，得出酸碱指示剂、pH酸碱度等重要概念。

3. 迁移应用

教师展示丁香花、勿忘我、月季、牵牛花的图片，请学生将以上四种花中的花青素所在的液体环境pH酸碱度从小到大排列起来，并讨论排列的依据是什么。

学生利用所学知识进行排序并讨论。

（二）任务二：探究影响植物花果颜色的因素

教师提出驱动性问题：影响花和果实颜色的因素是什么，学生思考问题，并且表达自己的想法。

图12-5　牵牛花花色一日三变（粉红—紫红—蓝色）

教师引导学生思考以下问题：

不同品种的牡丹花颜色不同，其根本原因是什么？

更为神奇的是有些花的颜色可以一日三变，比如牵牛花的花瓣在清晨是粉红色，之后变成紫红，最后变成蓝色，这其中的原因是什么？（见图12-5）

学生小组合作，讨论交流：怎样设计实验证明你的猜想？

（三）任务三：自制酸碱指示剂

教师提出驱动性问题：我们怎样利用花青素来鉴定酸和碱呢？学生思考问题，并且表达自己的想法。

教师提出探究实验的任务要求：

其一，小组合作，利用自己带来的实验材料，比如苹果汁、葡萄汁、紫甘蓝汁等进行实验。

其二，填写实验记录表格，参考标准的pH试纸，自己制作pH试纸。

其三，以小组为单位，展示成果，选出最优的酸碱指示剂。

学生设计实验，制订实验方案，根据所给器材，进行实验，得出结论。

（四）任务四：鉴别红葡萄酒的真假

教师提出驱动性问题：在生活中，我们有什么方法可以快速鉴别葡萄酒的品质呢？学生思考问题，并且表达自己的想法。

教师引导学生思考：我们怎么利用今天所学的知识来鉴别红葡萄酒的真假呢？

学生进行实验，检验自己带来的红酒的真假。

教师引导学生思考：

花青素除了是一种天然的酸碱指示剂之外，对人体有什么好处呢？

我们能否用同样的方法鉴别白葡萄酒呢？

学生思考并且讨论问题。

（五）任务五：总结与反思

教师引导学生总结本节课的学习重点，学生谈学习的收获。

13

牌坊之韵

编者点评

　　利用地域特色文化资源是开展学校综合实践活动课程的可行途径，齐河县永锋实验学校的综合实践活动课程"牌坊之韵"依托县域内的牌坊建筑资源，既有利于文化传承，也有利于学生建立文化自信，还有利于学校形成独有的特色课程。该课程设计并不完美，但有其比较突出的亮点，即课程实施的设计。首先，课程的实施方式多样，包括实地考察、查阅资料、走访调查、自主设计、汇报分享等，较好地体现了综合实践活动的课程属性。其次，将课程内容与课程实施两个要素整合起来进行设计，而不是笼统、孤立地呈现课程实施，这样的呈现有利于提高课程的可推广性。最后，该课程选择的实施方式与课程内容的匹配程度比较高，能够较好地支撑课程内容的落实。所设计的单元和课时教学方案总体上比较合理，能够较好支撑课程目标的达成。

<table>
<tr><td>壹</td><td></td></tr>
</table>

"牌坊之韵"课程纲要

设计单位：德州市齐河县永锋实验学校

设计者：宋美娇、房勇、李家富、钟亚男、李洋

适用年级：初一、初二年级

计划课时：10课时

一、课程简介

在美妙的诗歌、多样的视频、具体的案例中，了解牌坊的历史传承，认识身边的牌坊，是一件十分有趣而快乐的事情；从结构、纹饰、匾额等元素入手，用生动的语言，把牌坊的美娓娓道来，更是一次领略中华传统文化之美的旅行；讲述一个个面容鲜活、感人至深的故事，是一次次情感的升华，更是一次次中华传统美德的传承；独具匠心的创作，讲述的是身边的事，描绘的是身边的景，更是来自精神世界的美！

二、背景分析

在五千多年文明发展中孕育的中华优秀传统文化是我们的底气，我们应该运用好、发挥好这一优势，做传统文化的宣传者和传承者。

中国学生发展核心素养、国家新课程理念、我校"共享生命成长"的核心理念和"基于学生兴趣，适应学生需求；开发学生潜能，促进学生发展；让学生享受课程，让课程成就学生"的课程理念都为我们开展综合实践活动提供了方向引领。这让我们在制订课程内容时能够关注人在教育教学中的发展，关注个体的进步和潜能的发展，激发广大学生的积极性和创造性。

牌坊是中华传统文化的一种重要表现形式，承载着浓厚的文化底蕴。齐

河县有悠久的历史，县城内的6座雄伟壮丽的牌坊建筑，是我们开展牌坊课程得天独厚的条件。综合实践活动课程"牌坊之韵"有利于让更多的学生了解牌坊文化，让更多的齐河人感受齐河悠久的历史，从而增强民族自豪感、自信心。

三、课程目标

一是通过实地考察、查阅资料等方式，了解齐河牌坊匾额、纹饰、材质、结构等众多元素，学生学会初步认识事物的方法。

二是通过走访调查、查阅资料、汇报分享的方式，进一步了解具有代表性和典型性牌坊，感受传统文化的民族性与世界性，增强对中华传统文化的认同。

三是通过自主设计、小组合作、教师指导等方式，学生依靠研究成果设计一本有关牌坊文化的齐河宣传手册，培养社会责任感和实践创新能力。

四是通过分享收获、归纳总结等方式，欣赏齐河牌坊建筑，了解齐河牌坊文化，感受家乡齐河牌坊建筑的独特魅力，增强民族自豪感和爱家乡、爱祖国的家国情怀。

四、学习主题与活动安排

（一）单元一：牌坊的底蕴（2课时）

1. 课时1：历史中的牌坊

内容：了解牌坊的历史起源和演变过程，知道古代各类牌坊的作用。

实施建议：结合古人背诗方式，欣赏《国风·陈风·衡门》，初步感受源远流长的牌坊文化；结合视频欣赏棂星门、牌楼的样貌，初步了解牌坊的起源及演变过程；讨论牌坊建造的意义，知道牌坊中也有标志坊、功德坊等分类。

2. 课时2：生活中的牌坊

内容：了解近代以来牌坊的保存现状，知道典型的牌坊特点。

实施建议：结合视频，从不同角度展示牌坊文物保护的案例，使学生认识到保护前后牌坊发生的重大变化，进而初步了解保护文物古迹的重要性；学生实地考察齐河县"河清海晏"牌坊，细致观察，发现问题，教师在课堂上对学生的疑问加以解答，帮助学生认识牌坊的构成要素；结合学生日常生活所见，引导学生了解齐河本地的牌坊。

（二）单元二：牌坊的美韵（3课时）

1. 课时3：结构里的齐河牌坊

内容：通过实地考察、手绘、收集资料等活动，了解齐河牌坊的结构特点，体会齐河牌坊所蕴含的中国传统的人文精神。

实施建议：学生分六个活动小组，分别实地考察并手绘"临济""瞻岱""康城""拱极""河清海晏""齐之门"牌坊的外形，通过实地测量等方法，收集齐河牌坊的相关数据。在此活动中，学生能够明确齐河各牌坊的结构特点及比例，初步体会敦厚、中正等中国传统的人文精神追求。

2. 课时4：纹饰中的齐河牌坊

内容：通过实地观察、制作泥塑等活动，了解齐河牌坊的雕刻技法和纹饰，认识齐河牌坊体现的中国传统的审美观，从而初步领悟中华民族对美好事物的追求。

实施建议：学生分六个活动小组，分别实地观察并用"临济""瞻岱""康城""拱极""河清海晏""齐之门"牌坊的纹饰制作泥塑，从而初步了解、采用的多种雕刻技巧，体会中国传统建筑所体现的对称、敦厚、中正等中国传统人文精神追求。

3. 课时5：匾额内的齐河牌坊

内容：通过实地考察记录齐河牌坊的匾额内容，收集齐河古今人物事迹，初步认识齐河人民的精神追求和家国情怀，从而增强学生"爱家乡、爱祖国"的情感，初步树立起"担当责任、报效家国"的意识。

实施建议：学生分六个活动小组，分别实地观察并记录"临济""瞻岱""康城""拱极""河清海晏""齐之门"牌坊的匾额内容，收集齐河古今人物事迹。在活动中，学生能深刻地领悟齐河人民强烈的爱国主义精神和追求幸福安宁的精神，从而激发"爱家乡、爱祖国"的情感，初步树立起"担当责任、报效家国"的意识。

（三）单元三：牌坊的情韵（2课时）

1. 课时6：精忠报国

内容：了解岳飞功德坊精忠报国的故事，能够简单地讲述有关功德、家族、洁孝牌坊的故事。

实施建议：欣赏岳飞功德坊的相关图片，观看岳飞功德坊的相关纪录片，结合教师提供的史料，了解岳飞功德坊背后精忠报国的故事。学生能够根据教师讲解"精忠报国"牌坊的故事，找到途径搜寻其他有关功德、家族、洁孝牌坊的材料。教师要帮助学生掌握辨析史料的方法，让学生能辨析自己搜寻到的材料的价值高低，合理地提取对自己讲述牌坊故事有用的史料内容。学生能够通过有逻辑的历史解释，简单讲述自己所发现的牌坊故事，并自主开展牌坊故事展。

2. 课时7：圜桥教泽、学海节观

内容：了解北京国子监琉璃牌坊"圜桥教泽、学海节观"的故事，能够简单地讲述有关标志、庙宇、陵墓牌坊的故事。

实施建议：欣赏北京国子监琉璃牌坊的相关图片，观看北京国子监琉璃牌坊的相关纪录片，结合教师提供的史料，了解北京国子监琉璃牌坊背后关于"圜桥教泽、学海节观"的故事。学生能够根据教师讲解"圜桥教泽、学海节观"牌坊的故事，找到途径搜寻其他有关标志、庙宇、陵墓牌坊的材料。教师要帮助学生掌握辨析史料的方法，让学生能辨析材料的高低价值，合理地提取对自己讲述牌坊故事有用的史料内容。学生能够通过有逻辑的历史解释，简单讲述自己所发现的牌坊故事，并自主开展牌坊故事展。

（四）单元四：牌坊的声韵（3课时）

1. 课时8：关于宣传齐河牌坊的可行性报告

内容：分小组制作"关于宣传齐河牌坊的可行性报告"。

实施建议：帮助学生了解可行性报告需要如何分析，从哪些方面调查、研究、分析，如何确定有利或不利因素，如何确定项目是否可行。

看得见的课程丛书
因地制宜：综合实践活动类课程方案典型案例

分析其他案例提供的可行性报告模板，找到撰写可行性报告的方式。

组织小组，要求学生合作撰写一份可行性报告。学生分两至三个学习小组，分别撰写可行性报告，撰写完成后，进行班内展示，教师点拨后，完善可行性报告。

2. 课时9：手工牌坊DIY

内容：分小组手工制作牌坊。

实施建议：学生展示自己制作牌坊的思路，如制作齐河六座牌坊中的某一座，是进行复刻还是进行创新；制作国子监琉璃牌坊；为学校或班级订制一座牌坊等。

分小组选定同意投票通过的牌坊，确定制作牌坊的类型、结构、元素、题字等。

展示学生制作的牌坊模型，并通过自媒体加以宣传。

3. 课时10：制作齐河牌坊宣传手册

内容：依据所了解内容，从多个方面介绍齐河牌坊。

实施建议：通过之前课程所学习的有关牌坊的知识，以及第二单元中所了解的齐河六座牌坊的历史底蕴，加之实地走访了解到的齐河历史，制作齐河牌坊宣传手册。首先确定宣传手册的内容，并进行排版布置，以期展示齐河的历史底蕴，并从牌坊中感受中华民族优秀的传统文化。

五、评价活动与成绩评定

1. 评价内容

包含自主学习评价、课堂表现评价、作业评价三部分。

自主学习评价：知识的掌握程度、技能的掌握程度、艺术表现手段的运用等。

课堂表现评价：学习态度是否端正、是否善于思考并敢于提出问题、是否认真创作并按时完成作品等。

作业评价：作品是否有创意、能否表达出自己作品的创意、能否对同伴的作品给出客观的评价、作业质量是否有所提高等。

2. 评价方式

以学生自评、互评为主，教师点评为辅；同时关注学生的学习过程和成果，主要通过评价表实现。（见表13-1、表13-2）

表13-1　学生学习过程评价表

评价指标	评价等级			得分
	★★★（9~10分）	★★（7~8分）	★（6分）	
课堂知识掌握程度	了解牌坊的历史演变过程和牌坊的种类；知道牌坊的构成要素；了解齐河不同牌坊的美好寓意。	了解牌坊的历史，知道牌坊的主要种类；知道牌坊的主体结构；知道九处齐河牌坊的意义。	了解牌坊的起源；知道牌坊的材质；能说出齐河主要牌坊的名称。	
实践参与程度	能够通过网络平台搜索齐河本地牌坊的具体位置；能够用走访、查资料等方式全面了解齐河牌坊。	能够通过搜索平台知道齐河牌坊的位置；能够通过不同方式了解齐河牌坊。	通过网络了解齐河牌坊位置；通过观察了解齐河牌坊的规格。	
情感参与程度	通过对齐河牌坊了解，深刻领悟齐河群众强烈的爱国主义精神和对幸福安宁的向往，激发自己爱国爱家的情感，树立担当责任、报效家国的意识。	知道齐河群众的爱国情感和对美好生活的向往，激发自己的爱国情怀和责任担当。	知道齐河群众的爱国情怀和对美好生活的向往。	
创新能力程度	具有发散思维，能够举一反三，能用不同的方法解决问题，作品具有创新性、创造性。	能根据教师指导完成作品。	能简单复原齐河一处牌坊。	

表13-2　"牌坊之韵"成果展示评价表

评价指标	评价等级			得分
	★★★（9~10分）	★★（7~8分）	★（6分）	
历史文化艺术的结合	能够完整地将牌坊的历史文化与现代艺术相结合。	基本把牌坊的历史文化与现代艺术相结合。	不能完美结合。	
创造力	在遵循历史的基础上，具有很好的创造性展示。	基本在历史信息的基础上展示出来。	简单复原。	
合作力	小组内有良好的沟通，分工明确，完成效率高，质量高。	小组内有效沟通，完成速度较快，质量一般。	小组内缺乏沟通，完成速度慢，质量差。	
完整度	有详细的技术参数，有充分的参考资料，结构完整。	有完整的层次结构。	作品不完整。	

通过两条路径评价学习成果，一是面向全体的成果展示；二是在全员展示的基础上遴选一些优秀成果，进行佳品展示，利用文化墙、电子大屏幕、永锋小剧场、大家讲堂等形式进行展示，提高学生积极性。

3.评价制度

以星级评价为主要形式，以鼓励进步为最终目的。每项目标完成情况按3、2、1颗星进行评价，再进行累积；评选班中综合实践活动之星。

"牌坊的情韵"单元教学方案 　　　贰

　　本方案为"牌坊之韵"课程中的第三单元"牌坊的情韵"的教学方案，计划为2课时。

一、背景分析

　　历经岁月留下来的牌坊固然坚固，但牌坊背后的历史故事才是让牌坊穿越千年的支柱力量。本单元以中国历史上极为著名的牌坊"岳飞功德坊""国子监琉璃牌坊"背后的故事为载体，为学生提供一个了解牌坊的视角。因此，本单元是对前单元牌坊元素概述的一种补充，一种升华，同时也为下一单元打下坚实的基础。学生对于岳飞精忠报国的故事已经有所了解，但对于国子监琉璃牌坊的故事却知之甚少，其他故事更是需要学生去自主探寻。"精忠报国"和"圜桥教泽、学海节观"的牌坊故事是本课学习的重点，如何学会讲述牌坊背后的故事，深刻理解牌坊故事的历史价值是本单元学习的难点。

二、单元目标

　　（1）通过视频、图片、史料等材料，学生能够发现"岳飞功德坊""圜桥教泽、学海节观"背后精忠报国的故事内涵，深化爱国主义情感。

　　（2）通过给牌坊故事制作名片、制作牌坊模型等，学生能够掌握牌坊故事背后的基本牌坊类型。

　　（3）通过小组合作组织与牌坊相关的学科活动和历史剧，学生能够了解历史叙事的方法，培养学生历史解释的核心素养。

三、评价设计

（1）学生能够给小组成员讲述岳飞精忠报国、国子监琉璃牌坊相关的故事。

（2）学生能够制作出有关牌坊故事的牌坊名片或精美模型。

（3）学生能够上台通过不同形式展示自己掌握的牌坊故事。

四、学与教活动设计

本单元内容共两课时，上承对齐河当地牌坊主要元素的考察研究，下启为宣传齐河文化而进行的设计创造，旨在开阔学生视野，增强学生热爱中华传统文化、爱祖国、爱家乡的情感。

为完成目标，设计如下环节。

（一）感官齐动，了解著名牌坊

学生通过欣赏岳飞功德坊、国子监琉璃牌坊的相关图片、纪录片，结合教师提供的史料，了解著名牌坊背后的故事。教师组织学生讲述他在著名牌坊中了解到的有趣故事，并通过绘画牌坊名片的形式把这个故事展现出来。教师在这个过程中要根据学生的能力合理分配小组，每个小组中的领导者、讲述者、绘画者要同时具备，保证各个小组牌坊名片的完成度。

（二）自寻素材，培养史料实证

学生能够通过课堂上教师讲述的网络渠道，搜寻出其他有关功德、家族、洁孝、标志、庙宇、陵墓牌坊的材料。教师组织学生对搜寻来的大量材料进一步地辨析筛选并帮助学生掌握辨析史料的过程（质疑发现问题—搜集整理史料—提取史料信息—辨析史料价值—综合运用史料—得出最终结论），使学生初步了解历史研究的一些基本方法。当然初中阶段不需要学生了解得如此细致，学生能够对搜寻到的史料进行合理的取舍即可。

（三）总结经验，给牌坊分分类

通过单元内课程和自己搜集到的多种牌坊，学生进一步了解牌坊的不同类型及区别。教师组织"牌坊连连看""看纹饰猜牌坊"等不同的课上活动，加深学生对不同牌坊类型的了解。教师在这个过程中做好活动的设计者，精心挑选活动所用的牌坊图片，尽可能地涵盖不同纹饰在不同类型牌坊中的运用。

（四）勇于表达，进行故事展览

教师引导学生通过"诉说牌坊故事"（在班级内部讲述自己发现的牌坊故事）、"我来为牌坊发声"（在年级内部推广自己发现的牌坊故事）、"展示牌坊卡片背后的制作过程"（通过多种方式在学校范围内宣传自己制作的牌坊卡片）等学科活动，让更多的人了解牌坊文化。教师在这个过程中放手给学生组织，教师当背后的建议者、引导者。

（五）敢于表演，进行历史剧展演

牌坊是中华民族特定历史文化的载体，是启发家国情怀的实物，对牌坊故事进行研究学习可以增强青少年的民族自豪感，增强文化自信。

学生在学校范围内对牌坊背后的故事加以宣传，通过排练牌坊背后的历史故事短剧，展现牌坊文化背后的力量。教师在这个过程中要做好服务者，协助学生完成历史短剧的创排。

叁 "牌坊设计DIY"课时教学方案

本方案为"牌坊的声韵"单元第2课时"牌坊设计DIY"教学方案。

一、课时目标

（1）学会从历史和现实角度欣赏齐河牌坊。

（2）运用"牌坊的美韵"单元中学习的牌坊结构、牌坊纹饰和牌坊匾额的相关知识，制作一份宣传新时代齐河的牌坊设计草图。

二、评价设计

"牌坊设计DIY"课堂评价详细内容见表13-3。

表13-3 "牌坊设计DIY"课堂评价量规

评价指标	评价等级			得分
	★★★（9~10分）	★★（7~8分）	★（6分）	
牌坊欣赏	能够从结构、纹饰、匾额等方面描述某个齐河牌坊，指出具体齐河牌坊的历史和现实价值，树立尊重历史、照应现实的历史观。	能够从结构、纹饰、匾额等方面描述某个齐河牌坊，笼统阐述齐河牌坊的历史和现实价值。	能够简单描述某个齐河牌坊，简单阐述齐河牌坊的历史和现实价值。	
设计表达	设计规范、美观，能够通过牌坊设计传递历史、照应现实。	设计规范，能够传达牌坊的历史和现实价值。	设计规范，符合齐河牌坊设计文化。	

三、教与学的活动设计

（一）听故事、知牌坊

教师铺陈：老齐河民间流传着"房家的牌坊，马家的宰相，郝家的文章，孟家的账房"，这说的就是明清民国期间齐河有名的四大家族。房家牌坊，最负盛名的莫过于明朝万历年间的恩荣坊。下面请我们班的房勇同学来给大家讲讲"恩荣坊"的故事。

学生活动：认真聆听房勇同学所讲述的恩荣坊的历史文化、结构和样貌，感受来自我们身边的牌坊。

教师总结：感谢房勇同学饱含深情的讲述。大家应该已经对恩荣坊有了一定了解，脑海当中也已经浮现了恩荣坊当年的样貌。

（二）看牌坊、感悟美

第一，教师边让学生观察齐河县志中古齐河乡镇分布，边讲述旧齐河城门楼上的匾额"临济""瞻岱""康城""拱极"，让学生结合实地考察，感悟齐河牌坊承载的历史与现实价值。

教师引导：齐河县城主干道上的六座牌坊我们时常遇见，"临济""瞻岱""康城""拱极""河清海晏""齐之门"规整分布，展示着我们齐河的悠久历史，彰显了齐河人中正平和的包容形象，同时它们也像是一位位长者，在不断发展的现代齐河，护佑着它们的子孙万代事事平安。请同学们结合我们之前实地考察的经历，从这六座牌坊的历史和现实两个维度评价一下齐河牌坊。

师生交流得出结论：坊是居民居住区的基本单位，"坊"与"坊"之间有墙相隔，坊墙中央设有门，以便通行，称为坊门。后来因为门没有太大的实际作用，于是老百姓也逐渐称这种坊门为牌坊。牌坊是我国古代为表彰功勋、科第、德政以及忠孝节义之人所立的标志性建筑物，兼有纪念、标识和导向的功能。

齐河牌坊的历史价值：齐河县城主干道上的六组牌坊寓意着统治者对于城市发展的美好愿望，颇具纪念价值。

齐河牌坊的现实价值：现存干道上的六组牌坊具有很强的标识和导向功能，很多齐河人在日常生活中经常以这些牌坊作为标识。

第二，小组讨论牌坊的结构、纹饰和匾额。

图13-1　齐河县城主干道上的六组牌坊

学生活动：分成六个小组分别从六组牌坊的结构、纹饰和匾额内容上进行细致分析，拓宽自己的设计思路。（见图13-1）

（三）传递美、我能行

教师下发作品设计图纸（见图13-2），学生结合自己对齐河牌坊的感悟，设计一座能够融入齐河的牌坊。

牌坊设计草图	
牌坊结构	
牌坊纹饰	
牌坊匾额	
安置地点	
传递理念	
设计草图	

图13-2　牌坊设计图纸

14 我的家乡

编者点评

从课程设计文本来看，潍坊第十中学的"我的家乡"总体上中规中矩，并不特别出彩，且在一些方面还存在着明显的瑕疵，比如量规中的"维度"，就存在着明显的理解偏差。

选择这门课程，有两个基本的考虑：一是"我的家乡"可以成为一个通用的综合实践活动主题，无论学校的教育哲学是什么，这个主题都值得探究，而且可以从多个角度切入；二是，尽管综合实践活动本来就是跨越了不同学科的，但这门课程更加明确定位于跨学科学习，而且进行了初步的探索，尝试以地理学科为主体，整合其他学科的学习内容，为跨学科学习的建构提供了一种思路。

不过需要澄清的是，如果是"跨学科主题学习"，那么应该是学科教学中的一部分，应该受课程标准的严格制约，因此并不适合于作为综合实践活动课程。从本课程的具体呈现来看，它更接近于一门独立的综合实践活动课程。

壹 "我的家乡"课程纲要

设计单位：潍坊第十中学

设计者：谭会慧

适用年级：八年级

计划课时：12课时

一、课程简介

家乡是人生中一个重要的地理区域。对于家乡，我们有认知情怀，有地理情感。本课程从地理的视角出发，以家乡为空间区域平台，以地理课程内容为依托，将中华优秀传统文化、爱国主义、人地协调等观念渗透其中，运用整合各个学科课程的相关内容和方法，开展综合性学习。

"我的家乡"这一跨学科地理主题课程，立足于培养地理核心素养，贴近学生生活实际，聚焦真实问题的解决，体现鲜活的实践特征。不仅能关注学生的探究能力、合作能力、创新实践能力、社会责任感等意识和能力的培养，同时还能以物化的学习产品如实验报告、调查报告、模型、设计图等为基本学习成果。

二、背景分析

教育部《关于全面深化课程改革 落实立德树人根本任务的意见》明确指出，"在发挥各学科独特育人功能的基础上，充分发挥学科间综合育人功能，开展跨学科主题教育教学活动，将相关学科的教育内容有机整合，提高学生综合分析、解决问题能力"。

《义务教育地理课程标准（2022年版）》中明确提出，跨学科主题学习课程规划不少于地理课程总课时的10%。地理课程跨学科主题课程是培养学生地理学科核心素养、实现学科育人价值的综合教学方式。

义务教育地理课程是认识人类地球家园的一门基础课程,家乡是学生认识地理区域不可或缺的一个区域层级。家乡由于贴近学生生活,与地理课程内容又紧密相关,因此可进一步深挖家乡相关的地理课程内容,以地理学科为视角,将家乡的自然地理环境和人文地理环境特征作为跨学科研究的主干,其他课程如生物、历史、劳动、统计等学科知识和学科方法渗透其中,达到学以致用、知行合一的目的,增进学生热爱家乡、热爱祖国的情感。

《潍坊地理与环境》属于乡土地理教材,在以往的地理教学中占有一定的比例。教材围绕地理位置、人口城市发展、自然环境和资源、经济社会及各县市区特色等部分,详细阐述了潍坊的地理环境,引导学生热爱祖国、热爱家乡,树立可持续发展的人地协调观念,为学生将来更好地建设家乡打下深厚的知识基础和情感基础。

三、课程目标

(1)能在真实的地理环境中开展综合实践考察,说出家乡地形、气候、水文、资源等自然地理要素与人类发展的关系;加深对地理知识的深度理解和迁移应用,能将课堂中学习的知识和方法迁移应用到具体的问题中去。

(2)结合相关图文资料,简要分析家乡自然地理环境变化的状况及原因,发现地理问题并提出解决地理问题的措施;通过项目式学习、单元式学习等方式,增强在真实地理环境下解决地理真实问题的能力和素养。

(3)通过实践活动提升团队协作、调查研究、语言表达等能力,提高数字素养、创造力,逐步确立人与自然和谐共生的观念,形成勇于创新、主动学习的良好品格。

四、学习主题与活动安排

(一)单元一:脚步丈量——走进湿地

课时安排:4课时。课时1,考查路线,制作地图;课时2~3,探究湿地功能；课时4，提出保护建议，成果展示。

学习目标：对湿地的地貌、气候、水文、植被等自然地理要素进行观察、测量、分析，认识湿地对人类发展的重要性，提出保护湿地的措施和建议。

学习场所：白浪河湿地公园、教室。

学习任务：围绕为什么保护湿地进行头脑风暴，撰写保护湿地调查研究报告。

学习过程：首先，制作湿地公园电子地图，规划考察路线。借助网络，按照地图三要素进行电子地图的绘制，综合运用地理和数学学科知识，设计路线。其次，探究湿地功能。学生选择感兴趣的动植物，综合运用地理与生物学科知识，分析动植物特性，及其与自然环境的关系，完成记录表。最后，提出湿地保护建议。通过撰写实验报告、调查报告，制作微视频、绘画、制作模型等方式，向他人宣传湿地保护的重要性和措施。

学习评价：过程性评价和结果性评价相结合。以能否制成电子地图、撰写出调查报告等作为结果性评价的依据；在实践过程中学生的参与积极性、表现态度等作为过程性评价的指标。两者相结合作为主体学习评价的维度。

（二）单元二：迁移运用——揭秘河流

课时：4课时。课时1，追溯潍河；课时2，揭秘白浪河；课时3，探寻虞河；课时4，访寻弥河。

学习目标：一是树立正确的人地关系思想，落实地理学科核心素养。二是通过构建跨学科融合课程，提升学生的学习能力。

学习任务：河流在中华民族悠久的地理活动中，扮演着重要的角色。从古代文明的发源到现代城市的发展，都离不开河流的引领和贯穿。同样，河流在塑造地域文化特色、不同地理环境方面起着举足轻重的作用。因此我们要引导学生走进河流，揭秘河流，了解家乡重要河流的诞生及对区域发展的影响，深刻理解地理要素对地理环境的影响，从而感悟人地协调。

学习场所：教室、图书馆。

学习内容：随着现代社会的发展，人口、资源、环境、发展等问题亟待解决，人们也逐渐认识到，在顺应自然发展变化的基础上，改造河流、处理好河流与人类发展之间关系的重要性。

（三）单元三：规划畅想——经济谱曲

课时：4课时。课时1，探究家乡农业；课时2，探究家乡工业；课时3，探究家乡交通和旅游业；课时4，成果展示。

学习目标：通过对家乡工农业发展概况的探究，增强对家乡的热爱。

学习任务：假如要在潍坊拍摄微电影《我和我的家乡》，聘请你们小组当地理知识顾问，你们该如何协助导演拍好这部微电影呢？

学习场所：教室、图书馆、家庭、实地考察。

学习过程：首先，学生自主组建团队，结合实际情况从潍坊市辖的县市区中选择一个作为调查对象，确定调查的主题（农业、工业、旅游业）。其次，各小组通过借助网络、请教亲友等方式查找相关资料。农业主题的小组选取该县市区具有代表性的特色农产品，结合地理环境分析其生长的区位条件。工业主题的小组搜集该县市区知名企业的相关资料，分析其发展的有利条件，并结合生态环境发展提出合理化发展建议。最后，以交通线串联潍坊著名旅游资源，为拍摄微电影助力。

学习成果：完成主题宣传方案（包括选取的农产品、企业、旅游资源及发展研究报告）。

活动评价：能否查找到相关资料，并准确描述相关产业发展的区位条件；活动中学生的表现（发现问题，参与交流、讨论，表达观点）；主题宣传方案的完成度。

五、评价活动与成绩评定

课程评价：以学习目标为依据，以核心素养的发展为标准制订评价方式和评价标准。

评价要求：每班划分为若干大组，每个大组又由2～3个小组组成，每节课中较小的活动任务以小组为单位完成，较大的任务活动以大组为单位组织开展。课程学习最后，以每个大组为单位整理分析收集的资料和调查结果，每组完成一份跨学科主题学习研究报告。

评价方式：该课程的评定采用过程性评价和结果性评价相结合的方式，

具体包括过程性的表现性评价和结果性的成果展示评价两种方式。每种评价方式开发多维度的评价量表，如《选题评价表》《活动过程评价表》《作品评价表》《综合得分评价表》等。

（一）表现性评价

表现性评价将学生平时的课堂表现及形成的研究成果等纳入平时考核，按比例完成度量化，这极大地调动了学生参与课堂的积极性。表现性评价（见表14-1）主要从课堂表现、课堂作业完成情况和课程报告的完成情况三方面，关注在跨学科课程学习过程中，学生的学习过程和学习质量，是否朝着目标一致前进。表现性评价分值占总成绩的60%，提高平时成绩所占比重，充分体现强化过程导向，注重学生学习表现的教育理念，从本质上讲，是注重学生学习过程的评价。此外专门针对学习活动，学校还开发了侧重评价有效合作和有效指导的活动评价量表（见表14-1、表14-2），以此来突出关注学生的活动表现。

表14-1　表现性评价量表

课程名称			任课教师	
表现性评价	课堂表现□	关注学习过程	评价分数	占总成绩比
	课堂作业□	关注阶段性成果	评价分数	占总成绩比
	课程报告□	关注最终性成果	评价分数	占总成绩比
说明：提高过程性评价的比重，可关注学生的学习过程和学习质量是否向着目标一直前进。 　　　每种形式的评价维度侧重点不同，要紧扣评价重点进行适切评价。				
考查形式	评价维度	考核次数	评价分值	分值占比%
课堂表现	课堂笔记、回答问题、参与讨论、展示交流			20
课堂作业	是否及时完成、作业质量高低、是否具有创新性、是否有成果报告			20
课程报告	是否独立完成、选题价值、论文规范性、字数、发表情况			20

表14-2　跨学科学习活动评价量表

项目	观察要素	权值	得分	小计
有效合作	1. 实践过程中学生的参与度	10		
	2. 主动发现、提出问题的积极性	10		
	3. 主动解决问题的积极性、主导性	10		
	4. 与团队成员之间的协作、沟通表现	10		
	5. 制订实践活动计划的能力	10		
	6. 有效组织团队按照计划开展实践活动的能力	10		
有效指导	1. 能否积极主动给予帮助和指导	10		
	2. 给予评价的及时性和有效性	10		
	3. 给予点拨是否及时恰当，鼓励学生质疑	10		
	4. 对出现的问题及时反馈和矫正	10		
优点		合计		
建议				

（二）成果展示评价

学期末学生都要进行成果展示，由学生组成团队进行结题展示，教师和学生、家长代表组成的专家团队对其进行评价，评价分值占总成绩的40%，评价量规见表14-3。

表14-3　跨学科学习成果评价量表

作品名称		学生姓名	
成果形式		所需材料	
成果整体评价			
改进建议			
成果等级			

（三）成果推介

结合学期内学生跨学科主题学习成果的完成情况，开展多种形式的校内学生作品展览和推介，如线下的布展、成果展示；线上通过学校公众号或更高层级的宣传媒介进行推介，增强鼓励性评价。

"规划畅想——经济谱曲"单元教学方案 贰

本方案为"我的家乡"课程中的第三单元"规划畅想——经济谱曲"的单元教学方案，计划为4课时。

一、背景分析

地位和作用：从知识结构横向联系来看，本单元将以自然地理为基础，逐步过渡到经济地理，其中既隐含着对自然地理知识的应用总结，又体现出可持续发展的人地协调观。从知识结构纵向联系来看，本单元主要内容有认识某产业的概念、基本属性，认识该产业在某区域的发展和分布情况，学会简要分析该产业在该区域（区域的某部位）的发展条件。通过本单元的学习，学生能初步认识家乡农业、工业、交通运输业经济发展的特征（概念属性、分布发展概况等），能说明不同产业对人类的生产生活、生态环境的影响，能学会分析区域产业发展条件的一般方法，为后续中国分区的学习奠定知识方法、素养基础。

单元内容：本单元包含三部分，第一部分家乡农业，第二部分家乡工业，第三部分家乡交通运输业。主任务分为农业、工业、交通运输业三个专题，分别设计"新时代农人创业计划大PK""追根溯源，探究工业发展""人在囧途，争做旅行达人"三个子任务。针对每个子任务，设计递进式问题和活动，嵌入评价标准，构成一个个完整的评价任务。按照自上而下、层层递进的逻辑关系，保持任务设计、学习过程的完整性。

学情分析：课程对象为八年级学生，他们已经具备一定的区域地理学习方法储备和关于中国产业发展的知识储备。本单元的学习，学生将以亲身经历的形式体验和感悟为内在特征的学习活动，体验地理学习的知行合一，体验在做中学、用中学、创中学，经历"认知—实践—深化认知"这一完整的地理活动过程。

二、单元目标

（1）运用资料说出家乡农业的发展特点，举例说明因地制宜发展农业的必要性和科学技术在发展农业中的重要性。

（2）运用资料说出家乡工业发展特点，举例说明工业发展的区位条件。

（3）比较家乡不同交通运输方式的特点，举例说明交通运输业发展的影响，列举不同区域的特色旅游资源，增强对家乡的热爱。

三、评价设计

本单元评价以研究进程为阶段划分不同的评价标准，分为调查研究阶段、成果形成阶段和成果展示阶段，如在调查研究阶段的评价标准为能否查找到相关资料，能否准确描述相关产业发展的区位条件；在成果形成阶段的评价标准包括活动中学生的表现（发现问题，参与交流、讨论，表达观点）；在成果展示阶段的评价标准为主题宣传方案的完成度。具体评价标准见表14-4。

表14-4 "我的家乡之经济谱曲"活动评价表

评价阶段	评价内容	评价分值	得分
调查研究阶段	能通过问卷、调查、采访、访谈等手段获取相关地理信息。	10	
	能运用汇集、归类、分析的方法，简要整理归纳收集到的地理信息。	10	
	小组成员任务分工明确，合作高效。	10	
成果形成阶段	能准确描述相关产业发展的区位条件。	10	
	能综合分析地理信息、归纳总结等地理思维建构。	10	
	活动中学生的表现（发现问题，参与交流、讨论，表达观点）。	10	

续表

评价阶段	评价内容	评价分值	得分
成果展示阶段	主题宣传方案的完成度。	20	
	能运用图片、视频等形式生动地展示调查研究的过程和成果。	10	
	清晰流畅地表达、阐述调查研究成果。	10	
	总分	100	

四、教与学设计

（一）单元情境主题导引

本单元采取真实情境下的单元大任务的形式，将结构化的知识、方法融入一个单元任务中，借助情境激发学生的认知建构与素养表现，将学习贯穿于任务完成的始终。

情境任务：假如要在潍坊拍摄微电影《我和我的家乡》，聘请你们小组当地理知识顾问，你们如何协助导演拍好这部微电影呢？（思路从家乡的农业、工业、交通运输业、旅游业的发展等方面展开）

（二）单元结构化设计

本单元分三个进阶性任务，分别对应农业、工业和交通运输业（旅游业）。（见图14-1）

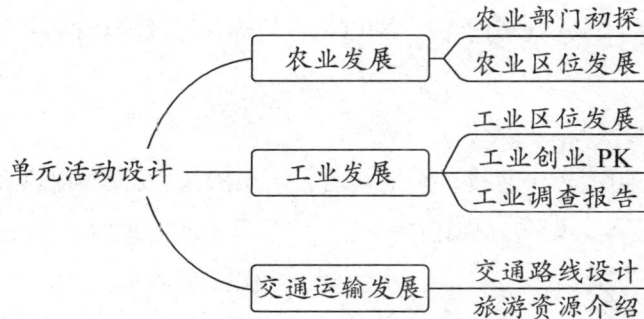

图14-1 单元结构化活动设计

（三）单元教学活动设计

1. 创设情境，单元引入

师：请同学们欣赏电影《我和我的家乡》片段，并说出其中有哪些地理环境特征。

我们每个人都有家乡，每个人都有一定的家乡情结。家乡对于我们每个人而言是港湾、是避风港、是指向标。假如要在潍坊拍摄微电影《我和我的家乡》，聘请你们小组当地理知识顾问，你们将如何协助导演拍好这部微电影呢？拍摄思路从家乡的农业发展、工业发展和交通运输业、旅游业的发展等方面展开。

2. 任务驱动，合作探究

微电影的拍摄分为三部分，第一篇拍摄潍坊农业，取景于农田地头；第二篇拍摄潍坊工业，取景于工厂企业；第三篇拍摄潍坊旅游，取景于旅游景点。三部分分别对应三个模块，具体如下。

第一篇：新时代农人创业计划大PK。

潍坊是一个农业大市，是山东省农副产品的集中产区之一。农业生产条件良好，盛产小麦、玉米、大豆、棉花、花生等农产品，具备一定的商品优势和市场潜力，其中瓜菜和畜牧业是潍坊市农业的两大突出优势产业。

任务一：了解多彩农业部门，感悟农业的重要性。

活动1：收集材料，判断下列活动属于哪个县市区的典型经济活动代表，并判断是否属于农业。（蔬菜种植、花卉种植、开采煤炭、水产养殖、水力发电、畜牧业、种植果树、种植花生与棉花等经济作物、汽车制造、林场）

学生自主学习，并展示学习成果。

活动2：阅读材料回答，无土栽培、超市出售新鲜的荔枝都表明了＿＿＿＿＿＿对农业发展的影响。你还能举出哪些例子说明农业对人类影响，小组内进行讨论。

任务二：分析农业区位发展。

各小组通过网络查找相关资料，请教亲友等方式，以小组为单位选取某一县市区具有代表性的特色农产品，结合地理环境，分析其生长的区位条件，以及农作物种植的历史发展。假如电影机组人员来到你所研究的县市区，你们小组会向他们推荐什么特色果品呢？

学生交流、探讨、展示。

任务三：吃货眼中的潍坊地图。

结合查找的材料，分县市区总结它们各自的优势农产品，并绘制吃货眼中的潍坊地图。

学生分小组查找资料，并绘制吃货地图，并小组展示。

单元任务分析：通过三个层层递进的任务驱动，引领学生从对家乡农业的初步认知，到农业发展的区位条件分析，再到不同区域的农业特色形成，层层递进，感知家乡是如何因地制宜发展农业的。融合学科包括历史、美术等。

第二篇：追根溯源，探究工业发展。

目前潍坊已形成基础较好、门类较齐全、技术较先进的现代化工业体系，主要包括机械、化学、纺织、服装、食品、造纸等六大支柱产业。众多的名优品牌已成为家乡工业发展的强大支撑力。

任务一：各小组借助查找资料、实地考察、走访等形式，搜集潍坊知名企业的相关资料，以PPT、调查报告、手抄报等形式，向全班同学展示。

学生搜集资料、集体创作、成果展示。

任务二：以县市区为区域划分单位，举例说明各县市区的骨干企业和知名品牌有哪些，结合实例分析该地区工业发展的有利条件，并结合生态环境发展提出合理化发展建议。

学生通过搜集资料，能从资源、交通、劳动力、市场、政策等方面简要分析工业发展的有利条件；能通过制作各种统计图表，分析产业发展。

任务三：工业创业大PK。

分小组合作探究重工业发展部、轻工业发展部、高新技术产业发展部三大部门发展的条件，分析优劣势，提出合理化发展建议，以成果汇报的形式展示。

学生搜集资料、集体创作，然后进行成果展示。

单元任务分析：通过三个层层递进的任务驱动，引领学生从家乡工业的初步认知，到工业发展的区位条件分析，再到不同区域的工业特色形成探究，层层递进，感知家乡是如何因地制宜发展工业的。学生结合工业发展有利条件分析模板，迁移运用到家乡工业发展的案例分析中，从身边的真实情境出发，以家乡的资源和基础条件为出发点，具体分析工业发展的概况。融合学科包括数学、语文、历史、美术等。

第三篇：人在囧途，争做旅行达人。

潍坊地处山东半岛地区的交通要冲，位置优越，交通便利，目前全市已经形成了以市区为中心，以铁路、公路为主体，海陆空三位一体的现代化交通网络。便利的交通是潍坊旅游业发展的基础设施保障。

潍坊山川秀美，历史悠久，自然和人文旅游资源十分丰富，其中有国家级重点文物保护单位、国家级自然保护区、国家级森林公园、国家级风景名胜区、国家5A级景区等。

任务一：学生以小组为单位，通过网络查询、实地考察、走访座谈等途径，搜集不同县市区的著名旅游资源，并以视频、PPT、调查报告、路线地图等不同形式进行成果展示。

学生搜集资料、集体创作、成果展示。

任务二：结合具体旅游案例，分析该地旅游业发展的有利条件。

学生结合图文资料，分析旅游业发展的影响因素，包括旅游资源、交通、市场、政策、客源等方面。

任务三：请你帮电影拍摄团队设计一条出行路线，最大限度地展示家乡的发展特色，并附带路线周边的农业、工业、旅游业等资源发展具体概况。

学生设计方案、集体创作、成果展示。

（四）单元活动成果

结合三个主题活动，完成主题宣传方案（包括选取的名优农产品介绍、知名企业发展区位条件分析和旅游路线串联的著名旅游资源简介等）。

各小组按照评价活动相关量表进行评价打分。

"家乡农业发展"课时教学方案　叁

本方案为"我的家乡"课程中的第三单元"规划畅想——经济谱曲"的第1课时"家乡农业发展"的教学方案。

一、课时目标

（1）结合图文初步认识潍坊农业的基本内涵及发展。（区域认知）

（2）利用图文资料准确归纳特色农产品的分布地区及地理环境区位条件。（综合思维）

（3）通过区域案例建立因地制宜发展农业的人地协调观念，增强热爱家乡的情怀。（人地协调观）

二、评价设计

1.评价任务类型设计

本课时采用逆向评价设计，要先根据目标确定评价任务的类型。目标（1）属于知识性目标，思维层级属于低阶，采用标准化评价方式。目标（2）属于理解性目标，思维层级从低阶过渡到高阶，采用表现性评价方式。目标（3）属于素养能力性目标，思维层级属于高阶，采用表现性评价方式。

因此针对学科基本知识和较低层级思维方法的评价，采用标准化的纸笔检测评价方式；针对较高层级思维方法和学科价值观的评价，采用表现性评价方式。

2.评价标准的设计

根据目标和评价方式确定达成评价的标准，再借助嵌入的评价标准选取

不同的评价方式，标准突出清晰、可评测，强调评价反馈。（见表14-5）

表14-5　"我的家乡之农业发展"评价设计

	评价要素	评价方式	达成评价标准	评价反馈
目标1	农业内涵和家乡农业发展	交流性评价、纸笔检测	1. 能准确区分不同农业类型 2. 能理解潍坊农业发展历程 3. 能分析影响潍坊农业发展的主要因素	学生自我评价、同伴评价反馈
目标2	农作物分布与区位条件分析	交流性评价、表现性评价、评价量规	1. 能借助地图熟练说出不同县市区具有代表性的特色农产品 2. 能结合图文资料分析特色农产品的地理环境区位条件 3. 能举例说明特色农产品的推荐理由	依据评价量规进行师评、互评反馈
目标3	因地制宜发展农业	表现性评价	1. 通过真实情境案例，能分析如何因地制宜发展农业 2. 能分析真实情境下，农作物种植的有利、不利条件	依据评价量规进行师评、互评反馈

三、教与学活动设计

1. 观看视频，激趣导入

播放《舌尖上的中国——潍坊篇》提出问题：这些色香味俱全的食材来源于不同的农产品，那这些农产品在分布上有什么规律吗？为什么会这样分布？通过播放视频，学生感受到潍坊农业饮食地区的明显差异，产生浓厚的学习兴趣，提高对课堂的关注度。

2. 思维建构，项目引领

为帮助导演拍好家乡的农业发展微电影，你们作为家乡地理专家顾问，请以小组为单位，设计一份新时代农人创业计划，计划包含家乡农业发展的概况、特色农产品的介绍和区位分析，以及为家乡农业发展提出的建议。本课的主要成果就是以小组为单位，制作新时代农人创业计划书。

3. 分阶递进，任务驱动

任务一：了解家乡多彩农业部门，感悟农业重要性。

学生活动：收集材料，判断下列活动属于哪个县市区的典型经济活动代表，并判断是否属于农业。（蔬菜种植、花卉种植、开采煤炭、水产养殖、水力发电、畜牧业、种植果树、种植花生与棉花等经济作物、汽车制造、林场）

学生自主学习并展示学习成果。

学生活动：阅读材料后回答，无土栽培、超市出售新鲜的荔枝、寿光蔬菜走向世界都表明了_____对农业发展的影响。你还能举出哪些例子说明农业对人类的影响？小组内进行讨论。

学生回答展示，教师点拨总结，市场、交通、技术等都是促进农业发展的影响因素。

补充寿光蔬菜作为经典案例，阐述农业技术在农业发展中的重要作用。通过设计寿光蔬菜种植与发展案例，引导学生在真实的地理环境中感知农业发展。

任务二：七嘴八舌话农业区位发展。

学生活动：各小组借助网络、请教亲友、查找相关资料，以小组为单位选取某一县市区具有代表性的特色农产品，制作图表和地图，结合地理环境分析其生长的区位条件，以及农作物种植的历史发展概况。

学生自主学习，并展示学习成果。

任务三：吃货眼中的潍坊地图。

学生活动：结合查找的材料，分县市区总结各自的优势农产品，并绘制吃货眼中的潍坊地图。

学生分小组查找资料，绘制吃货地图，并小组展示。

学生活动：假如电影机组人员来到你所研究的县市区，你们小组会向他们推荐什么特色果品呢？请结合吃货眼中的潍坊地图进行介绍展示。

任务四：由我来决策。

分小组合作探究适合三大部门（种植发展部、畜牧发展部、林业发展部）发展的具体区域，并在空白图中标出，从自然地理的角度分析发展优势。

评价：结合评价量规，评价目标达成情况。（见表14-6）

表14-6 "由我来决策"评价量规表

评价维度	评价标准	目标达成得分
地形角度	能答出平原利于种植业发展、高原利于畜牧业发展、山地丘陵利于林业发展。	
气候角度	能答出气候温暖湿润利于种植业、林业发展，气候干旱适于畜牧业发展。	
水源角度	能答出水源充足、河湖丰富，利于种植业发展，水源缺乏适于畜牧业发展。	
光热角度	能答出光照热量充足利于种植业、林业、畜牧业发展。	

3. 成果展示，拓展提升

成果展示：由小组展示新时代农人创业计划书，以研究报告、PPT、微视频等形式进行汇报展示。

评价总结：个人汇总本节课评价，将总分填到表格中。如果个人总分小于3分，则需进行二次达标。

以小组为单位汇总组员总得分，评选出优秀小组。

15

换一只眼睛看世界
——中学生新闻采编课程

编者点评

这是一门实操性非常强的课程，围绕真实的任务——"新闻联盟大赛"来开展，为综合实践活动的设计提供了一种新的思路。

两个重要的启发：首先，综合实践活动的实施到底该如何来设计？是常规教学设计的思路，还是"实践"——完成任务或解决问题的思路？至少，在综合实践活动的"实践"那个部分，基于后一种思路来设计更合适：明确任务，提出具体要求（特别是活动的规则），保证活动本身一定的开放性，然后把活动交给学生，给予他们一定的创造空间。在这一方面，本课程给出了一个可参照的范例。其次，综合实践活动的评价到底该怎么评？档案袋评价是一种非常合适的评价方式，因为档案袋评价注重学生在整个过程中的发展变化，在强调过程的同时关注"增值"；更重要的是，学生作为主体参与档案袋的建构，本身就是一个自我评价和自我反思的过程，而这种评价反思正是活动经验升华为素养的关键所在。本课程在档案袋评价上所做的一些有益的探索，值得肯定。

壹 "换一只眼睛看世界——中学生新闻采编课程" 课程纲要

设计单位：山东省青岛第十七中学

设计者：车巾、陈喆、周倩玉、王鹏

适用年级：高一年级

计划课时：16课时

一、课程简介

山东省青岛第十七中学生新闻采编课程，以"学生记者团"为活动载体，是培养学生观察分析问题能力，学习客观理性看待和应对现实问题的综合实践类课程，课程共分16课时，从记者的专业精神到新闻的魅力与技巧，层层递进，做到理论和实践相结合。高一学生亲身体验并实践以非当事人的视角客观看待事物，学会公正理性地观察和理解社会，可培养他们的同理心、共情能力、客观理性的综合分析判断能力与实践能力等关键能力。

二、背景分析

（一）必要性

国家课程标准中十分重视培养学生的信息素养、观察能力、分析问题能力，而高中阶段也是发展理性、培养创造力的关键教育阶段，是学生世界观、人生观、价值观形成的关键时期。帮助学生获得客观理性的"慧眼"，不仅关系到未来国民的整体素质，更关系到未来社会的和谐稳定与健康发展，是未来社会发展的希望之所在。

高中阶段学生面临高考的现实压力，具有较重的学科学习任务，因而学生缺少充分观察生活、体验生活的时间，缺乏现实生活的体验，这些使得以学科为基础培养学生客观理性的教学途径受到很大制约，故想要培养学生的观察分析能力，帮助学生客观理性地判断事物，就要更好地挖掘综合实践活动课程的潜力。

（二）可行性

我校借助"学生记者团"的社团活动，依托"新闻采编课程"的综合实践类课程，帮助学生以"学生记者"的身份实现角色转换，并结合"青岛市新闻联盟大赛"的练兵、校内重大活动、青岛市两会、国际帆船赛、著名作家等各界翘楚的采访，以及到莫言故居、军营、上合峰会观景平台、复兴号高铁等地探访与研学采访，让学生体验并实践以非当事人的视角看待事物，学会客观公正地观察和理解事物，这对培养学生的同理心、共情能力、客观理性的综合分析判断是十分重要的。

此外，高中阶段的学生对于参加社会实践活动、参与社会生活兴趣浓厚，高中语文教材中也设置了"家乡文化生活"单元，为学生参与社会调研提供了支架。我校记者团指导教师由语文、政治等学科教师构成，可以提供充分的学科资源和技术支持。同我校合作的媒体有二十余家，均可为学生采访提供资源平台。

三、课程目标

（1）通过实践探究，准确陈述校园新闻采访、写作、摄影、宣传等基本概念与具体做法，并能独立完成学校新闻采访以及新闻稿件的写作、发布。

（2）通过采访和独立撰稿活动，培养和锻炼辩证思维能力、创新和实践能力，进而提升人文底蕴和科学精神。

（3）通过撰写稿件并发表于学校公众号，能够熟悉新闻报道的流程，从而应对不同日常场景，进而获得新闻写作与摄影的实战技能。

（4）通过进行新闻背景调查、信息收集的实际演练，锻炼提高信息提取和信息解读能力，从而提升信息素养。

（5）通过对人物、事件的采访和宣传，理解客观理性精神的重要意义，进而形成正确的世界观、价值观、人生观，并能在日常学习和生活中，努力践行社会主义核心价值观。

（6）通过参加"新闻联盟大赛"，锻炼提升新闻素养和综合素质，并对未来职业发展和定位有更清晰的认识和规划。

四、学习主题与活动安排

"换一只眼睛看世界——中学生新闻采编课程"详细活动安排见表15-1。

表15-1　"换一只眼睛看世界——中学生新闻采编课程"活动安排

教学进度	主题	学习活动	教学与实施建议
开课仪式（第1周）	为成长打开一扇窗	分享课程纲要；通过列举实例和学习研讨，对"记者"角色形成较为全面的认识，对其专业素养和专业精神有较为深入的了解，树立正确的记者观	部分学生发言后进行学生间互评补充，引导学生内化知识和深化认识
第一单元：新闻稿的基本逻辑与写作思路（共4课时，第2～8周）	新闻要彰显人性美	对"新闻"的缘起、发展及意义进行深入学习，形成较为全面的认识；通过研讨新闻对社会舆论的引导和正能量的传播等典型案例，逐步树立客观理性精神和正确的价值观	在学生研讨中，教师即时性口头评价，通过学生的回答判断学生是否对新闻认识全面、深刻、客观，逐步引导其树立客观理性精神
	撰写新闻稿	对各种体裁和题材进行学习，边学边练，掌握一定的专业技巧	课堂快问快答，检测学生是否掌握各种新闻基础知识；及时反馈评价
	学逻辑，练思维	课堂上通过对新闻事件、新闻稿的分析、辩论等，培养逻辑思维和思辨能力	如果学生在互评时出现逻辑谬误，教师应给予即时性口头评价，帮助学生进行知识整合
	新闻策划，热点聚焦	站在更高的视角进行新闻策划，发现日常学习和生活中的真善美，一起进行挖掘，找出宣传亮点，策划报道的形式	学生进行新闻互评时，应关注新闻的创意和亮点，共同修订和拓宽思路。教师应判断学生是否全面、深刻、客观理性分析新闻事件，是否聚焦热点新闻策划，同时进行即时性口头评价，并提出合理化建议引导思维拓展

续表

教学进度	主题	学习活动	教学与实施建议
第二单元：新闻采访的理论学习与实践体验（共4课时，第9~13周）	新闻采访，模拟演练	课堂上根据每个新闻事件（活动）的具体情况，一起拆分每个活动所需要的采访对象，明确人员和分工安排，进行模拟演练并小组展示	学生对分组展示的内容和效果进行互评，教师对展示和学生评价情况进行点评，重点分析各小组的新闻采访是否思虑周全有实效，分析判断点评是否合理
	新闻采访，实战演练（一）	选择新闻事件（活动）分组进行实际采访，做好人员分工安排，落实不同的采访对象、多角度收集新闻信息，撰写稿件	学生互评是否准备充分、分工合理、有亮点和新意，是否能准时提交稿件。教师针对学生提交的内容进行点评、修订
	新闻采访，实战演练（二）	依托校园主题活动背景（例如学科周、风采大赛等），明确人员分工安排，分组负责不同的新闻话题，进行实战采访，形成校园新闻	学生互评新闻采访的前期准备、采访中遇到的问题和处理方法、新闻稿的撰写等。教师在学生互评的基础上进行点评分析和修订
	新闻采访过程与技巧	从前期准备、过程手段、提问技巧、采访整理、撰写稿件等多方面进行学习和实例剖析，提升记者专业素养	学生结合前期实践阐述小组分工、实践过程与收获、注意事项等，并对其他小组的分享进行点评。教师结合实际情况进行口头评价，并提出有针对性的建议

续表

教学进度	主题	学习活动	教学与实施建议
第三单元：新闻摄影的理论学习与实践体验（共4课时，第14~17周）	新闻摄影，点滴精彩	从摄影器材、关键瞬间选择和抓拍、特写镜头表现力、非正常视角等方面学习摄影基础知识	针对学生现场提出的疑问，组织学生研讨、阐释观点。教师结合现场生成的问题和学生研讨表现，进行即时性评价，并做提升点拨
	新闻摄影，实例点评	以学生拍摄的摄影作品和新闻宣传图片为例，进一步解析新闻摄影的要点，逐步做到把摄影的专业知识用于新闻报道，围绕图片视角进一步解读新闻	学生互评新闻摄影，提出个人修改意见。教师进行即时性总结评价，对主观性较强、有创意的新闻摄影作品组织讨论；鼓励个性，不谋求千篇一律，保护思想火花
	新闻摄像的实用技巧	从会场摄像和人物摄像两大角度，学习新闻摄像的基本规则；学习拍摄有效度、有感染力的新闻摄像作品	学生互评，一起编辑制订评价标准量表，从专业角度进行考量；教师结合量表和学生评价进行点评和指导
	校园新闻，摄像实战	根据不同新闻主题，分组拍摄有效度、有感染力的校园新闻摄像作品	学生分小组阐释，互评打分；教师结合作品、学生阐释及评价进行专业点评和指导
第四单元：新闻联盟大赛综合实践活动（共3课时，第18~20周）	"青岛市中学生新闻联盟大赛"之规则篇	学习"青岛市中学生新闻联盟大赛"的规则，明确新闻播报、现场采访、摄影师摄影作品介绍、主持人电视访谈等各环节的要求，为参加比赛打基础	以问答的方式检验学生掌握的情况，并就学生的疑问进行研讨分析，其他学生补充解答，教师点拨和评价
	"青岛市中学生新闻联盟大赛"之模拟篇	分别进行记者、主播、摄影师、主持人等角色的申报和选拔，在模拟演练中熟悉规则，提升各项素养	对模拟中的表现，先由学生个人反思表达，再学生互评，最后由教师结合模拟表现和学生的认知等进行评价和点拨

续表

教学进度	主题	学习活动	教学与实施建议
第四单元：新闻联盟大赛综合实践活动（共3课时，第18～20周）	"青岛市中学生新闻联盟大赛"之实战篇	在"青岛市中学生新闻联盟大赛"中，分两个组别，展示身手	一是全市大赛中的外部评价和新闻报道。二是大赛后的内部总结反思和评价。由参赛学生、观众、参与陪练和选拔的队友、指导教师分别写出感悟，在整个团队中做分享，达到总结经验继续提升的目的

五、评价活动与成绩评定

采用档案袋评价方式，为记者团中的每名学生在加入社团的当天设置社团生涯规划目标，并为每名成员分发记者团证件及采访记录本。通过学生在记者团期间的采访记录，教师在学期末进行述评性的评价，并评选出年度优秀记者。

对记者团成员的评价采取形成性和总结性档案袋评价相结合的方式。学生每创作一篇稿件或一部视频，都需要完成一份《青岛十七中学生记者团单篇稿件存档评价表》（见表15-2）。教师先讲解学习档案制作重点、过程与注意事项，若学生无制作档案的经验，宜详细说明，适时提供必要协助或范例供学生参考。本学习档案是单元教学中实施的形成性评价，教师直接在评价表上评定等级或打分数，再由学生继续开展自己的全过程复盘。优秀作品建议展示供学生观摩，并予创作者奖励。年终学生需要完成《青岛第十七中学生记者团记者年度考核表》和《青岛第十七中学生记者团年度发稿档案袋评价表》（见表15-3），作为年度的总结性评价。学生先进行年度总结，再由教师根据学生的整体表现打分并撰写意见和建议。

主要评价维度包括以下几个方面：

第一，根据学生是否真实参与采访的全过程，能否独立完成新闻采访与稿件写作，学生参与采访实践活动的考勤和撰稿记录进行分档赋分测评。

第二，根据学生写作的稿件是否具有思辨意识，从新闻写作的角度审视是否具备完整的逻辑链条，是否能够激起其他学生的共鸣，考察学生的人文底蕴和科学精神。

第三，根据学生的新闻采访稿在学校官方网站、微博、微信公众号等官方媒体的发布情况，在《青岛晚报》、《半岛都市报》、青岛新闻网、爱青岛等新闻媒体上的发稿情况，对记者实战技能和贡献度进行综合测评。

第四，根据学生是否能够自主开展全系列、跨媒介的文本研读，是否能通过网络资源、访谈等方式完成背景调查，对学生的信息提取、信息解读能力以及信息素养做出评价。

第五，根据学生稿件在阅读之后是否能够引发读者理性思考、促进向善的意识和行动，以及学生在日常主动发现和宣传社会主义核心价值观的行为，对学生的客观理性精神，积极的世界观、人生观、价值观的树立，以及践行社会主义核心价值观的自觉性进行评价。

第六，根据学生参加"新闻联盟大赛"的培训和选拔情况，以及参加市"新闻联盟大赛"的成绩，对学生的新闻素养和综合素质的提升做出评价；并通过学生参与比赛的积极性和进行相关生涯规划答辩的情况，对学生未来职业发展的认识和规划进行评价。

第七，根据学生年度优秀校园记者的入选情况，对学生在社团中的影响力、贡献度及综合素质的提升情况进行评价。

表15-2　青岛十七中学生记者团单篇稿件存档评价表

稿件标题：＿＿＿＿＿＿＿＿＿＿＿＿＿＿＿＿＿＿＿全流程存档评价单

　　同学你好，完成本篇稿件或视频的过程应当是充实又难忘的，下面请根据存档引导，对整个创作过程进行复盘，助力下一次创作。

评价项目（指导教师填写）	评价	评价项目	评价
1.稿件主题明确，内容富有吸引力		3.选用采访对象或素材有说服力	
2.文章或视频结构明晰，逻辑严密		4.文案语言优美，精致流畅	

复盘任务一：这个稿件的主题是如何确定的？

复盘任务二：在执行采访任务的过程中，是否遇到过困难，又是如何解决的？

复盘任务三：在稿件撰写的时候，曾在哪个步骤有过卡壳？

复盘任务四：回头看整篇稿件/视频，你满意吗？是否还有提升空间？

复盘任务五：你的下一次采访计划是什么？

表15-3　青岛十七中学生记者团年度发稿档案袋评价表

成员姓名：

评价对象（年度）：

以下由学生填写。

1.本年度发稿总量：＿＿＿＿＿＿＿篇。

2.简要地写一写本年度的采访经历让你获得了什么。

3.你认为完成得最成功的是哪篇稿件或哪条视频？

4.为什么是这篇稿件或视频？还有没有什么可以提升的地方？

5. 对下一年度的采访有何规划?

以下由教师完成。（在合适的等级上画圈）

1. 反省质量。

非常清楚地说明自己年度发展的优点和不足，并提出十分具体的规划。（5级）

比较清楚地说明自己年度发展的优点和不足，并提出比较具体的规划。（4级）

明白自己年度发展的优点和不足，但说得不够清楚，提出了一些规划。（3级）

对自己年度发展的优点和不足认识比较模糊，规划相对模糊。（2级）

没有对自己年度发展进行任何反省。（1级）

2. 常规要求。

稿件撰写或视频制作常规要求完成得十分好，在主题把握、遣词造句、情感渲染、视频剪辑、收音配音等方面没有出现错误。（5级）

较好地完成了稿件撰写或视频制作常规要求，在主题把握、遣词造句、情感渲染、视频剪辑、收音配音等方面只出现了个别小错误。（4级）

基本上符合稿件撰写或视频制作常规的要求，虽然在主题把握、遣词造句、情感渲染、视频剪辑、收音配音等方面出现了一些错误，但不影响意义的表达。（3级）

在主题把握、遣词造句、情感渲染、视频剪辑、收音配音等方面出现不少错误，且影响了意义的表达。（2级）

多数常规要求方面的错误使要表达的意义很模糊，缺乏对主题的把握、遣词造句、情感渲染、视频剪辑、收音配音等方面基本要求的了解。（1级）

3. 表达。

十分清楚。（5级）

比较清楚。（4级）

大部分比较清楚。（3级）

努力了，但还是不清楚。（2级）

不清楚。（1级）

评价等级总分：   平均评价等级：

意见和建议：

"新闻联盟大赛综合实践活动"单元教学方案 贰

本方案为"换一只眼睛看世界——中学生新闻采编课程"课程中的第四单元"新闻联盟大赛综合实践活动"的教学方案，计划为3课时。

一、背景分析

本单元是整体课程中的最后一个单元，相对于其他单元而言比较独立，主要起到综合运用和检验的作用。学生在完成了前期记者基本素养、采访与写作、摄影等主题课程之后，进入本综合实践单元学习。通过参加青岛市的新闻联盟大赛活动，在实战中与同类学校对比练兵，可以进一步提升对课程知识的理解，并在实践中内化所学知识，提升能力和核心素养，同时对未来人生规划有更深入的思考。

本单元对应课程目标第六条，通过参加新闻联盟大赛，锻炼提升自己的新闻素养和综合素质，并对未来职业的发展和定位有更清晰的认识和规划。

进入本单元，学生从记者的专业精神到新闻的魅力与技巧，层层深入学习，特别是结合青岛市新闻联盟大赛的练兵，学生以"记者"的身份实现角色转换，体验并实践以非当事人的视角看待事物，学会客观公正地观察和理解事物。同时，学生的同理心、共情能力、客观理性思维、综合分析判断能力将得到进一步提升。

以青岛市新闻联盟大赛为主轴，在筹备策划参加比赛的过程中，训练学生基本的新闻素养与新闻意识，提高学生的综合能力。

二、单元目标

（1）通过实操的方式，学习和模拟记者、主持人，进而提升逻辑思辨能力与主题把握能力。

（2）通过实操的方式，学习和模拟主播、摄影师，进而培养"新闻眼"，提升社会问题的发现能力与评析能力。

（3）通过实战演练，学习做一名新闻职业人，进而提升同理心、共情能力、客观理性思维、综合分析判断能力与实践能力，树立积极的世界观、人生观、价值观，提升社会责任感，并为未来人生发展储备能量。

三、评价设计

（1）根据在市新闻联盟大赛选手选拔活动中，学生的参与度和入选情况，对学生的逻辑思辨能力与主题把握能力提升情况进行评价。

（2）根据模拟主播、摄影师活动的表现，按照"新闻眼"要求以及展示社会问题发现能力与评析能力的标准，一方面在"最美校景"摄影评比活动中记录学生活动的参与度与个人成长评价指标，择优选出优秀摄影作品发布在学校公众号及市级以上官方媒体，并推荐参加市新闻联盟大赛；另一方面通过"优秀新闻主播"评比，记录活动参与度与个人成长评价指标，择优选拔出热爱新闻播报并具备相应能力的学生主播，参加市新闻联盟大赛。

（3）根据学生参加新闻联盟大赛的训练、入选和参赛情况，将其分为"记者素养""深度专访"两组，对学生所表现出的同理心、共情能力、社会责任感、客观理性思维、综合分析判断能力与实践能力，以及世界观、人生观、价值观等方面做出评价，并以此引导学生为未来人生发展储备能量。

四、教与学活动设计

（一）第一课段：规则介绍

1. 比赛内容介绍

深度专访：摄影师对拍摄照片进行介绍与解读，主持人根据摄影师的解读和自己对作品的理解对摄影师进行访谈，考察摄影师的拍摄水平与解读能力，考察主持人的基本素养及表达能力。摄影师对作品的介绍需提前准备，主持人的开场导词也需提前准备，现场抽签决定采访的摄影师人选。

记者素养：其一，新闻播报与现场采访。新闻主播以新闻播报方式报道一则本校校园新闻，不得采用朗诵、演讲方式进行。重点考查学生对新闻要素的把握和新闻创作的水平。记者根据播报内容进行现场采访，考察记者的现场采访能力和表达能力。新闻主播播报的校园新闻需提前准备，记者现场抽签决定采访的新闻主播。其二，新闻知识问答。大屏幕软件随机抽取一组题目让各队伍作答，考察参赛队伍的新闻知识和社会知识的储备情况。

2. 模拟比赛流程

比赛开始前先由各参赛队的主持人抽签决定所要采访的摄影师（非本班），抽签后由工作人员安排入座。

深度专访：每组将有两位选手（一位主持人，一位摄影师，比赛前抽签决定搭档）在规定时间内进行协商并最终以一期完整的访谈节目（总时长控制在五分钟以内，超时将被音乐声打断；如选手访谈提前结束，则全场等待至五分钟计时结束）作为呈现，评委组将对节目整体效果进行打分，且对两位选手的表现分别进行专业评分。

例：主持人甲与摄影师乙。

步骤一，9点10分工作人员引导甲、乙入场至指定位置，领取纸质照片并进行初步交流。

步骤二，9点15分甲登台，在台前站立进行开场导词演说（包含节目名称、节目意图、节目嘉宾引入、邀请乙上台等）。剩余30秒时铃声提示，总限时60秒以内，超时将被音乐声强行打断。（此时工作人员引导下一组选手比赛入场至指定位置，同步骤一）

步骤三，9点16分甲就座或者站立在一侧，同时乙上台，对拍摄图片的介绍、解读。（限时2分钟，剩余30秒时铃声提示，超时将被音乐声强行打断）

步骤四，9点18分甲围绕拍摄图片对采访嘉宾进行即兴提问、交流互动、致节目结束语等。

步骤五，9点20分音乐声提示本组比赛结束。

记者素养：此活动是对各队知识储备和表达能力的考察，共分两个环节——乘风破浪和思维火花。第一环节"乘风破浪"有新闻播报与模拟采访两部分；第二环节"思维火花"，每队选择一道题目作答，考察参赛队伍的新闻知识和社会知识的储备情况。

以下为各个环节具体规则介绍：

第一环节——乘风破浪。

比赛开始前各队抽签决定合作队伍，每两支队伍为合作队，合作队将互相对对方播报的新闻进行采访。此环节第一部分为非即兴部分，主播将有1分30秒的时间播报一篇本校的校园新闻，接着由合作队的记者对其进行模拟采访，采访时间为1分30秒。

第二环节——思维火花。

本环节为新闻素养考察环节，即每队有一次答题机会，大屏幕随机抽取一组题目，共两道，一道填空题一道选择题，主要考察参赛队伍的科学素养和专业素养。答对题目加2.5分，答错不得分。选手共有40秒钟时间思考作答，时间到后尚未作答视为弃权，按答错计分。

题目设置：国内政治、经济类题，世界政治、经济类题，常识题以及专业题。

3. 学生活动

学生自由选择身份：记者、摄影师、主播、主持。通过抽签的方式两两组合，在教师给定的稿件或者照片中进行模拟，熟悉规则。

4. 教师点评

教师针对流程中出现的问题进行指导。

（二）第二课段：不同身份的针对辅导

1. 共同研修时各身份评分细则

主持人：评委将根据主持人的仪表形象、语言表达能力、灵活应变能力、主持风格、与摄影师的交流沟通情况和专访过程中的问题设置情况进行评分，每项满分10分，总满分50分。超时10秒内不扣分，超出10秒后每10秒（不含前10秒）扣1分。

摄影师：评委将根据照片的贴合主题程度、光影与构图、色彩格调、照片创意和现场表现共5项进行评分，每项满分10分，总满分为50分。超时10秒内不扣分，超出10秒后每10秒（不含前10秒）扣1分。

最佳访谈奖评分：评委将根据本场访谈的流畅程度、讲述感、选手台风、内容逻辑、镜头语言共5项进行评分，每项满分10分，总满分为50分。超时10秒内不扣分，超出10秒后每10秒（不含前10秒）扣1分。

明确：时间概念、团队意识、流畅度、专业素养。

2. 分组指导

（1）主持人与摄影师。摄影师提交照片，教师针对照片进行点评，与摄影师合作完成照片筛选、分析。确定一组图片，由四幅照片组成，四幅照片应相互关联，能够展现主题故事情节，通过人、情、景的交融共同展现符合活动主题的校园照片。教师根据摄影师的照片引导学生分析景别、焦段、曝光时间、构图思路、重点突出思路、后期思路等，形成一篇照片分析稿。

主持人针对照片进行提问，摄影师作答。交谈过程中，教师指导主持人的体态仪表、发言思路、发音用气等，并在交谈的过程中记录二人的问题，在完成一轮交谈后集中反馈。

（2）主播与记者。主播确定播报视频，包括文字内容和图像内容，教师在学生创作背景视频的过程中对其进行指导。主播开始播音，教师在播音的过程中通过引导思考情境的方式加以指导。记者针对主播的稿件现场提问。教师针对问题的连贯性、记者的总结能力与追问能力加以点评指导。

采访首先要观察和新闻有关的基本事实；其次，要抓住能够充分反映事件本质的细节。例如，在采访人物时，记者如能对采访对象的服饰等进行仔细观察，在写稿时通过对采访对象外形的细腻描述，就会传达出他的职业、个性爱好、经济条件、生活环境等各方面的信息，从而使被访人的形象跃然纸上。对被采访者所处的环境、经历以及被采访者的情感变化和心理波动等的细致观察，有助于记者把采访对象写得更好、更活、更深。

3. 总结交流

各组成员分享自己的学习成果，并进行交流讨论，教师进行本节课的总结性点评。

（三）第三课段：实战演练——青岛十七中新闻联盟大赛预选赛

1. 活动主题

站校园前沿，话世间万象。

2. 活动背景

为全面推进素质教育和校园文化建设，进一步提高学生的文化素养、沟通协调能力，青岛市举办"青岛市中学生新闻联盟大赛"，我校为选拔高素质同学参赛，特举办本次预选大赛。

3. 活动目的

活动旨在通过系列活动，增进学生之间的彼此了解，融青岛十七中所特有的个体人性关怀意识于其中，培养当代高中生建立正确的价值观、人生观，让他们提高自身涵养，弘扬积极向上、努力奋斗的精神，搭建展现学子激情风采的平台。

4. 活动流程

前期准备：提前报备，申请活动场地；确定主持人及比赛项目；准备好活动必备的材料、卡片、PPT等；与各班班长通力合作，将活动信息通知到位；绘制签到表，并准备好必要的荣誉证书。

比赛规则：

摄影师和主持人在比赛前进行抽签，抽到相同数字的人为一组。主持人念一段自己准备的开场词，摄影师展示自己拍摄的一组（非单张）以青岛为主题的照片，主持人对其进行提问，时间为3分钟。每组将有两位选手（一位主持人，一位摄影师，比赛前抽签决定搭档）在规定时间内进行协商并最终以一期完整的访谈节目（总时长控制在3分钟以内，超时将被打断；如选手访谈提前结束，则全场等待至3分钟计时结束）作为呈现，评委组将对节目整体效果进行打分，且对两位选手的表现分别进行专业评分。

主播和记者进行抽签，抽到相同数字的人为一组。主播念一段现场自己抽取的新闻稿，记者对其进行提问，时间为3分钟。比赛开始前各队抽签决定合作队伍，每两支队伍为合作队，合作队将互相对对方播报的新闻进行采访。此环节第一部分为非即兴部分，主播将有1分30秒的时间播报一篇本校的校园新闻，接着由合作队的记者对其进行模拟采访，采访时间为1分30秒。

评分原则：对主持人、摄影师、主播、记者四种角色的任务分别设定评价指标。（具体内容略）

5. 注意事项

（1）活动前期准备工作应提前2天完成，打好提前量。

（2）前期采购时注意存留发票，以便会后报销。

（3）活动过程中注意维持现场秩序，保证活动有序进行。

（4）注意完成摄影采集工作，并在会后进行汇总整理。

（5）活动结束后汇写活动总结，及时开展总结会完成工作反思及经验积累。

叁 "新闻联盟大赛之摄影师"课时教学方案

本方案为"新闻联盟大赛综合实践活动"单元第2课时"新闻联盟大赛之摄影师"的教学方案。

一、课时目标

（1）通过分析实例图片和自己拍摄的照片，学习基本的构图要求和照片后期的重点突出策略。

（2）通过对摄影作品进行主题研讨的方式，提高在构图和内容选择上呈现出作品思想的能力，形成追求和传递美的意识，进而树立正确的世界观、人生观、价值观。

（3）通过模拟现场访谈的方式，在同主持人的对话交流中恰当展现出自己的拍摄思路。学生要在比赛中培养自信大方的参赛品质，在作品创作和分享过程中增强自身的社会责任感。

二、评价设计

采用档案袋评价方式对学生的作品和成长进行述评，并将日常成果计入成长档案。

其一，通过学生对经典图片的分析讨论，教师及时作出评价，引导学生明确摄影构图的关键点。

其二，通过学生对图片拍摄背景、主题和意义的研讨发言，及时察觉学生认识中的闪光点和误区，进而引导学生互评和补充，教师再进一步评价、点拨和指导。

其三，利用记者团专用相机拍摄"我眼中最美丽的校景"组图，由教师和学生一起评比最佳作品。将择优选出的优秀摄影作品发布在学校公众号及市级以上官方媒体，并推荐参加市新闻联盟大赛，实战表现和结果纳入学生关键能力、责任担当意识和价值观等方面的评价。

三、教与学活动设计

1. 新课导入，情境创设，提出任务，说明构图的重要性

拍照是一件充满乐趣和惊喜的实践活动，要想留下美好回忆，摄影就是一种很好的方式，那怎样才能拍出一张好看的照片呢？如：要拍摄太阳，那要以太阳为主体放在画面什么位置最美呢？

明确：表达的重点不同，构图不同。

2. 学习过程

（1）呈现几幅落日时拍摄的风景照片，进行构图分析。

明确：因为想要突出的重点不同，所以采用的构图方式不同。

（2）知识梳理。

明确："黄金分割法"与"三分法则"。

"黄金分割法"又称"三分法则"就是将整个画面在横、竖方向用两条直线分割成等份的三部分，我们将拍摄的主体放置在任意一条直线或直线的交点上，以符合人类的视觉习惯。

方法：拍摄时可直接调出相机的"井"字辅助线，将拍摄主体放在辅助线的4个交叉点上，这样画面立刻就"活"起来了。

（3）对比研讨。

图片展示：将用"井"字线拍摄的作品和没有用"井"字线拍摄的作品作比较，相互讨论并提问。

总结：生活中人们拍摄时的错误构图有很多，如画面分割不当、角度不当等。

图片展示：准确使用"三分法则"创作作品。

方法：调出相机"井"字线，拍摄人像时，首先安排人物在画幅中的位

置及空间关系，"井"字线中的四条线和四个交点都是安排位置的主要点。

（4）迁移应用。

从主题和构图关系的角度讨论并点评几幅经典新闻摄影作品。

3. 组队模拟

学生根据抽签确认身份和组别后，找到自己的搭档，围绕选定的几幅照片展开"深度专访"模拟。

（1）组队交流。学生根据抽签结果两两一组，按照时间要求进行模拟，主持人与摄影师沟通好要提问的问题，摄影师明确好自己想要着重表达的照片内涵，构建起照片之间的联系。

（2）台前展示。学生上台展示小组成果，其他学生和教师共同进行点评。

（3）总结。教师进行课堂总结，梳理本课主要内容。

4. 课后任务

撰写四幅照片的关联性分析与构图内涵解读报告，不少于400字；以主持人身份写出3个想重点提问的问题并阐述问题之间的逻辑关系。

16

木艺·手作

整体而言,"木艺·手作"课程已是一门比较成熟的课程。它选择了一个需要多学科知识、具有文化内涵,且以学生实践活动来学习的主题;各个课程文本之间的内在一致性程度比较高,且相互之间的关联性较强;整体呈现比较精致,体现了设计者较为深入的思考。

特别值得肯定的是,该课程在评价上做了一些有意义的探索,整合了多样化的评价方法,除了常规的量规式评价外,还运用"作品集"(即档案袋)、线上线下相结合的作品展览等方式,尤其是创造了"个人定制评语",这本质上是对学生的表现进行"述评"——一种指向学生改进的描述性评价。在以学生作为主体的评价中也有明显的创意,如在学生互评中引入"画廊漫步"这样的评价技术,并提供了"反思报告"的框架,为学生自我评价、自我反思提供了支撑。这些技术的运用并非只是可有可无的点缀,而是评价实效性——学生学习改进的重要保障。

壹 "木艺·手作"课程纲要

设计单位：济南市章丘区第五中学

设计者：赵娜、潘云、张学峰、袁迎、菅丛明

适用年级：高一、高二年级

计划课时：36课时

一、课程简介

用认真、专注、精益求精的匠人精神，学习木作的一招一式，用指尖在木头上留下爱的点滴；在精雕细琢之下，再小的木头也是传达美好的信使；回归木作的质朴和单纯，用心传递文化传统的美好心意；感受造物之乐、心无杂念、安然清和，将创新之花盛开，体会流淌着的华夏民族和谐秩序、坚韧不拔、谦虚礼让、寓意高远的哲学，享受来自精神世界的乐趣，是多么值得自豪的人生征途。

二、背景分析

教育部研究制定的《大中小学劳动教育指导纲要（试行）》指出，要统筹劳动教育与通用技术课程相关内容，从中华优秀传统文化特色项目中，自主选择1～2项生产劳动，让学生经历完整的实践过程，提高创意物化能力，养成吃苦耐劳、精益求精的品质，增强生涯规划意识和能力。

木属东方，承载文明。中华民族自古尚"木"，在华夏文明中，"木"是天地之根本，万物之源，是人类自然界中最亲近的材料。木文化体现了人和自然的关系，是学生认识木材的视角和窗口。通过课程开发，从弘扬和传承中华优秀传统木工文化以及木工专业知识教育等不同视角，将课程内容与劳

动教育有机结合起来，可增强课程的感染力、亲和力和说服力，让学生充满对劳动教育的获得感。

"木艺·手作"是济南市章丘区第五中学开发的拓展性课程，是学校整体课程规划中的重要内容，通过对木艺实践、木文化的探寻，提供学生认识木材的视角和窗口，使学生更深入地了解中华传统木艺的操作流程。通过课程开发，促进中华优秀传统木文化的永续传承，帮助学生认识木艺与科学、艺术、道德、民俗的关系，理解优秀匠人的人生追求和工匠精神的本质。

对高一、高二年级的学生而言，对木工的认识和继承有一定的知识基础，学校设有木工实验室，且该年段的学生对激光雕刻有操作基础，也具备一定的网络资源搜索能力，所以"木艺·手作"课程的开设，有一定的可行性，且对学生个人的全面素质发展和学校发展具有重要意义。不过课程仍需注意加强活动目标的要求、人员组织、实施方式等的具体指导，加强木工雕刻工具的安全教育，以确保活动顺利与高效开展。

三、课程目标

（1）通过不同的手作项目，学生经历完整的设计实践过程，提高创意物化能力。

（2）正确掌握木工手工工具的使用方法，通过锯、挖、凿、挫、磨等操作不断尝试，逐渐掌握技巧并具备使用工具的安全意识。

（3）学习与木材有关的自然、历史、文化知识，了解传统木艺。

（4）经历从一块木头到一件器物的过程，将工匠精神扎根心间并享受手作带来的生活美学。

四、学习主题与活动安排

"木艺·手作"课程框架详见图16-1。

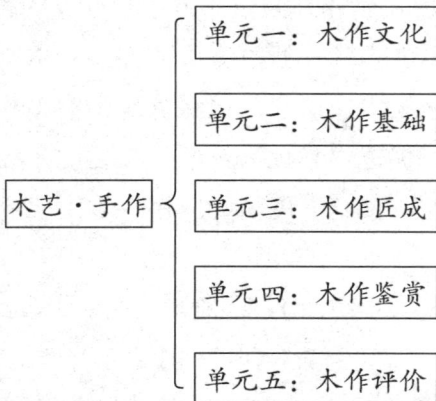

图16-1 "木艺·手作"课程主题框架

（一）单元一：木作文化（2课时）

课时1：分享"木艺·手作"课程纲要。

实施建议：教师展示本学期课程纲要内容、课程评价方案；学生利用导学案，了解课程的内容和意义。

课时2：木属东方——走进木文化。

实施建议：教师讲解古圣先贤"以木论道""以木器制天下""名人与木器"的案例，学生以小组为单位讨论、分享对中华传统木文化价值底蕴及匠心的感悟。

（二）单元二：木作基础（2课时）

课时3～4：工必利器——常用木料、木作工具及装备的使用方法与注意事项。

实施建议：教师现场演示或提前录制好教学视频，在课堂逐一讲解和演示手工木作的必要装备、常用的木料，钻、铲刀、手刀、凿刀、锉刀等工具的使用方法和注意事项，以及如何开料、画线、切割、修整、打磨抛光。课堂内预留时间让每位学生亲自实践，教师现场指导，进行课堂观察，分析目标达成情况。

（三）单元三：木作匠成（28课时）

课时5～6：中式浪漫，红木书签——制作一枚书签。

课时7～8：自然本真，莫失初心——制作一颗红木心。

课时9～10：结木成环，心境玲珑——制作一枚木戒指。

课时11～12：豆蔻年华，前程似锦——制作一枚木纽扣。

课时13～14：绕腕跳脱，情深契阔——制作一幅手镯。

课时15～18：梳情画意，知梳达理——制作一把木梳。

课时19～20：平平安安，无事无欲——制作一枚平安牌。

课时21～22：可可爱爱，吃我所爱——制作一把水果叉。

课时23～24：仙木驱邪，吉祥纳福——制作一把桃木剑。

课时25～27：一勺食器，拾起热爱——制作一把小木勺。

课时28～29：以簪为礼，寄语青春——制作一枚发簪。

课时30～32：水木相依，不负韶华——制作一枚吊坠。

实施建议：教师在课堂教学中将手作的文化、技艺和学生的实践相结合。其一，既突出手作的文化又关注手作的工艺。如教师利用图片、案例、视频等展示黄油刀、水果叉、木勺承载的食器文化，发簪承载的头饰文化，手镯、吊坠承载的首饰文化，平安牌、桃木剑承载的风水文化，书签承载的书签文化等；教师指导学生开料、画线、切割、修整、打磨抛光、装饰完成木艺实践过程。其二，既突出手作的历史，又关注手作的传承。教师在课堂教学中利用典型案例潜移默化地拓宽学生手作实践的时空维度和文化传承的价值使命。其三，既突出手作的过程，又关注手作的成果。教师注意培养提升学生的安全意识，学生在教师指导下，或者小组合作或者独立完成手作，在制作过程中体悟认真专注、精益求精的匠人精神，感悟"不舍者不得""木尽其用""可持续发展"的制作理念和"天人合一""进德修业"的价值观念；学习小组积极进行成果展示评价，交流制作过程与成果，反思自己的优势与不足，收获与成长。

（四）单元四：木作鉴赏（2课时）

课时33：木作鉴赏——领悟生活美学。

实施建议：师生分析交流名家手作、学生典型手作的指尖匠趣，琢物之美、木作美学，一雕一琢一生情，让值得成为答案，引领学生享受美好生活。

课时34：木作保养常识——用心爱护每一件器物。

实施建议：教师提供有关重视产品保养与忽视产品保养两个方面的案例，通过对比让学生意识到维护和保养的重要性；教师还提供常用典型产品的维护保养方法，学生通过学习，提出自己的木作保养计划。

（五）单元五：木作评价（2课时）

课时35～36：木作成果展示、评价。

实施建议：教师采用"画廊漫步"策略进行作品展示及评价。其一，在教室开展"画廊漫步"，把学生作品展示在教室，学生以小组为单位，根据《木艺·手作成果展示评价量规表》给予评价，最后以十分制为标准，小组讨论决定此任务单最终得分。每组学生除评价本组外，还需要评价其他小组。教师走动管理，维持教室秩序，最后由每组代表组成"评分委员会"，根据量规得分按1：2：1确定等级。其二，将"画廊漫步"数字化。教师利用微信平台开发"投票啦——学生作品评价"小程序，学生在小程序上浏览所有学生作品，根据《木艺·手作成果展示评价量规表》给予评价，小程序根据学生的投票自动统计生成"最佳创意奖""最佳发明奖""最佳实用奖"。

五、评价活动与成绩评定

课程评价："过程""结果"兼顾，参与性与收获感相统一。

（一）过程评价

课程的评价坚持以学生的成长为导向，通过记录学生成长过程中的状态，为学生成长提供数据依据。评价贯穿于课程的始终，如学生技术素养评价、小组合作过程中的状态评价等多角度的课程评价。（见表16-1）

表16-1　木艺·手作过程表现评价量规

评价指标	评价等级			得分
	A（9~10分）	B（7~8分）	C（6分）	
技术素养	能够通过搜索引擎、微信平台搜索设计师的作品并思考如何评价作品；能够将网络上的资料下载并通过爱剪辑、剪映等软件生成视频文件。	能够通过搜索引擎、微信平台搜索设计师的作品并思考如何评价作品；能够将网络上的资料下载并做成PPT。	能够通过搜索引擎、微信平台搜索设计师的作品并思考如何评价作品；能够将网络上的资料下载。	
作品设计	能够体现设计选材思想、小组创作风格，具有创新力；能积极参与，在规定时间内完成任务。	能够体现设计选材思想及小组创作风格。	未能很好地体现设计选材思想，仅在规定时间内完成任务。	
情感参与	态度认真、专注、具备"工匠精神"，激发设计师之梦，具备正确的设计价值观。	态度认真、专注、具备"工匠精神"。	缺乏"工匠精神"，未形成正确的设计价值观。	
合作能力	能够进行组间合作，善于组内合作、虚心听取别人的意见。	能与他人合作，接受别人的意见。	缺乏与他人合作的精神，难以听进别人的意见。	
创新意识	具有创造性思维，能用不同的方法解决问题，独立思考；注重作品创新意识和创新能力的发展。	能用教师或者小组同学提供的方法解决问题，有一定的思考能力和创造性。	思考能力较差，缺乏创造性，不能独立解决问题。	
等级				

（二）成果评价

成果展示。学期末每名学生都要进行成果展示，依托山东省普通高中综合素质评价平台，学生将作品上传，教师评价合格，作为高中通用技术学业质量评价的重要组成部分。评价量规见表16-2。

表16-2 "木艺·手作"成果展示评价量规

"木艺·手作"成果展示评价量规			
评价指标	评价等级		得分
	A（9~10分）	B（7~8分）	C（6分）	
作品文化性	能够体现创作风格，体现优秀传统文化。	基本能够体现创作风格，体现优秀传统文化。	不能很好地体现创作风格。	
作品创新性	作品构思独特、巧妙、新颖，能够多方面体现设计基本原则。	基本体现设计基本原则。	未能很好地体现设计基本原则。	
作品技术性	体现出较强的工艺性，作品有质感。	体现工艺性，作品有质感。	体现工艺性。	
学生展示	PPT制作效果好、表情自然、语言流畅，对本组设计作品进行了完美的诠释。	基本诠释出本组设计作品的设计思想。	未能诠释好本组的设计作品。	
等级				

精品展览。开展多种形式的校内学生作品展览，利用官方抖音号"远天"、微信公众号"远天的世界"、新浪网等途径进行宣传，加强对学生的激励。

作品集。将每个阶段学生的过程性记录、作品成果、获奖证书等结集成册。

开展作品实践大赛等活动，对学生作品进行宣传和评价，如在新浪网报道此事。

期末评语。每个学期结束后，教师为每名学生书写"个人定制"评语，作为木艺课程的人生导向激励。（见表16-3）

表16-3 "木艺·手作"个人定制评语表

手作评语
SHOU ZUO PINGYU

2020级3班 ×××:

　　肯定你，是因为你的紫光檀书签作品构思独特、巧妙、新颖，用唐诗"秋阴不散霜飞晚，留得枯荷听雨声"和莲花图来体现，具有创新力，能够体现书签的文化属性；用刻刀把文字完美地展现出来，体现了较强的动手能力；用金粉嵌进诗句，完美体现了手作美学。

　　安慰你，是因为你在讲台上仅用了一句话来羞赧地展示你的作品，你没有得到同学的高分，PPT制作效果以及你的陈述妨碍了同学们对你作品的理解。

　　激励你，你作品体现的创意毋庸置疑，文化的进一步积淀和技艺的进一步精进定能为你的创意插上翅膀。当然，如果要实现你"在B站创办个人主页，当粉丝破百万的UP主"的愿望，可不能羞于展示哦。加油！

无比喜欢你的技术老师

贰 "中式浪漫，红木书签——制作一枚书签" 单元教学方案

本方案为"木艺·手作"课程中的第三单元"中式浪漫，红木书签——制作一枚书签"的教学方案，计划为2课时。

一、背景分析

地位和作用：本单元内容包括第一部分木属东方，承载文明；第二部分回馈自然，匠心木艺；第三部分精心雕琢，木艺之美；第四部分心素如签，成果展示四个部分。按照课程纲要，作为学生第一个真正意义上的典型手作案例，围绕育人功能，突出红木书签制作的实践性、人文性及层次递进的教学主题，并依据学生学习状态开展由浅入深的教学研究，真正发挥劳动教育价值引领的教学作用。

学情分析：课程对象为高一学生，经过调查，发现他们对红木书签的制作意愿比例最高。教师只要激发起学生的兴趣和热情，学生就能经历兴趣培养、坚毅力体会、自我学习和激励、关爱他人的过程，感受手作之乐。

二、单元目标

（1）能够从工艺、文化、历史等角度欣赏书签设计，体会手作美学。

（2）熟悉书签的制作流程，体会流程设计的意义，提高创意物化能力。

（3）参与书签的创新设计，经历设计的一般过程，感受造物的乐趣，体悟认真、专注、精益求精的匠人精神。

三、评价设计

本单元评价立足学生实际需求，突出教、学、评一体化，将指导学生实践、学生自主实践、评价学生行为融会贯通，着重评价学生的参与度和收获感。以最终作品、参与过程记录等方式呈现学生表现，通过成果展示、梳理单元反思报告（见表16-4、表16-5）等方式对学生实践过程中的收获进行复盘，帮助学生找到自己的志趣，洒下梦想的种子，储备个人生涯所需技能，助力学生成长。

表16-4　红木书签成果展示评价量规

评价指标	评价等级			得分
	A（9~10分）	B（7~8分）	C（6分）	
书签的文化性	能够体现创作风格，体现传统中式文化及美学。	基本能够体现创作风格，体现传统文化。	未能很好体现创作风格。	
书签的创新性	手作造型新颖，构思独特、巧妙，能够多方面体现设计基本原则。	基本体现设计基本原则。	未能很好体现设计基本原则。	
书签的工艺性	手作打磨细腻，有质感，非常体现工艺性。	体现工艺性，作品有质感。	体现工艺性。	
学生展示	PPT制作效果好、表情自然、语言流畅，对本组设计作品进行了完美的诠释。	基本诠释出本组设计作品的设计思想。	未能诠释好本组的设计作品。	

表16-5　单元反思报告

班级：	姓名：

1. 完成一件书签的制作成就感满满，最让你自豪的是哪一个环节？或者你认为还有要改进的环节吗？请你从工艺和文化角度谈谈你的认识。

2. 经历了手作的过程，你怎么体悟匠人精神？

四、教与学活动设计

教学活动的基本框架见图16-2。

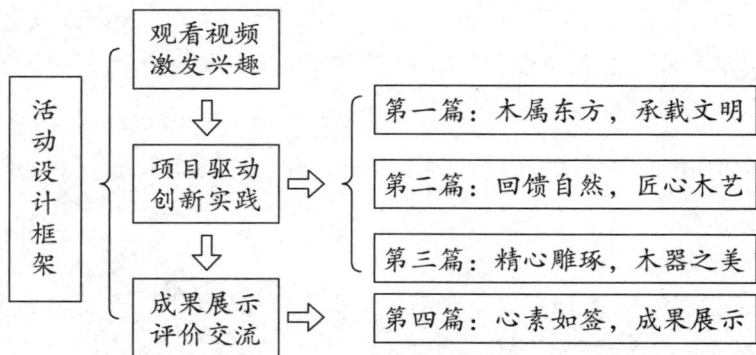

```
活          观看视频
动          激发兴趣
设            ⇩              第一篇：木属东方，承载文明
计
框    ⇨   项目驱动    ⇨     第二篇：回馈自然，匠心木艺
架          创新实践
              ⇩              第三篇：精心雕琢，木器之美
          成果展示
          评价交流    ⇨     第四篇：心素如签，成果展示
```

图16-2　活动设计基本框架

（一）观看视频、激发兴趣

师：专注做点东西，至少对得起光辉岁月。阳光的下午，同学们像昔日的工匠一般优雅地完成了一件手作，伴随着风铃般叮叮当当的敲击声，伴随着切削木头的声音，与木头进行精神上的交流，直到让手中的材料和自己的温度相似。手作是某一段美丽的心情，一刻心灵的舒展，一点温暖时光的印记。它是你俯身即拾的那一点欣欣然的小光亮。在此后漫长悠远的某一瞬看到它，你就会想起当时是怎样赋予它小小的生命的。

学生观看《章丘五中木艺·手作社团》宣传片，感悟手作的美好。

师：因为是我记录了学生的故事，我的心里总是充满着感动，是他们认真、专注、精益求精的精神感动了我，而这种精神就是工匠精神！同学们在手作过程中收获了满满的成就感和幸福感。习近平总书记说劳动最幸福，今天让我们发扬劳动精神，做一回"匠人"，一起制作一枚美好的书签。

（二）项目驱动、创新实践

PPT展示：书签有近2700多年的历史，源于春秋战国时期，当时称为牙黎，即象牙制成的书签；后来改成折装，书签变薄，用骨片或纸板制成，有的还在薄片上贴上一层有花纹的绫娟，于是原本插在卷轴内的书签变成了夹在书内的书签。书签从某一角度而言更能准确、生动地记录生活，反映生活。方寸书签，如一面镜子，窥千年文化，映百态人生。书签除采用纸制作以外，还可采用优质的纯铜或锌合金原材料制作，如用镀镍烤漆、仿古铜、移印、镀金烤漆、镀镍镶嵌等工艺精制而成。展卷读书之余欣赏这精美的艺术书签，不但平添了许多情趣，更是读书的一大情趣。每一本被视若珍宝的书，都需要一个它。因为"笔架沾窗雨，书签映隙曛"，青灯黄卷，也是一种生活。

师：自古以来，各行业都有自己的"行道"，而书签也有自己的承载之道，接下来让我们从这四个方面进行实践。其一，"木属东方，承载文明"是书签承载的文化之道；其二，"回馈自然，匠心木艺"是书签的制作技艺之道；其三，"精心雕琢，木器之美"是我们的书签制作之道；其四，"心素如签，成果展示"是我们的书签展示之道。

1. 木属东方，承载文明（第一篇）

师：木属东方，承载文明。木作，其实一直深深地印在每一个中国人的血液里，我们的祖先从一开始就和木作有着不解之缘。从一枚戒指、一个吊坠、一个益智玩具、生活用品到房屋建筑，匠人们用木作为人们的生活增添了美妙的底色。而我们也可以从书签的自然方寸中窥探宇宙的智慧和哲思，洞察万物的独到和神韵。

（1）学生欣赏书签图片，了解书签承载的文明。

师生探讨：书签承载的圣贤、诗词、窗棂、建筑、汉服、书法、禅道、自然等各种文化及美好寓意。

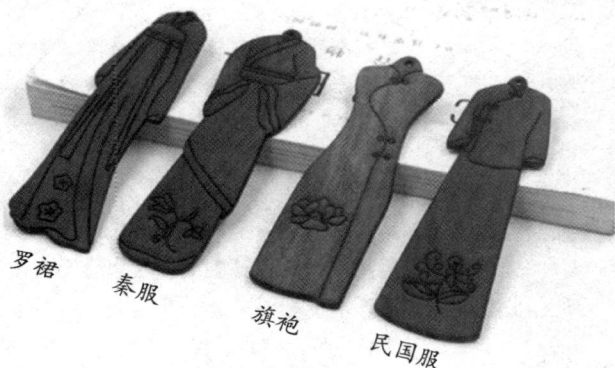

图16-3　汉服书签设计图

以汉服书签为例，教师引导学生从汉服在不同历史阶段的造型、木材质感烘托的文化等方面开拓学生设计实践的思想维度。（见图16-3）

（2）与物共语——观看视频《创意木书签》。

师：我们了解了书签承载的文化之道，在抖音短视频盛行的今天，许多木艺大师也在抖音平台传承发扬着木艺文化，下面让我们来思考大师们是如何制作书签的。

学生思考：书签的制作流程、如何美化书签。

2. 回馈自然，匠心木艺（第二篇）

教师下发材料包：书签木料（紫光檀、紫苏木、香樟木、红花梨）、海绵砂块、砂纸、装饰串珠、手锯、手捻钻、木蜡油。

师：书签本身只是一块经过不厌其烦打磨的木料，需要经过你的用心参与，赋予它灵魂，文字、图案、挂绳，以及包装的精细选配，使之更符合个人气质，才能真正实现个人化定制的终极愿望。

教师通过PPT展示红木书签制作流程图。（见图16-4）

选材 → 修整 → 钻孔 → 打磨 → 上蜡 → 装饰

图16-4　红木书签制作流程

（1）选材。教师通过PPT展示木材。（见表16-6）

表16-6　四种木材简介

名称	产地	特点
紫心苏木	主产于南美洲	结构细致，材色诱人，有光泽；无特殊气味；纹理通常直，有波状或交错；木材重至甚重，强度高；甚耐腐，抗酸、抗白蚁和蠹虫危害。
香樟木	特产于贵州、四川东部、湖北等地区	耐腐、防虫、致密、有香气，是家具、雕刻的良材，有强心解热、杀虫之效。
红花梨	世界热带地区	具光泽，有微弱香气；纹理直至略交错，结构中；重量中至重，硬度、强度及干缩性能均中等；加工性能良好，胶黏、握钉性能均良好，很耐腐。

名称	产地	特点
紫光檀	非洲东部	原木外形难看，扭曲而多中空，加工也比较困难，出材率低，大多为直纹，纹理均匀细密；略显油性；边材窄，呈白色至淡黄色；心材呈深紫褐色，伴有黑色条纹。

学生通过观察、嗅闻、触摸、用水实验等方式对比国标红木紫光檀与另外三种木材红花梨、紫心苏木、香樟木的特点，体会它们作为木材本身独有的纹理美、质感美。

PPT展示红木小常识：木头是有生命的，红木本身的密度和油性较高，经过长时间把玩，木材内部的油脂会从气孔导出表面和人的皮脂汗液等融在一起，逐渐形成一层薄薄的透明玻璃体，这就是我们常说的包浆。每个人都会"养"出属于自己的光泽。

（2）修整。教师演示手锯和手刀的用法。

（3）钻孔。教师演示用手捻钻钻孔：顶部顶住手心，拇指食指一起用力旋转。

（4）打磨。教师演示用砂纸打磨：用砂纸顺着木纹方向从粗到细打磨，依次用280目、500目、1000目、2000目、3000目、5000目、7000目、10000目的砂纸打磨。

要求：每一个书签都要精细打磨到自然亮度，即要打磨出细腻，又不至于光鲜到像涂了油漆，才能够展现出木材本身的色彩。

师：打磨是一种工匠精神。木头，不像珠宝一样璀璨，但它沉静的气质，在打磨后，会呈现另一番灵气。一块粗糙的木头在自己手里慢慢变成精致的木器，你投入的时间和它的品质是成正比的。一件精致的手工木作，背后一定有一颗安静、细致的心。打磨的时候一定要顺着纹路打磨，否则木纹会撕裂。心要和手一起思考，而手掌起的茧正是劳作所赐予的勋章。木作是磨炼心性的事情，是一种"慢"的情怀，木作磨炼的不只是手艺，更是做人之道，因此绝不能偷工减料。精益求精没有捷径，最笨拙的努力也能收获缓慢的前行。

（5）上蜡。教师演示上蜡，学生根据材料的质感、光泽度多次上蜡。

（6）装饰。装饰是一种文化韵味。

PPT展示装饰的材料种类：流苏、琉璃、贝壳、亚克力钻石、水晶宝石等。

3. 精心雕琢，木器之美（第三篇）

师：木头是树木的终结，我们可以从它的形态中看出树木的成长、时光的沉淀，那么现在就请同学们用手作的方式把树木的灵魂延续吧！

（1）教师播放背景音乐《风吹过的街道》，学生动手制作，教师PPT呈现页面轮播手作提示语。

轮播"手作的创新——技无止境，艺无止境""素签——自然本真""刻字——予以新意""绘图——赋以他境""镂空——施以巧技""嵌银——增之以明""异形——随心而动"。

（2）教师：与书签共语——谈谈我们的书签之"道"吧！

学生谈收获，师生一起总结：发扬工匠精神，传承中国木文化。

（三）成果展示、反思交流

心素如签，成果展示（第四篇）

师：通过选择自己喜欢的木材，打造自己喜欢的书签，我们经历了一次做匠人的尝试，那么今天我们要展示一下我们的成果。

各小组按照评价表进行打分。

学生展示手作《平安》《山河》《春野》《莲洁》《无为》《念念不忘，必有回响》《紫语》《刻度尺》《战国刀币》《莫失，莫忘》等，谈匠心体悟。

师：进德修业，与时偕行，岁月慢，故事长。一木方寸间，浓浓手作情。希望书签能陪你一路成长，也希望当岁月悠长的某一瞬间，你看到它时能感慨它是多么的惊艳，而正是你曾经赋予了它以灵魂和生命。

"水木相依，器以传情"课时教学方案 叁

本方案为"水木相依，不负韶华——制作一枚吊坠"单元第1课时"水木相依，器以传情"的教学方案。

一、课时目标

（1）学会从造型、工艺、文化角度欣赏典型手作。
（2）能够运用设计草图结合相应的文字展示创意，提升图样表达能力。

二、评价设计

本课时的课堂评价主要从作品欣赏、图样表达两个方面进行，作品评价主要通过课堂师生交流，图样表达则是以作品草图方式呈现。（见表16-7）

表16-7 "水木相依，器以传情"课堂评价量规

评价指标	评价等级			得分
	A（9~10分）	B（7~8分）	C（6分）	
作品欣赏	能够从造型、工艺、文化角度欣赏作品，主动适应手作文化，树立正确的作品价值观。	从造型、工艺、文化角度欣赏作品，主动适应手作文化。	从造型、工艺、文化角度欣赏作品。	
图样表达	作图规范，能够表达出适合主题的创作理念。	作图规范，基本能够表达出适合主题的创作理念。	作图规范。	

三、教与学活动设计

（一）观看视频，激发兴趣

师：如果说木作是朴素的、本真的、极尽自然之美的，那么怎么让木作也变得多彩斑斓呢？

学生观看视频《Secret Wood品牌手作》，感悟这份来自指尖的秘密世界——戒指手作。它们的迷人设计融合了加拿大自然景观的空灵元素，目标是将微小的秘密世界封装在指尖，为人创造独特的可穿戴体验。

师：如果以一种颜色来形容红木手作，那一定是温暖的暖黄色，古朴、典雅。木艺手作也可以是五彩斑斓的、神秘梦幻的，而塑造这一效果则需红木和滴胶两种材料相结合。"水本无华，相荡乃生涟漪；木本无火，相击乃发火光。"木和液体结合的效果一定是琳琅满目、极尽繁华之盛的。我们用木材的自然纹理与滴胶晶莹剔透的质感相结合，来邂逅一场不期而遇的小美好。

（二）确定主题，项目驱动

1. 欣赏典型手作《松木茶垫》（见图16-5），了解作品承载的文化理念

图16-5 松木茶垫

教师引导：这是一款松木树脂茶垫，属于茶道、茶桌的泡茶配件，高雅又有品位，为茶道生活增添不少乐趣，请从工艺、文化、造型等角度来评价。

师生交流得出结论。

（1）手作的造型：圆形或者方形茶垫时尚美观、古韵大气，天然松木纹理清晰可见，滴胶质地透明、光泽独特，水墨色彩美轮美奂，是典型的中国设计，具有古色古香的视觉效果，阐明了高雅的美学。它处处透露着器形之美，彰显着素雅的简约设计，如诗如画，衬托品茶时的心情平静而愉悦，

简约的造型寓意生命中珍贵的人和珍贵的时刻，凝集于此时此刻却又亘古不变。松木茶垫的造型、质感、气质与茶道正好贴合。

（2）手作的工艺。滴胶与木材、油墨的结合，体现着手作大师的精心打磨，用心随处可寻，匠心随处可见。将器物打磨得光滑圆润、拿捏舒适、厚度适宜、隔热效果好、防霉、经久耐用，随意搭配在茶桌都是一处美好的风景。一杯一垫，艺术品一般的杯垫，绝对是美好的体验，彰显美好的生活品质。

（3）手作的文化。松木茶垫，诠释茶空间，演绎茶文化、茶之道。

茶垫手作，彰显美与和谐，与品茗融为一体，静心、净神、清新、雅意。

茶道是至心之路、心至茶之路、通向人生的彻悟之路，而一枚小小的茶垫，则是茶桌上通向茶道之路的禅意载体。

2. 小组讨论感悟手作的造型、工艺、文化

图16-6　典型手作欣赏

小组内学生分别对手作《光立方》《耳钉》《印章》《茶垫》《时空胶囊》《海洋之谜》《破晓》（见图16-6）从造型、美感、色彩、传递的文化理念等方面进行评价，以拓展自己的设计思维高度。

（三）我的作品构思——向大师学习，遇见生活中的美丽

教师下发作品设计图纸，学生自行确定主题，进行草图设计。（见表16-8）

表16-8 "木艺·手作"作品设计图纸

作品设计图纸
作品名称：永恒　　主题：自然之美
作品设计理念： 　　缅甸花梨木、滴胶与松叶的结合，将自然之美永恒封印。以手造物，以物寄情，它是如此的与众不同。它凝结了时光、刻下了温度，而这份永恒必是送给自己最美的高中时期的手作礼物。
作品设计草图：   　　　　　　　　　　　　　　　　　　　班级： 　　　　　　　　　　　　　　　　　　　姓名：